汽车专业技能型教育创新教材

汽车安全舒适系统原理与维修图解教程

第2版

组　编　东莞市凌凯教学设备有限公司
主　编　谭本忠
参　编　胡　波　谭红平　谭秋平　张远军　张国林　李阳阳
　　　　李志杰　李　明　曾放生　宋祥贵　吴林勇　向建华

机械工业出版社

本书以图解的形式系统地介绍了汽车安全舒适系统的工作原理以及故障诊断和维修技术，包括汽车制动电控系统、安全气囊系统、电子控制悬架系统、转向系统、巡航系统、车载导航与视听系统以及车载网络系统等。

本书内容丰富，图文并茂，可操作性强，适合于大、中专院校汽车修理行业相关专业及培训班的师生使用，也适合于汽车维修技术人员、驾驶员以及汽车爱好者参考阅读。

> 为方便教学，本套教材专门配备了 PowerPoint（PPT）形式的配套教学课件，可供广大教师选用。在 http://www.cmpedu.com 网站上，注册后即可免费下载教材课件；或与机械工业出版社联系，编辑热线：010-88379349。

图书在版编目（CIP）数据

汽车安全舒适系统原理与维修图解教程／谭本忠主编. —2版. —北京：机械工业出版社，2018.1（2025.1重印）
汽车专业技能型教育"十三五"创新教材
ISBN 978-7-111-58661-6

Ⅰ.①汽… Ⅱ.①谭… Ⅲ.①汽车—安全装置—车辆修理-教材 Ⅳ.①U472.41

中国版本图书馆 CIP 数据核字（2017）第 302451 号

机械工业出版社（北京市百万庄大街22号　邮政编码100037）
策划编辑：杜凡如　孟　阳　责任编辑：杜凡如　孟　阳
责任校对：王明欣　　　　　封面设计：鞠　杨
责任印制：邰　敏
中煤（北京）印务有限公司印刷刷
2025年1月第2版第9次印刷
184mm×260mm・10.75 印张・256 千字
标准书号：ISBN 978-7-111-58661-6
定价：35.00元

电话服务　　　　　　　　网络服务
客服电话：010-88361066　　机　工　官　网：www.cmpbook.com
　　　　　010-88379833　　机　工　官　博：weibo.com/cmp1952
　　　　　010-68326294　　金　书　网：www.golden-book.com
封底无防伪标均为盗版　　机工教育服务网：www.cmpedu.com

丛 书 序

当今正值国家大力推广职业教育之际，各地教育机构紧抓机遇，大胆革新，积极推行新的职业教育方法与思路。

本套创新教材根据职业需求和岗位要求而设置教学项目，同时将知识系统和技能系统化整为零，使学员能做到学一样精一样，同时在细化深入的前提下掌握解决问题的途径和思路。

本套教材强化职业实践的实用性教学，对理论教学的要求是将抽象深奥的知识简单化、形象化和感性化，使学员能够轻松掌握，并联系实际，融入实践，同时在实践教学中结合理论认识，能将实践认知与经验总结为理论。这样，在学中做，在做中学，巩固知识，强化技能。

综合上述特点和要求，创新教材应该具有系统分块、知识点与技能点结合、理论描述简明、实践叙述符合职业规范、能直接感知并参照操作的特点。

很多汽车相关职业院校与职训中心在进行教学改革的同时也在进行教材更新，但大多数是在传统教学教材的基础上改编而来的，无法摆脱原有的形式和限制，编写出来的教材往往难以普及并发挥其实效。

我们综合汽车运用与维修、汽车检测与维护技术等专业课程设置的要求，同时考虑到职业需求和岗位的设置，将本套创新教材分为汽车机修技术、汽车电子技术、汽车故障诊断技术、汽车车身修复技术、汽车美容与装饰技术、汽车保养与维护技术六大块，同时为保证专业课程有理论和技术基础，设置了汽车机械基础、汽车电学基础、汽车维修专业英语以及汽车文化等四门基础课。各个专业分类下是核心与主干课程，如机修之下包括汽车发动机与汽车底盘，电子之下包括汽车电器、汽车空调、汽车发动机电控系统、汽车自动变速器、汽车安全舒适系统等。

这套教材作为学生课本，主要突出实图、原理、检测、维修与案例相结合。配套开发的还有教学课件，我们力图通过这种方式使此套创新教材成为一种立体化的、学员易学、教师易教、效果独到的专门化教材。

编　者

目 录

丛书序
第一章 汽车制动电控系统 ………………………………………………………………… 1
　第一节　概述 ……………………………………………………………………………… 1
　第二节　防抱死制动系统 ………………………………………………………………… 4
　第三节　防抱死制动系统的检修 ………………………………………………………… 24
　第四节　汽车驱动防滑系统 ……………………………………………………………… 31
　第五节　汽车行驶电子稳定控制系统 …………………………………………………… 34
　第六节　电子制动力分配 ………………………………………………………………… 38

第二章 安全气囊系统 ……………………………………………………………………… 40
　第一节　安全气囊系统的作用与分类 …………………………………………………… 40
　第二节　安全气囊系统的组成 …………………………………………………………… 41
　第三节　安全气囊控制原理 ……………………………………………………………… 47
　第四节　安全气囊的使用与维修 ………………………………………………………… 49

第三章 汽车中央门锁控制系统与防盗系统 …………………………………………… 56
　第一节　汽车中央门锁控制系统 ………………………………………………………… 56
　第二节　汽车防盗系统 …………………………………………………………………… 62

第四章 电子控制悬架系统 ………………………………………………………………… 70
　第一节　电子控制悬架系统的组成和功能 ……………………………………………… 70
　第二节　电子控制空气弹簧悬架系统 …………………………………………………… 71
　第三节　电子控制油气弹簧悬架系统 …………………………………………………… 77
　第四节　电子控制悬架系统的诊断与维修 ……………………………………………… 78

第五章 电子控制动力转向系统 …………………………………………………………… 91
　第一节　电子控制电动式动力转向系统 ………………………………………………… 91
　第二节　电子控制液压式动力转向系统 ………………………………………………… 94
　第三节　电控动力转向系统电路的检修 ………………………………………………… 96

第六章 电子控制四轮转向系统 …………………………………………………………… 99
　第一节　四轮转向的功能 ………………………………………………………………… 99
　第二节　电子控制四轮转向系统的组成及工作原理 …………………………………… 100
　第三节　电子控制四轮转向系统的故障诊断 …………………………………………… 111

第七章　巡航控制系统 ·············· 114
第一节　巡航控制系统的功能及使用 ·············· 114
第二节　巡航控制系统的组成及工作原理 ·············· 117
第三节　巡航控制系统的检修 ·············· 126

第八章　汽车视听与车载导航 ·············· 131
第一节　汽车视听系统概述 ·············· 131
第二节　车用 CD 机原理与维修 ·············· 133
第三节　车用 VCD 机原理与维修 ·············· 140
第四节　车用 DVD 机原理与维修 ·············· 143
第五节　汽车音响系统防盗解码 ·············· 145
第六节　汽车导航系统 ·············· 146

第九章　车载网络系统 ·············· 149
第一节　车载网络系统的结构及功能 ·············· 149
第二节　汽车 CAN-BUS 数据传输系统 ·············· 153

参考文献 ·············· 163

第一章

汽车制动电控系统

第一节 概 述

随着人们对汽车安全性能的日益重视，传统的制动系统已逐渐升级为防抱死制动系统（ABS），近年来在 ABS 的基础上又发展了相关的 ASR、ESP、EBD、EDL 及 EBC 等电子制动控制系统，目的是使汽车在各种操控及路面条件下都能得到最佳的控制和行驶的稳定性。

一、汽车制动电控系统的特点

1. ABS 的特点

防抱死制动装置也称防抱死制动系统（Antilock Brake System, ABS），它是汽车制动系统的部件之一。在汽车制动过程中，它能自动地控制车轮在旋转方向上的滑移程度，维持最佳的制动力，减少交通事故的发生。

ABS 具有如下的优点：

（1）能缩短制动距离 在同样紧急制动的情况下，ABS 可以将滑移率控制在 20% 左右，即可获得最大的纵向制动力。

（2）增加了汽车制动时的稳定性 汽车在制动时，四个轮子上的制动力是不一样的，如果汽车的前轮抱死（图 1-1），驾驶人就无法控制汽车的行驶方向，这是非常危险的；倘若汽车的后轮先抱死（图 1-2），则会出现侧滑、甩尾，甚至使汽车发生整个调头等严重事故；所有车轮全部抱死的汽车运动情况如图 1-3 所示。ABS 可以防止四个轮子制动时被完全抱死，提高了汽车行驶的稳定性。

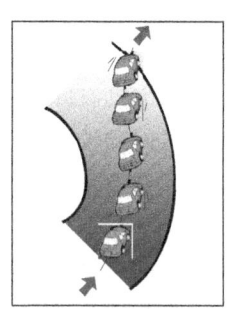

图 1-1 前轮抱死的汽车运动情况

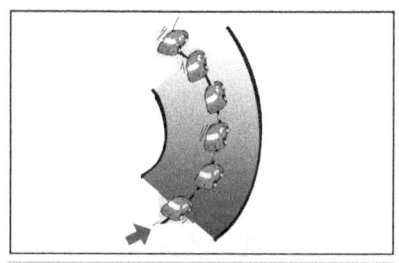

图 1-2 后轮抱死的汽车运动情况

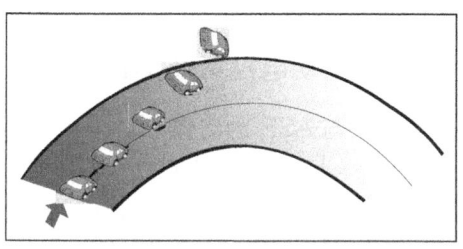

图 1-3 所有车轮全部抱死的汽车运动情况

(3) 减少汽车制动时轮胎的磨损　车轮抱死会造成轮胎杯形磨损,轮胎面磨耗也会不均匀,使轮胎磨损消耗费用增加。因此,装用 ABS 具有一定的经济效益。

(4) 使用方便,工作可靠,可减少驾驶人的疲劳强度　ABS 的使用与普通制动系统的使用几乎没有区别。制动时只要把脚踏在制动踏板上,ABS 就会根据情况自动进入工作状态,如遇雨雪路滑,驾驶人也没有必要用一连串的点制动方式进行制动,ABS 会使制动状态保持在最佳点。ABS 工作十分可靠,并有自诊断能力。如果它发现系统内部有故障,就会自动记录,并点燃 ABS 琥珀(黄)色故障指示灯,让普通制动系统继续工作。此时,维修人员可以根据记录的故障进行修理。

2. 驱动防滑系统的特点

驱动力控制系统(Traction Control System, TCS)又称驱动轮防滑转调节系统(Anti-Slip Regulation System, ASR),它是继防抱死制动系统(ABS)之后,设置在汽车上专门用来防止起步、加速和在湿滑路面行驶时驱动轮滑转的电子驱动力调节系统。它可以在驱动状态下,通过计算机帮助驾驶人实现对车轮运动方式的控制,以便在汽车的驱动轮上获得尽可能大的驱动力,同时保持汽车驱动时的方向控制能力,改善了燃油经济性,减少了轮胎磨损。

3. 电子稳定控制系统的特点

电子稳定控制系统即电子稳定程序(Electronic Stability Programe, ESP),它综合了 ABS 和 ASR 系统的功能,目前主要应用在高端车型上,如奥迪、奔驰等。在其他车型上,相同或相近功用的系统采用了不同的名字。如:宝马车上称为 DSC,丰田车上称为 VSC,本田车上则称为 VSA 等。

ESP 具有以下三大特点:

(1) 实时监控　ESP 能够实时监控驾驶人的操控动作、路面反应和汽车运动状态,并不断向发动机和制动系统发出指令。

(2) 主动干预　ABS 等安全技术主要是对驾驶人的动作起干预作用,但不能调控发动机。ESP 则可以通过主动调控发动机的转速,并调整每个车轮的驱动力和制动力,来修正汽车的过度转向和转向不足。

(3) 事先提醒　当驾驶人操作不当或路面异常时,ESP 会用警告灯警示驾驶人。

4. 电子制动力分配系统的特点

电子制动力分配(Electronic Brakeforce Distribution, EBD)装置实际上是 ABS 的辅助功能,它可以改善和提高 ABS 的功效。ABS 使用特殊的 ECU 功能来分配前轴和后轴之间的制动力。EBD 功能集成在 ABS 正常控制作用的逻辑范围之内。EBD 在汽车制动时即开始控制制动力,而 ABS 则是在车轮有抱死倾向时才开始工作。EBD 的优点还在于在不同的路面上都可以获得最佳的制动效果,缩短制动距离,提高制动灵敏度和协调性,改善制动的舒适性。

二、各制动电控系统的比较

1. ABS 与 ASR 的比较

(1) ABS 与 ASR 的共同点　ABS 和 ASR 都是用来控制车轮相对地面的滑动,以使车轮与地面的附着力不下降;都是通过控制作用于被控制车轮的力矩,将车轮滑动率控制在设定的理想范围之内,从而缩短汽车的制动距离或提高汽车的加速性能,改善汽车的行驶方向稳定性和转向操纵稳定性。两系统都有自检、报警功能。

第一章 汽车制动电控系统

（2）ABS 与 ASR 不同之处

1）ABS 对驱动车轮和非驱动车轮都进行控制，而 ASR 只对驱动车轮进行控制，且有选择开关，控制其使用时机。

2）ABS 控制的是汽车制动时车轮的"拖滑"，主要是用来提高制动效果和确保制动安全。ASR 是控制车轮的"滑转"，用于提高汽车起步、加速及在湿滑路面行驶时的牵引力和确保行驶稳定性。

3）ABS 控制期间，离合器通常都处于分离状态，发动机处于怠速运转状态，传动系统无工作载荷，各车轮间无相互影响。在 ASR 控制期间，离合器则处于接合状态，发动机的惯性会对 ASR 控制产生较大的影响。

4）在 ABS 控制期间，汽车传动系统的振动较小，由此对 ABS 控制产生的影响也较小。在 ASR 控制期间，很容易使传动系统产生较大的振动，对 ASR 控制产生的影响也就较大。

2. ESP 与 ABS 及 ASR 的比较

装备 ESP 的汽车与只装备 ABS 及 ASR 的汽车之间的差别在于，ABS 及 ASR 只能被动地作出反应，而 ESP 则能够探测和分析车况并纠正驾驶的错误，防患于未然。ESP 对过度转向或不足转向特别敏感，例如汽车在路滑时左拐过度转向（转弯太急）时会产生向右侧甩尾，传感器感觉到滑动就会迅速制动右前轮使其恢复附着力，产生一种相反的转矩而使汽车保持在原来的车道上。当然，任何事物都有一个度的范围，如果驾驶人盲目开车，现在的任何安全装置都难以保证其安全。

3. EBD 与 ABS 之间的比较

通常情况下，由于四个轮胎附着地面的条件不同，汽车制动时，很容易因轮胎与地面的摩擦力不同，产生打滑、倾斜和侧翻等现象。EBD 的功能就是在汽车制动的瞬间，分别计算出四个轮胎摩擦力数值，然后通过调整制动装置，达到制动力与摩擦力（牵引力）的匹配，以保证车辆的平稳和安全。

EBD 主要是对 ABS 起辅助功能，提高 ABS 功效。重踩制动踏板时，EBD 会在 ABS 作用之前，依据车辆的重量分布和路面条件，有效地分配制动力，以使四个车轮得到更接近理想化制动力的分布。因此，ABS+EBD 就是在 ABS 的基础上，平衡每一个车轮的有效抓地力，改善制动力的平衡，防止出现甩尾和侧移，并缩短汽车制动距离，使得汽车的安全性能更胜一筹。

几种制动电控系统的区别见表 1-1。

表 1-1 几种制动电控系统的区别

ABS	ABS 防止制动时车轮出现抱死，使车辆具有方向性和稳定性，并缩短制动距离
ASR	通过发动机管理系统干预及制动车轮，防止驱动轮打滑。例如在沙石及冰面上
EBD	EBD 系统是防止 ABS 起作用前或者由于特定的故障导致 ABS 失效后，后轮出现过度制动
ESP	通过有选择性的分缸制动及发动机管理系统干预，防止车辆滑移
EDL	两驱动轮在附着系数不同的路面上，出现单侧车轮打滑时，制动打滑车轮
EBC	防止在发动机制动时（突然收节气门踏板或挂入低档）出现驱动轮抱死

第二节 防抱死制动系统

一、防抱死制动系统的种类

常见的防抱死制动系统(ABS)有以下几种：博世(Bosch) ABS、坦孚(Teves) ABS、达科(Delco) ABS 和本迪克斯(Bendix) ABS 等。每个制造商都采用各自独特的方法来实现制动时不打滑，维修 ABS 时，重要的是准确识别 ABS 的种类，按照相应系统的具体维修程序操作。

尽管不同公司生产的 ABS 的类型不同，但它们都有相同的基本组成和基本工作原理，它们的主要区别是电子控制单元及控制线路不同。

二、防抱死制动系统的控制及布置方式

ABS 中，能够独立进行制动压力调节的制动管路称为控制通道。

按照控制通道数目的不同，ABS 分为四通道、三通道、双通道和单通道，而其布置形式却多种多样。

1. 四通道 ABS

四通道 ABS 的布置形式如图 1-4 所示。

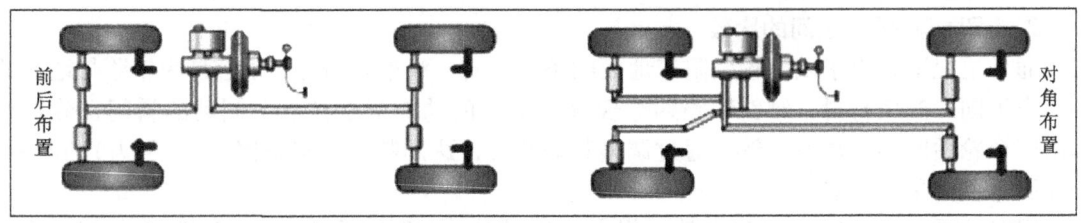

图 1-4　四通道四传感器的 ABS 布置形式

四通道 ABS 的布置形式有 H 型(前后布置)或 X 型(对角布置)两种布置形式。为了对四个车轮的制动压力进行独立控制，在每个车轮上各安装一个转速传感器，并在通往各制动轮缸的制动管路中各设置一个制动压力调节分装置(通道)。

2. 三通道 ABS

三通道 ABS 的布置形式如图 1-5 所示。

四轮 ABS 大多为三通道系统，而三通道系统都是对两前轮的制动压力进行单独控制，对两后轮的制动压力按低选原则一同控制。

由于三通道 ABS 对两后轮进行一同控制，对于后轮驱动的汽车可以在变速器或主减速器中只设置一个转速传感器来监测两后轮的平均转速。

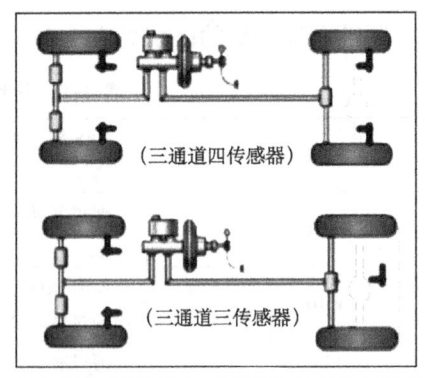

图 1-5　三通道四传感器、三传感器的 ABS 布置形式

3. 双通道 ABS

双通道 ABS 的布置形式如图 1-6 所示。

双通道 ABS 在按前后布置的双管路制动系统的前后制动管路中各设置一个制动压力调节分装置，分别对两前轮和两后轮进行一同控制。两前轮可以根据附着条件进行高选和低选转换，两后轮则按低选原则一同控制。

由于双通道 ABS 难以在方向稳定性、转向操纵能力和制动距离等方面得到兼顾，目前很少被采用。

4. 单通道 ABS

单通道 ABS 的布置形式如图 1-7 所示。

所有单通道 ABS 都是在前后布置的双管路制动系统的后制动管路中设置一个制动压力调节装置，对于后轮驱动的汽车只需在传动系统中安装一个转速传感器。

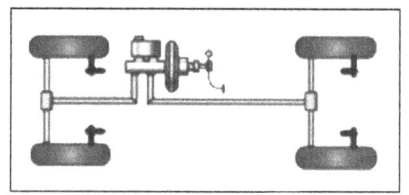
图 1-6 双通道四传感器的 ABS 布置形式

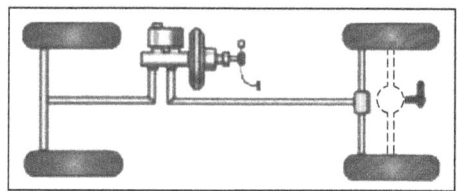
图 1-7 单通道一传感器的 ABS 布置形式

三、防抱死制动系统的组成与工作原理

防抱死制动系统通常由传感器、电控单元（ECU）和液压控制单元（液压调节器）等组成，如图 1-8 所示。

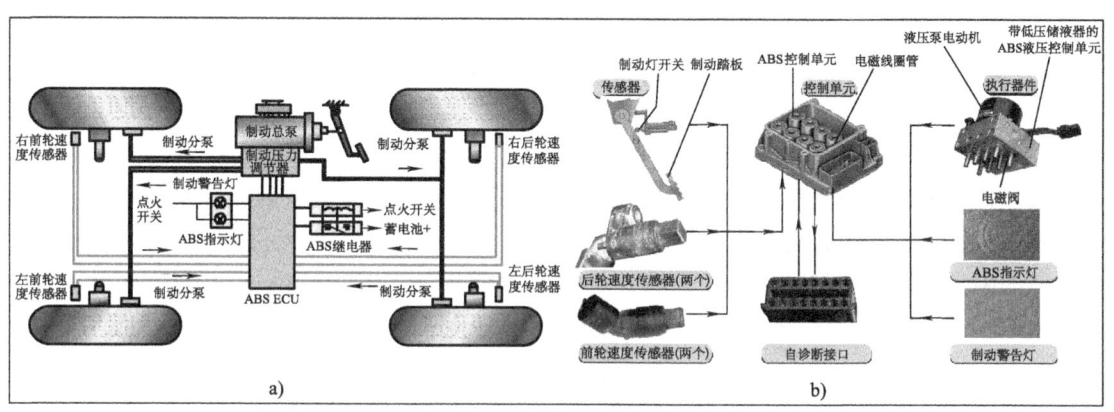

图 1-8 防抱死制动系统
a）防抱死制动系统组成简图　b）防抱死制动系统制动部件图

（一）传感器

1. 车轮速度传感器

车轮速度传感器也叫轮速传感器或转速传感器，它可以测出车轮与驱动轴共同旋转的齿圈数，然后产生与车轮转速成正比的交流信号。车轮速度传感器将车轮轮速信号传给 ABS

电控单元,电控单元通过计算决定是否开始或准确地进行防抱死制动。转速传感器有电磁式和霍尔式两种。

（1）电磁式转速传感器　电磁式转速传感器的结构如图1-9所示,由永磁体、极轴和感应线圈等组成,极轴头部结构有凿式和柱式两种。

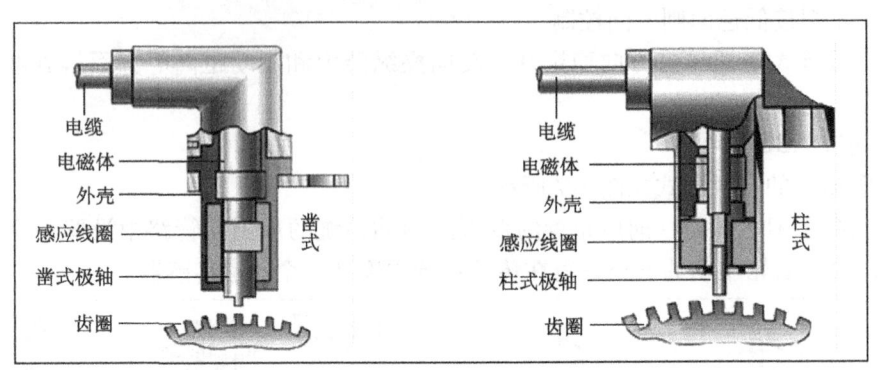

图1-9　电磁式转速传感器结构图

作用：测出车轮的转速,并把速度信号送到ECU。

信号产生原理：传感器与普通的交流发电机工作原理相同。永久磁铁产生一定强度的磁场,齿圈在磁场中旋转时,齿圈齿顶和电极之间的间隙就以一定的速度变化,这样就会使齿圈和电极组成的磁路中的磁阻发生变化。其结果使得磁通量周期性地增减,在线圈两端产生正比于磁通量增减速度的感应电压。

电磁式转速传感器的缺点：

1）输出信号的幅值随转速的变化而变化。若转速过慢,其输出信号低于1V,电控单元就无法检测。

2）响应频率不高。当转速过高时,传感器的频率响应跟不上。

3）抗电磁波干扰能力差。

（2）霍尔式转速传感器　霍尔式转速传感器克服了电磁式转速传感器的缺点,能保证在很低的速度下都有很强的信号。霍尔式转速传感器是利用霍尔效应的原理制成的。

霍尔转速传感器由传感头和齿圈组成。传感头由永磁体、霍尔元件和电子电路等组成,永磁体的磁力线穿过霍尔元件通向齿轮,如图1-10所示。

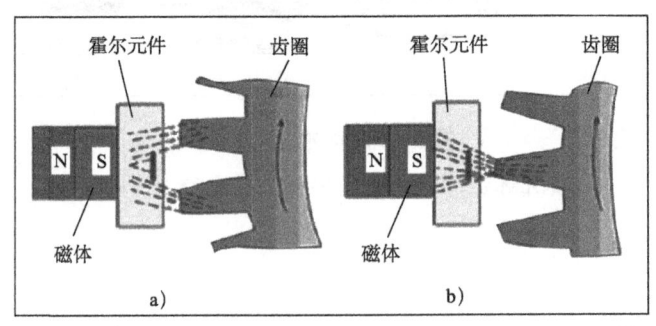

图1-10　霍尔式转速传感器工作原理示意图
a）磁场较弱　b）磁场较强

霍尔效应是指在一个矩形半导体薄片上有一电流通过,此时如有一磁场也作用于该半导体材料上,则在垂直于电流方向的半导体两端,会产生一个很小的电压,该电压就称为霍尔电压。当磁性材料制成的传感器转子上的凸齿交替经过永久磁铁的空隙时,就会有一个变化的磁场作用于霍尔元件(半导体材料)上,使霍尔电压产生脉冲信号。根据所产生的脉冲数目即可检测转速。

(3) 转速传感器的安装实例　图 1-11 给出了常用的三种转速传感器的安装形式。图 1-12、图 1-13 和图 1-14 分别给出了前轮、后轮和转速传感器的安装实例。

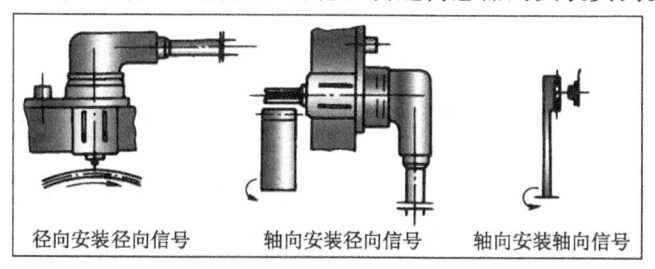

图 1-11　转速传感器的安装形式

图 1-12　前轮转速传感器的安装位置

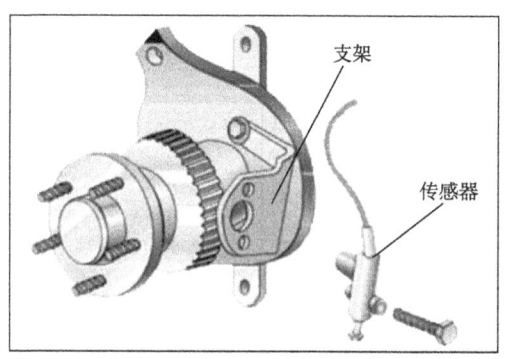

图 1-13　后轮转速传感器的安装位置

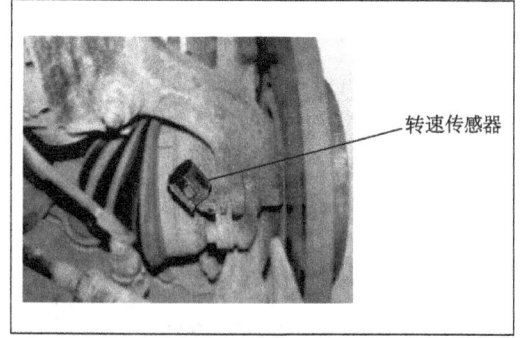

图 1-14　转速传感器安装位置实例(捷达 CiF 轿车)

(4) 车轮转速传感器的检修

车轮转速传感器出现故障,不一定说明传感器已经损坏,往往传感器头脏污、传感器的空气间隙没有达到要求,都会引起传感器工作不良。这时对传感器进行调整,就可恢复其正常的工作。对绝大多数车辆来说,前轮转速传感器是可调整的,一部分车辆后轮转速传感器也可调整,只有少部分前、后轮转速传感器不可调整。传感器的调整可用纸垫片贴紧传感器头的端面来完成,当车开起来,随着传感器齿圈的旋转,纸垫片就自然消失。如果不用纸垫片，用无导磁性其他材料的垫片也行。前轮转速传感器的调整(图1-15)以坦孚ABS为例。

① 升举汽车，拆下相应的前轮胎和车轮装置。

② 拧松5mm的紧固螺钉(它固定传感器，在支架的衬套内)，通过盘式制动器挡泥板孔拆下传感器头。

③ 清除传感头表面的金属和脏物，用一把钝刀或类似的工具仔细刮传感头的端面。

④ 在传感头端面粘贴一新的纸垫片，纸垫片上做一"F"标记表示

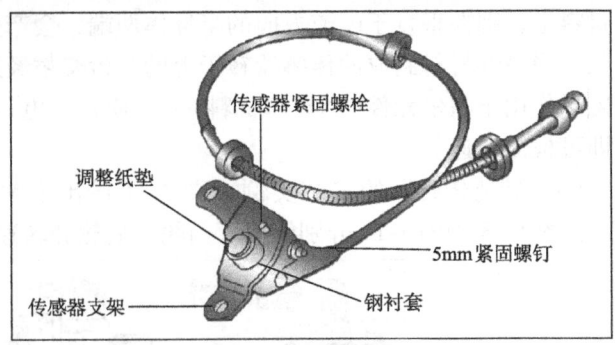

图1-15 前轮转速传感器的调整

前轮，纸垫片的厚度对32脚的ABS是1.3mm，对35脚的ABS是1.1mm。

⑤ 拧松把衬套固定在传感器支架上的螺栓，旋转这个钢衬套，给紧固螺钉提供一个新的锁死凹痕面。

⑥ 通过盘式制动挡泥板孔将传感头装进支架上的衬套里，确认纸垫片在传感头端面上，并在整个安装过程中没有掉下来。

⑦ 拧紧传感器支架上固定钢衬套的紧固螺栓，明确传感器上连线良好。

⑧ 推传感头向传感器齿圈顶端移动，直到纸垫片与齿圈接触为止，保持这种状态并用2.4~4N·m的力矩拧紧5mm紧固螺钉，使传感头定位。

⑨ 重新安装好轮胎和车轮等装置，并且放下汽车。

⑩ 为了检查传感器，可起动发动机，将车开动，观察ABS故障指示灯是否燃亮，如果不亮说明系统正常，传感器良好，否则说明ABS还有问题。

后轮转速传感器的调整(图1-16)仍以坦孚ABS为例。

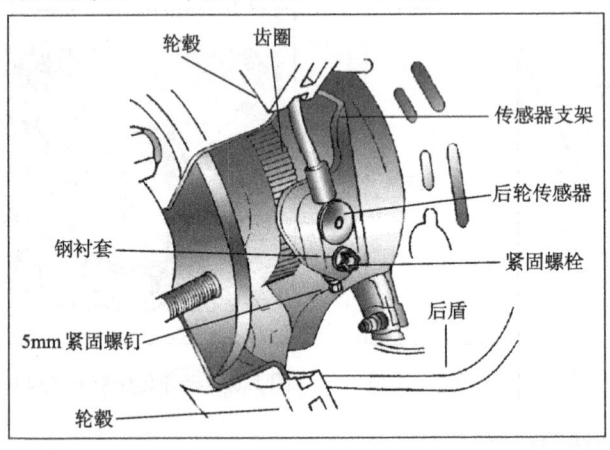

图1-16 后轮转速传感器的调整

① 升举汽车，拆下相应的后轮胎和车轮装置。

② 拆下后轮制动钳和转动装置。

③ 拧松在传感器支架上的5mm紧固螺钉。

④ 拆下传感器衬套紧固螺栓和传感器头。

⑤ 将传感器衬套里外清理干净，保证传感器头能在里面自由滑动，再将传感器头上的脏物、金属清理干净，仔细地用钝刀或类似的工具刮净传感头端面。

⑥ 在传感头端面贴一纸垫片，纸垫片上标注"R"以示后轮，35脚电控单元的ABS纸垫片厚0.65mm，32脚电控单元的ABS纸垫片厚1.1mm。

⑦ 装回传感器钢衬套和紧固螺栓，钢衬套的安装保证给螺钉提供一个新的锁死凹痕面。

⑧ 装回传感器头，拧紧紧固螺栓。

⑨ 推传感头向传感器齿圈顶端移动，直到纸垫片与齿圈接触为止，保持这种状态并用2.4~4N·m的力矩拧紧5mm紧固螺钉，使传感头定位。

⑩ 重新装回制动钳、车轮装置和轮胎，放下汽车。

⑪ 起动发动机将车起动，观察ABS故障指示灯是否燃亮，如果不亮说明系统正常，传感器良好，否则说明ABS还有问题。

（5）车轮转速传感器的更换 如果自诊断发现车轮转速传感器不良，再用数字万用表测量它的线圈电阻，电阻大表明有断路，电阻小表明有短路，无论出现上述哪种情况，一般都要更换传感器头。更换的过程和传感器调整的过程基本一样，只是不同的车型略有不同。

达科(VI)ABS前轮转速传感器位于前端，拆装比较方便，只需调整好传感头与齿圈之间的空气间隙，接牢线束连接器即可。

达科(VI)ABS后轮转速传感器的拆装如下：

① 升举汽车，拆下车轮。

② 拆卸后轮制动器，注意做相应的记号。

③ 拆下传感器插头。

④ 拆下固定后轮轴承和车轮转速传感器组件螺钉与螺母，旋转轴的凸缘使洞口对准螺钉，以便取出。

⑤ 拆下轴承总成。

⑥ 安装时按相反的顺序(记号)进行，最后放下汽车。

⑦ 试车验证传感器更换情况的好坏。

注意：螺钉、轴承和传感器拆下之后，制动鼓总成仍挂在制动油管上，若碰或移动制动鼓总成时，会损伤制动油管。

2. 减速度传感器

减速度传感器又称为加速度传感器，实物如图1-17所示。

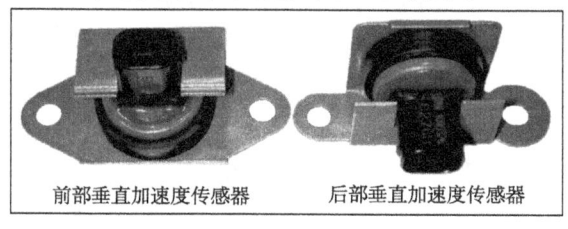

前部垂直加速度传感器　　后部垂直加速度传感器

图1-17 宝马车前、后部垂直加速度传感器

减速度传感器的作用：监测汽车的减速度大小，并转换为电信号输入ABS的ECU，以便判别路面状况并采取相应的控制方式。

汽车在高附着系数路面上制动时，减速度很大。

汽车在低附着系数路面上制动时，减速度很小，ABS的ECU根据减速度传感器信号即可判断路面状况。

当判定汽车是在附着系数很小的冰雪路面上行驶时，车辆 ABS 的 ECU 就会按照低附着系数路面的控制方式进行控制，以提高制动性能。

减速度传感器有光电式、水银式、差动变压器式和半导体式等。安装位置因车而异，有的安装在行李箱内(如丰田赛利卡和凯美瑞)，有的安装在发动机室内。

（1）光电式减速度传感器　光电式减速度传感器由两只发光二极管 LED、两只光敏晶体管、一块遮光板和信号处理电路等组成。

光电管是把光能变成电能的器件，内部装有能够产生光电效应的电极，受到光线照射就会向外发射电子。广泛用于无线电传真、自动控制和电影领域。光电效应是指某些物质因受到光的照射而发出电子的现象。光电管有光敏二极管和光敏晶体管两种。

光电式减速度传感器遮光板的作用是透光或遮光。当遮光板上的开口位于发光二极管与光敏晶体管之间时，发光二极管发出的光线能够照射到光敏晶体管上，使光敏晶体管导通，如图1-18a 所示。当遮光板上的齿扇位于发光二极管与光敏晶体管之间时，发光二极管发出的光线被遮光板上的齿扇挡住而不能照射到光敏晶体管上，光敏晶体管处于截止状态，如图 1-18b 所示。

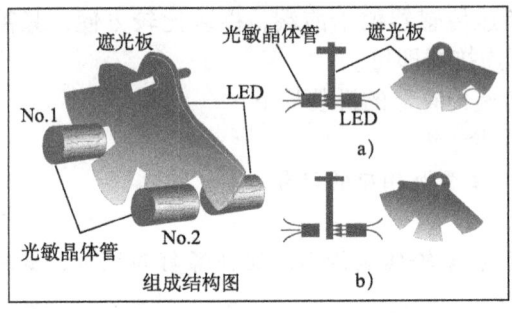

图 1-18　光电式减速度传感器

a) 透光时　b) 遮光时

汽车匀速行驶时，遮光板静止不动，传感器无信号输出。当汽车减速时，遮光板沿汽车纵向摆动，如图 1-19 所示。减速度大小不同，遮光板摆动角度就不同，两只光敏晶体管"导通"与"截止"状态也就不相同。减速度越大，遮光板摆动角度越大。根据两只光敏晶体管的输出信号，就可将汽车减速度区分为四个等级，见表 1-2。ABS 的 ECU 接收到传感器信号后，就可判定出路面状况，从而采取相应的控制措施。

（2）水银式减速度传感器　水银式减速度传感器的结构如图 1-20 所示，由玻璃管和水银组成。

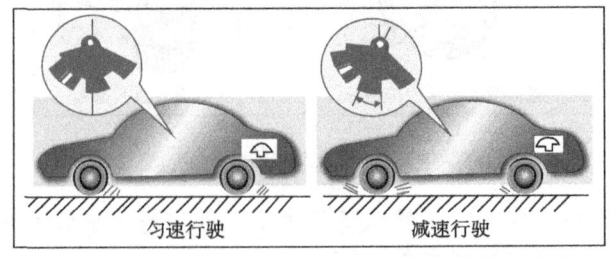

图 1-19　光电式减速度传感器遮光板的位置状态

表 1-2 减速度速率等级表

减速度速率等级	低等减速率 1	低等减速率 2	中等减速率	高等减速率
No.1 晶体管	导通	截止	截止	导通
No.2 晶体管	导通	导通	截止	截止

当汽车在低附着系数路面上制动时,汽车减速度小,水银在玻璃管内基本不动,传感器电路接通,如图 1-20a 所示,ABS 的 ECU 便按低附着系数路面上的控制程序控制制动系统工作。

当汽车在高附着系数路面上制动时,汽车减速度大,传感器玻璃管内的水银在惯性作用下前移,传感器电路断开,如图 1-20b 所示,ABS 的 ECU 便按高附着系数路面上的控制程序控制制动系统工作。

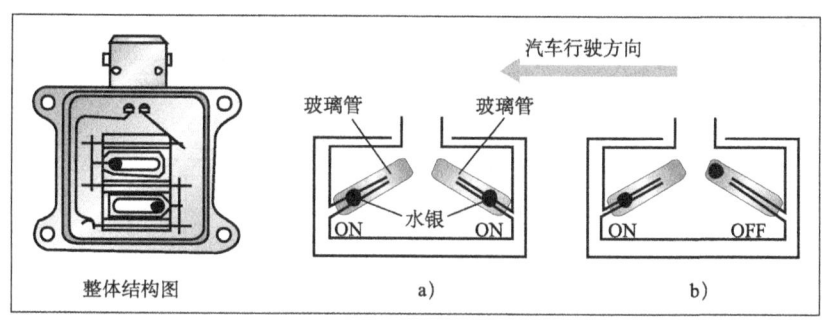

图 1-20 水银式减速度传感器结构及工作原理

a) 减速度小时 b) 减速度大时

由水银式减速度传感器的结构可见,该传感器可以监测前、后或左、右两个方向的加、减速度,因此可以用作横向加速度传感器。

横向加速度传感器在高级轿车和赛车上采用较多。当汽车的横向加速度低于设定值时,水银在玻璃管内基本不动,传感器电路接通,向 ABS 的 ECU 输入一个高电平信号;当汽车高速急转弯时,横向加速度超过设定值,水银在惯性作用下移动,传感器电路断开,向 ABS 的 ECU 输入一个低电平信号。ABS 的 ECU 接收到横向加速度超过设定值的信号后,立即发出控制指令,修正左、右车轮制动分泵压力,以便提高 ABS 的制动性能。

3. 传感器线束的更换方法

传感器线束对系统本身工作有很大的影响,例如线束接头的接触不良、线束被腐蚀、断裂和外部屏蔽损坏等都会使防抱死制动系统无法正常工作,这时要对相应损坏的线束进行更换。

下面以达科(Ⅵ)ABS 后轮转速传感器线束的更换为例做介绍。

① 在两个后轮转速传感器上拆下两个传感器插头。

② 拆下后轮连接车身线束的插头。

③ 钻去在底盘上固定线束的铆钉。

④ 撬开夹片,将损坏的线束取出。

⑤ 准备好同规格新线束，按相反的顺序装好。

前轮转速传感器的线束与后轮转速传感器线束的更换方法类似，但有的车型在更换时要同时更换部分或全部的发动机线束。如果只更换一小段线束可用焊接的方式连接，然后再固定结实。

（二）电控单元（ECU）

1. ECU 的基本结构

ECU 由以下几个基本电路组成：

① 车速传感器的输入放大电路。

② 运算电路。

③ 电磁阀控制电路。

④ 稳压电源、电源监控电路、故障反馈电路和继电器驱动电路。

ECU 实物及各电路的联接方式如图 1-21 所示。

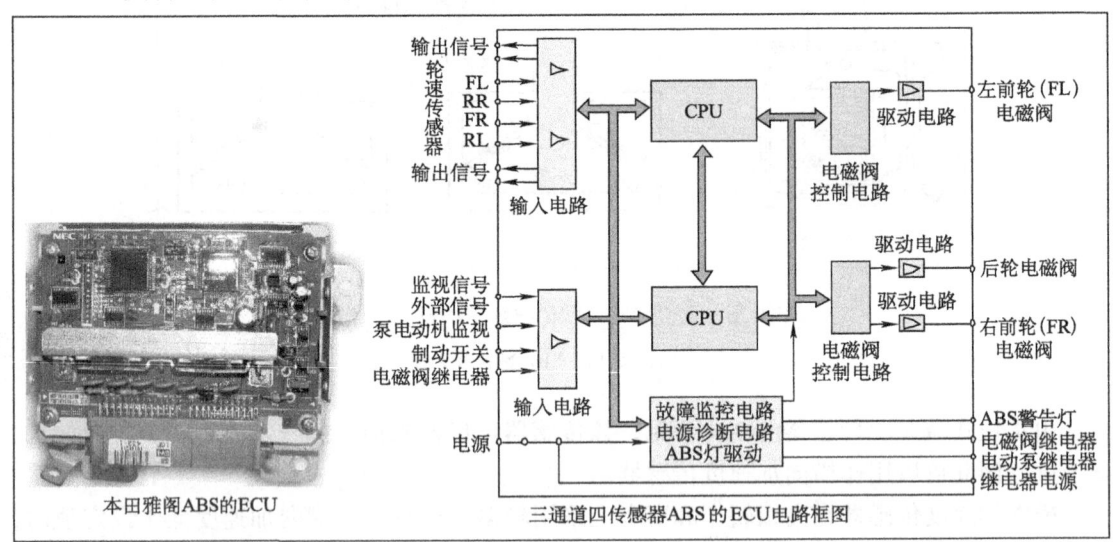

图 1-21　ABS 的 ECU 实物及电路框图

（1）车速传感器的输入放大电路　安装在各车轮上的车速传感器根据轮速输出交流信号，输入放大电路将交流信号放大成矩形波并整形后送往运算电路。

不同的 ABS 中轮速传感器的数量是不一样的。每个车轮都装轮速传感器时，需要四个，输入放大电路也就要求有四个。当只在左右前轮和后轴差速器安装轮速传感器时，只需要三个，输入放大电路也就成了三个。但是，要把后轮的一个信号当作左、右轮的两个信号送往运算电路。

（2）运算电路　运算电路主要进行车轮线速度、初始速度、滑移率和加、减速度的运算，以及电磁阀的开启控制运算和监控运算。

安装在车轮上的传感器齿圈随着车轮旋转，轮速传感器便输出信号，车轮线速度运算电路接受信号并计算出车轮的瞬时线速度。

初始速度、滑移率及加、减速度运算电路把瞬间轮速加以积分，计算出初始速度，再把初始速度和瞬时线速度进行比较运算,则得出滑移率及加、减速度。电磁阀开启控制运算电路和根据滑移率以及加、减速度控制信号,对电磁阀控制电路输出减压、保压或增压的信号。

(3)电磁阀控制电路 接受来自运算电路的减压、保压或增压信号,控制电磁阀的电流。

(4)稳压电源、电源监控电路、故障反馈电路和继电器驱动电路 在蓄电池供给ECU内部所用5V稳压电压的同时,上述电路监控着12V和5V电压是否在规定范围内,并对轮速传感器输入放大电路、运算电路和电磁阀控制电路的故障信号进行监视,控制着电动机继电器和电磁阀。出现故障信号时,关闭电磁阀,停止ABS工作,返回常规制动状态,同时仪表板上的ABS警告灯变亮,让驾驶人知道有异常情况发生。

2. 安全保护电路

ECU的安全保护电路具有故障状态外部显示功能。系统发生故障时,首先停止ABS工作,恢复常规制动状态,使仪表板上的ABS警告灯发亮,提示整个系统处于故障状态。

(1)接通电源时的初始检查 打开点火开关、ECU电源接通时,将进行下列项目的检查,见表1-3。

表1-3 接通电源时的初始检查表

检查项目	检查内容及作用
微处理器功能检查	①使监视器产生错误信息,让微处理器识别 ②检查ROM区的数据,确认未发生变化 ③对RAM区进行数据输入和输出,判断工作是否正常 ④检查A/D转换的输入,判断是否正常 ⑤检查微处理器间的信号传递,判断是否正常
电磁阀动作检查	使电磁阀产生动作,判断是否正常工作
故障反馈电路功能检查	由微处理器来识别故障反馈电路工作是否正常

(2)汽车起步时的检查 汽车起步时对重要的外围电路进行检查,若检查结果正常,ABS开始工作。检查项目见表1-4。

表1-4 汽车起步时的检查

检查项目	检查内容及作用
电磁阀功能检查	①让电磁阀工作,判断是否工作正常 ②比较各电磁阀的开、关电阻,判断电磁阀是否工作正常
电动机动作检查	使电动机旋转,判断是否工作正常
轮速传感器及输入放大电路的信号确认	确认所有的轮速传感器信号都能输入到微处理器

(3)行驶中的定时检查 行驶中的定时检查功能包括由微处理器进行的检查和外围电路本身的检查。如果有故障,由微处理器进行最后确认,与故障内容相对应的故障码被储存在ECU的存储器中。

1)12V(载货车为24V)、5V电压监视。识别供给的12V电压和5V内部电压是否为规定电压值。监视12V电压,并考虑ABS工作过程中电压瞬间下降和电动机起动时电压瞬间下降的情况,然后加以分析识别。

2）电磁阀动作监视。ABS 工作过程中，电磁阀必定动作，ECU 随时监视电磁阀的工作情况。

3）运算电路中运算结果的对比检查。ECU 内部通常设有两套运算电路，同时进行运算和传递数据，利用各自的运算结果相互比较、相互监视，能够确保可靠性，及早发现异常情况。另外，各种速度信号和输入、输出信号也在运算电路中相互比较，这些结果必须相同。

4）微处理器失控检查。由监视电路判断微处理器工作是否正常。

5）脉冲信号的监视。微处理器时钟信号的脉冲频率不能降低。

6）ROM 数据的确定。计算 ROM 数据之和，确认程序工作正常。

（4）自动诊断显示　如果安全保护电路检查出有异常情况，则停止 ABS 的工作，返回原有的制动方式（不使用 ABS），且 ECU 呈现故障状态。这时 ECU 内的发光二极管、ABS 警告灯或专用装置发出故障信号，ECU 根据这些信号显示出故障码。

3. ECU 的工作原理

ECU 是 ABS 的控制中心，一般由两个微处理器和其他必要电路组成，电控单元的基本输入信号是四个轮上传感器送来的轮速信号，输出信号是给液压控制单元的控制信号、输出的自诊断信号和输出给 ABS 故障指示灯的信号，如图 1-22 所示。

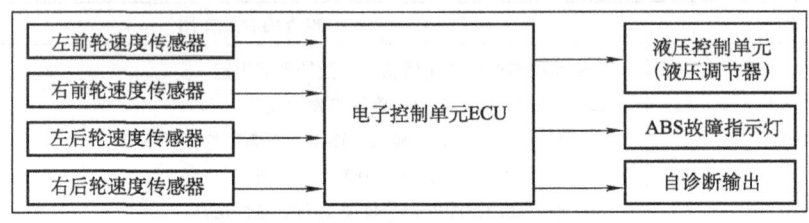

图 1-22　ABS 电控单元和基本输入、输出信号

（1）ECU 的防抱死控制功能　电控单元有连续监测四轮传感器速度信号的功能。电控单元连续地检测来自全部四个车轮传感器传来的脉冲电信号，并将它们处理、转换成和轮速成正比的数值，从这些数值中电控单元可区别出哪个车轮速度快，哪个车轮速度慢。电控单元根据四个轮子的速度实施防抱死制动控制。电控单元以四个轮子的传感器传来的数据作为控制基础，一旦判断出车轮将要抱死，立刻进入防抱死控制状态，向液压调节器输出幅值为 12V 的脉冲控制电压，以控制轮缸上油路的通、断，轮缸上油压的变化就调节了轮上的制动力，使车轮不会因一直有较大的制动力而让车轮完全抱死（通与断的频率一般在 3~12Hz）。

一般情况下，防抱死控制采用三通道的方式，即前轮分别有两条油路控制，电控单元可分别对左前轮和右前轮分别进行防抱死制动控制，后轮只有一条油路控制。电控单元只能对两个后轮进行集中控制（一旦有一个后轮将要抱死,电控单元同时对两个后轮进行防抱死控制）。

（2）ECU 故障保护控制功能　ABS 电控单元具有故障保护控制功能。如果系统出现故障或受到暂时的干扰，电控单元会自动关闭 ABS，让普通制动系统继续工作。

1）电控单元能对自身工作进行监控。由于电控单元中有两个微处理器，它们同时接收、处理相同的输入信号，与系统中相关的状态电控单元的内部信号进行比较，看二者是否相同，从而对电控单元内部信号进行校准。这种校准是连续的，如果不能同步，说明电控单元本身有问题，它会自动停止防抱死制动过程，而让普通制动系统照常工作。此时，维修人员必须对 ABS（包括电控单元）进行检查，以便及时找出故障原因。

2）监视 ABS 中其他部件的工作情况。它可按程序向液压调节器的电路系统及电磁阀输送脉冲检查信号，在没有任何机械动作的情况下完成功能是否正常的检查。在 ABS 工作过程中，电控单元还能监视、判断车轮传感器送来的轮速信号是否正常。

ABS 出现故障，例如制动液损失、液压压力降低或车轮速度信号消失，电控单元都会自动发出指令，让普通制动系统进入工作，而 ABS 停止工作。对某个车轮速度传感器损坏产生的信号输出，只要它在可接受的极限范围内，或由于较强的无线电高频干扰而使传感器发出超出极限的信号，电控单元根据情况可能停止 ABS 工作或让 ABS 继续工作。

提示：任何时候琥珀（黄）色 ABS 故障指示灯常亮不灭，就说明电控单元已停止了 ABS 的工作或检测到了系统的故障，驾驶人或用户一定要进行检修，如果处理不了，应及时送修理厂。

4. ABS 电控单元的检修

ABS 电控单元可用替代法来证明它的好坏，即用一个新的电控单元替代原来的电控单元后，再观察 ABS 的工作情况，如果系统恢复正常，就说明原电控单元有问题，必须更换。

ABS 电控单元更换一般步骤如下。

① 将点火开关关闭（OFF 位置）。
② 拆下电控单元（ECU）上的线束插头，例如达科（Ⅵ）ABS 电控单元需拆下三个插头。
③ 拆下固定电控单元的螺钉并将垫圈放好。
④ 将新的电控单元固定，垫圈损坏的要更换新垫圈。
⑤ 插上所有的线束插头，注意线束不能损坏和腐蚀，插头插上后要接触良好。
⑥ 按对角线拧紧固定螺钉。
⑦ 打开点火开关并起动发动机，红色制动灯和 ABS 灯应显示系统的正常状态。

（三）液压控制装置

调节器主要有真空式、液压式、机械式、空气式以及空气液压加力式（AOH）几种，这里主要对液压式控制装置进行介绍。

1. ABS 液压控制装置的组成

ABS 液压控制总成是在普通制动系统的液压装置上经设计后加装 ABS 液压调节器而形成的。ABS 液压调节器装在制动总泵与分泵之间，如果与总泵装在一起的，称为整体式，否则称为非整体式。

普通制动系统的液压装置一般包括真空助力器、双缸式制动主缸、储油箱、制动轮缸和双液压管路等。

整体式 ABS 液压控制装置，除了普通制动系统的液压部件外，ABS 液压调节器通常由电动泵、蓄能器、主控制阀、电磁控制阀体（三对）和一些控制开关等组成，图 1-23 所示为奇瑞 QQ MK20-Ⅰ液压控制单元总成。实质上 ABS 就是通过电磁控制阀体上的三对控制阀控制分泵上的油压迅速变大或变小，从而实现了防抱死制动功能的。

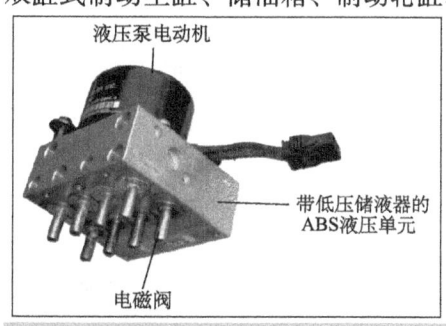

图 1-23 奇瑞 QQ MK20-Ⅰ液压控制单元总成

(1) 电动泵和蓄能器　电动泵是一个高压泵,它可在短时间内将制动液加压(在蓄能器中)到 14000~18000kPa,并给整个液压系统提供高压制动液。电动泵的工作独立于 ABS 电控单元,如果电控单元出现故障或接线有问题,电动泵仍能正常工作。

蓄能器内部充有氮气,可存储高压并向制动系统提供高压。蓄能器被一个隔板分成上下两个腔室,上腔室充满氮气,下腔室充满来自电动泵的制动液(蓄能器下腔与电动泵泵油腔相通)。要特别注意的是,禁止拆卸、分解蓄能器,因为蓄能器中的氮气在平时有较大的压力(8000kPa 左右)。

电动泵给蓄能器下腔泵入制动液,使隔板上移,在蓄能器上腔的氮气被压缩后产生压力,反过来推动隔板下移,使蓄能器下腔的制动液始终保持大约 14000~18000kPa 的压力。在普通制动系统工作的时候(防抱死制动系统没有工作),蓄能器就可提供较大压力的制动液到后轮制动分泵;当防抱死制动系统工作时,加压的制动液可进入前、后轮制动分泵。

注意:防抱死制动系统工作时不使用普通制动系统的真空助力器,而是蓄能器给出的高压。如果电动泵出现故障,制动液压力会下降很多,此时必须进行修理。

(2) 主控制阀和电磁控制阀体　主控制阀和电磁控制阀体如图 1-24 所示。

1) 主控制阀。主控制阀装置是电操纵的一种开关阀。在防抱死制动控制的时候,它接通液压助力器的压力腔与总泵内部的油室,关闭通向储油箱的回油路,这样可提供连续的高压制动液,使 ABS 正常、有效地工作。防抱死制动系统停止工作,主控制阀就关闭液压助力器与总泵之间的油路,打开通向储油箱的回油油路,蓄能器的压力不再经过总泵到制动分泵,而直接到回油油路。

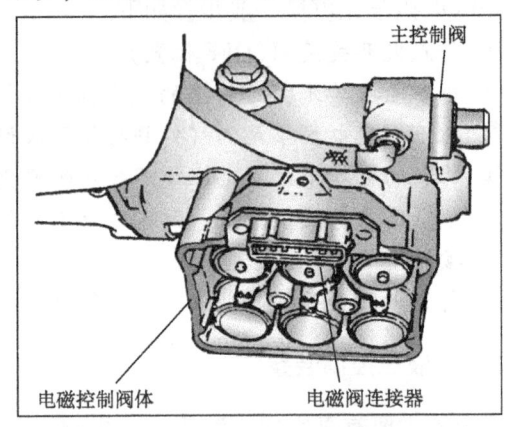

图 1-24　主控制阀与电磁控制阀体

2) 电磁阀。当给螺线管通电时,在螺线管路中心产生磁场,磁场强度与线圈匝数和通电电流之积成正比。若线圈带有铁心,铁心就会变成磁力很强的磁铁、产生吸引力。电磁阀就是根据这个原理制成的,它由螺线管、固定铁心和可动铁心组成,如图 1-25 所示。通过

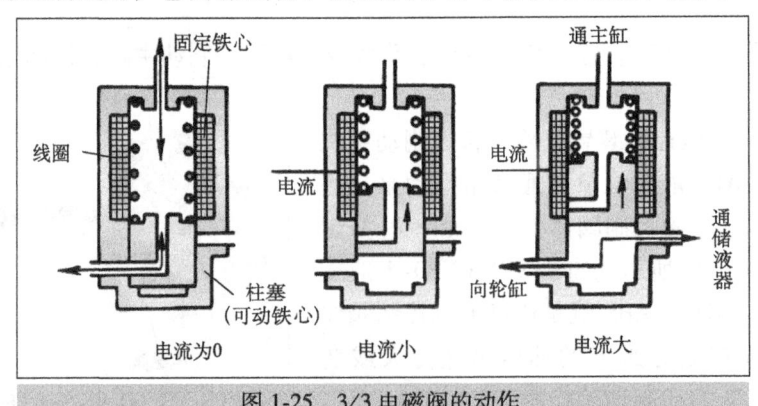

图 1-25　3/3 电磁阀的动作

改变螺线管的电流改变磁场力,可以控制两铁心之间的吸引力,该力与弹簧力方向相反,从而控制了柱塞的位置。如图1-25所示,柱塞上设有液体通道,柱塞位置决定了液体通道的开闭。图1-25是3/3电磁阀(3阀口3位置变换型)的例子,根据电流的大小,可将柱塞控制在三个位置,改变三个阀口之间的通路。图1-26是用符号表示的示意图,图中上段表示电流为零;中段电流小;下段电流大。

如果ABS出现故障,输入电磁阀始终常开,输出电磁阀始终常闭,使普通制动系统能正常工作而ABS不能工作,直到系统故障被排除为止。

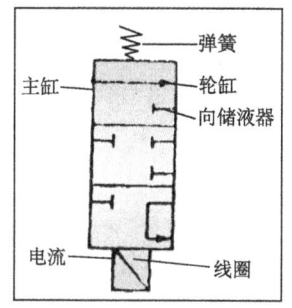

图1-26 3/3电磁阀示意图

(3) 压力控制、压力警告和液位指示开关 在电动泵旁边有一个装有开关的装置,开关与泵有联系,装置中就有压力控制和压力警告功能的触点开关,而液位开关在油箱上方。

压力控制开关(PCS)是由一组触点组成,它独立于ABS电控单元而工作。压力开关一般位于蓄能器下面,监视着蓄能器下腔的液体压力。当液体压力下降到一定的数值(一般是14000kPa)时,压力开关闭合,使电动泵继电器下面电路构成回路(电动泵继电器通电,触点闭合),电源通过此电路让电动泵运转。

如果压力控制开关发生故障,尽管这时蓄压器仍能提供较大的压力,但是最终会导致ABS液压系统中的压力下降,因此,必须对压力控制开关进行检查。

压力警告开关(PWS)有两个功能,当压力下降到14000kPa以下时先点亮红色制动系统故障指示灯,然后紧接着点亮琥珀色ABS故障指示灯,同时让ABS电控单元停止防抱死制动的工作。

制动液油箱里的液位指示开关(FLI)有两个触点,当制动液面下降到一定程度时,上面的触点闭合,下面的触点打开。上面触点的闭合点亮红色制动系统故障指示灯,它提醒驾驶人要对车辆的制动液进行检查。下面触点的打开切断了通向ABS电控单元的电路,发出使电控单元停止防抱死制动控制的信号,电控单元停止工作的同时点亮琥珀色ABS故障指示灯。红色故障灯比琥珀色故障灯先亮。

(4) 继电器和电控单元保护二极管 防抱死制动系统中的继电器和电控单元保护二极管,不是液压系统中的部件,由于它们较为重要又与液压系统的控制有关,进行特别介绍。

在ABS中,一般有两个继电器,一个是灰色主电源继电器,另一个是棕色电动泵继电器。主电源继电器通过点火开关供给ABS电控单元电能。只要发动机起动,ABS电控单元就会感知并起动系统自检程序,检查ABS是否良好。如果主电源继电器损坏,电控单元就会知道并让ABS停止工作(普通制动系统继续工作)直到主电源继电器修复为止。电动泵继电器主要给电动泵接通电源。当点火开关接通后,电流通过压力控制开关(接通状态)使电动泵继电器导通,控制电动泵的触点闭合,蓄电池直接给电动泵供电使其工作。如果电动泵继电器损坏或发生故障,电动泵就不能运行,必然导致整个系统压力下降而无法工作。

ABS电控单元保护二极管可起到保护电控单元的作用。这个二极管装在主电源继电器和琥珀色ABS故障指示灯之间,防止电流由蓄电池的正极通过主电源继电器直接流向电控单元而引起电控单元损坏。

（5）故障指示灯　ABS 系统带有两个故障指示灯，一个是红色制动警告灯，另一个是琥珀色（黄色）ABS 警告灯，如图 1-27 所示。

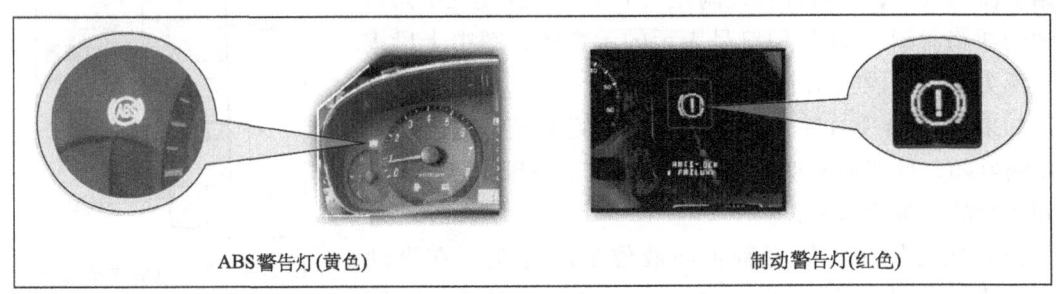

图 1-27　故障指示灯

两个故障指示灯正常闪亮的情况如下：当点火开关打开时，红色制动灯与琥珀色 ABS 灯几乎同时亮，制动灯亮的时间较短，ABS 灯会亮的长一些（约 3s）；起动发动机后，蓄压器要建立系统压力，此时两灯泡会再亮一次，时间可达十几秒甚至几十秒。红色制动灯在停车驻车制动时也应亮。如果在上述情况下灯不亮，就说明故障指示灯本身及线路有故障。

琥珀色 ABS 故障指示灯常亮，说明电控单元发现 ABS 中有问题，要及时检修。

提示：红色制动故障指示灯常亮，说明制动液不足或蓄能器中的压力下降（低于 14000kPa），此时普通制动系统与 ABS 均不能正常工作，要检查故障原因及时排除。

2. 液压控制装置（总成）的维修

（1）ABS 的泄压　在修理液压控制装置（总成）以前要按一般方法泄压，如果要求用专用仪器和工具进行泄压时，维修手册中会有详细说明。

一般 ABS 泄压的方法是将点火开关关闭（OFF 位置），燃后反复踏制动踏板，踩踏的次数至少在 20 次以上，当感觉到踩踏板的力明显增加，即感觉不到踩踏板的液压助力时，表明 ABS 泄压完成。有的 ABS 在泄压过程中需踩踏的次数较多，甚至需要 40 次以上。

通常修理下列部件时需要泄压。

① 液压控制单元中的任何装置。

② 蓄能器。

③ 电动泵。

④ 电磁阀体。

⑤ 制动液油箱。

⑥ 压力警告和控制开关。

⑦ 后轮分配比例阀和后轮制动分泵。

⑧ 前轮制动分泵。

⑨ 高压制动液管路。

除了泄压外，有的 ABS 还会要求进行规定的操作，以防修理液压总成时出现伤害维修人员的情况。

（2）液压控制装置（总成）的拆卸　这里以达科（Ⅵ）ABS 为例说明修理过程。

① 拔下电磁阀、制动液面传感器和电动机组线束插头。

② 用棉丝或抹布放于液压调节器的下边，拆下四个制动油管，再用柱塞塞住打开的油管，防止制动液外泄。

③ 拆下真空检查阀，拧下两个直径为15mm的螺母，将液压控制装置(总成)与真空助力器分离。

④ 从车上拆下液压控制装置。

(3) 电磁阀的更换　如果液压调节器上的电磁阀损坏，一般不能分解修理，只能整件更换。

① 拧下电磁阀组件上的两个固定螺钉。

② 拆下电磁阀时看O形环是否仍在上面，若在将其取下，若无则查看液压调节器上装电磁阀的内孔，最后取出O形环。

③ 用干净制动液润滑电磁阀O形环。

④ 选用同规格完好的电磁阀，连同O形环装入液压调节器直至凸缘定位。

⑤ 用4~5N·m力矩交替拧紧两个星形螺钉固定好的电磁阀，线束插头应能顺利、方便地插上。

(4) 液压控制装置(总成)的分解与组合　达科(Ⅵ)ABS是整体式的，无论是修理制动总泵还是液压调节器，还是泵中的电动机组，均要进行液压控制总成的分解与组合工作。

① 拧松四个固定电动机组件的螺钉。

② 拧下两个星形螺钉(这两个螺钉是把液压调节器和制动总泵固定在一起的)。

③ 将液压调节器与制动总泵分开，在二者之间有两根油管，它们必须更换，不要再用。

④ 液压调节器损坏通常不能修复，需整体更换，将同规格完好的液压调节器与修复的制动总泵先组合。

⑤ 重新组合液压调节器与制动总泵时，需更换新的油管，同时要用两个润滑后的O形环装在管的两端。

⑥ 在液压调节器或制动总泵孔上安装新油管时，要仔细地用手将其推至行程底部。

⑦ 将液压调节器总成与制动总泵组合并定位。

⑧ 将螺钉、液压调节器和制动总泵加上O形环后，用固定液压调节器和制动总泵的两个螺钉将它们紧固，最后用15~18N·m的力矩拧紧。

⑨ 电动机组件损坏一般也不能拆修，只能更换，将完好的电动机组件安装在液压调节器上，整个液压控制装置(总成)组装完毕。

液压控制装置修理完后，要进行放气。

(5) ABS制动液的选用、更换及补充　由于ABS较常规制动系统更为复杂，因此，在选用、更换及补充制动液时应特别注意。

① ABS中，制动液的通路更长、更曲折，致使制动液在流动过程中受到的阻力较大；另外，在ABS中，运动零件更多、更精密，这些运动零件对润滑的要求也更高，因此，ABS所选用的制动液必须具有恰当的粘度。

② 在ABS中，制动液反复经历压力增大和减小的循环。因而，制动液的工作温度和压力较常规制动系统中的制动液更高，这就要求制动液具有更强的抗氧化性能，以免在制动液中形成胶质、沉积物和腐蚀性物质。

③ 在ABS中具有更多的橡胶密封件和橡胶软管，这就要求所选用的制动液不能对橡胶件产生较强的腐蚀作用。

④ 在ABS中有更多、更为精密的金属零件，因此要求所选用的制动液对金属的腐蚀性较弱。

⑤ ABS在制动过程中会使制动液的温度升高很快，这就要求所选用的制动液具有较高的沸点，以免因制动液发生汽化使制动系统产生气阻。

根据以上特点，ABS一般都推荐选用DOT3或DOT4制动液。尽管DOT5制动液具有更高的沸点，但是，由于DOT5是硅基制动液，会对橡胶件产生较强的损害。因此，在ABS中，一般不推荐选用DOT5制动液。

DOT3和DOT4是醇基制动液，具有较强的吸湿性，随着使用时间的延长，其中的含水量会不断地增多。当制动液中含有较多的水分时，不仅会使制动压力调节装置中的精密零件发生锈蚀，还会影响制动液可压缩性，特别是在寒冷的气候条件下，会使制动变得迟缓，导致制动距离延长。另外，制动液中的含水量会对制动液的沸点产生非常明显的影响，随着制动液中含水量的增多，制动系统就很容易发生气阻现象。DOT3和DOT4制动液一般经过12个月的使用以后，其中的含水量平均为2%，经过18个月的使用以后，其中的含水量平均可达3%，因此，建议对ABS每隔12个月更换一次制动液。

在对具有液压动力或助力的ABS进行制动液更换或补充时，由于蓄能器中可能蓄积有制动液，因此，在更换或补充制动液时应按如下程序进行。

① 先将新制动液加至储液室的最高液位标记"MAX"处。

② 如果需要对ABS中的空气进行排除，应按规定的程序进行空气排除。

③ 将点火开关置于点火位置，反复地踩下和放松制动踏板，直到电动机泵开始运转为止。

④ 待电动机泵停止运转后，再对储液室中的液位进行检查。

⑤ 如果储液室中的制动液液位在最高液位标记以上，先不要泄放过多的制动液，而应重复以上③和④过程。

⑥ 如果储液室中的制动液液位在最高液位标记以下，应向储液室再次补充新的制动液，使储液室中的制动液液位达到最高标记处。但切不可将制动液加注到超过储液室的最高液位标记，否则，当蓄能器中的制动液排出时，制动液可能会溢出储液室。

在ABS中，ABS电控单元通常根据液位开关输入的信号对储液室的制动液液位进行监测。当制动液液位过低时，ABS将会自动关闭，因此，应定期对储液室中的制动液进行检查，并及时补充制动液。

(6) ABS的放气 ABS中如果有空气，会严重干扰制动压力的调节，而使ABS功能丧失，对普通制动系统来说，会使制动踏板发软，制动效果明显下降，制动反应迟缓。因此，对ABS进行保养、液压装置修理后，要按规定进行放气。很多装有ABS的车辆，可使用助力放气器等专用设备或手动放气方法将液压管道中的空气放出。对液压调节器中的空气一般要用专用仪器按照特殊的规程将空气放出，例如，有的需要用扫描仪顺序使液压调节器中的电磁阀通电工作，以排出空气。

达科(VI)ABS的放气。达科(VI)ABS的放气需用TECH-1或T-100专用设备将液压调节器的电动机定位，以使单向阀顶在开通位置，让空气完全释放。

① 找到液压调节器上前轮放气螺钉。
② 在前轮放气螺钉上安一泄漏管。
③ 慢慢拧松放气螺钉1/2~3/4转。
④ 制动液流出,当没有气泡时就可关闭。
⑤ 按①~④的步骤再进行后轮放气螺钉上的排气。
⑥ 最后按普通制动系统四轮放气程序放气,放气顺序是右后轮(RR)→左后轮(LR)→右前轮(RF)→左前轮(LF)。

3. 典型调节器的工作过程

(1) 循环式调节器　这种形式是在汽车原有的制动管路中串联进电磁阀,直接控制压力的增减。下面就调节器的工作过程作一一说明。

1) 常规制动过程。常规制动时电磁阀不通电,柱塞处于图1-28所示的位置,主缸和轮缸是相通的,主缸可随时控制制动压力的增减。这时,液压泵也不需要工作。

2) 减压过程。当电磁阀通入较大的电流时,柱塞移至上端,主缸和轮缸的通路被截断,轮缸和液压油箱接通,轮缸的制动液流入液压油箱,制动压力降低。与此同时,驱动电动机起动,带动液压泵工作,把流回液压油箱的制动液加压后输送到主缸,为下一个制动周期作好准备,如图1-29所示。这种液压泵叫再循环泵。它的作用是把减压过程中的轮缸流回的制动液送回高压端,这样可以防止ABS工作时制动踏板行程发生变化。因此,在ABS工作过程中液压泵必须常开。

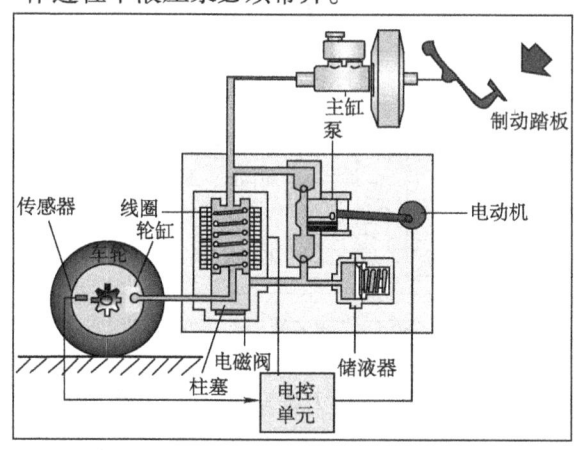

图1-28　ABS不工作(常规制动过程)　　图1-29　ABS工作(减压过程)

3) 保压过程。给电磁阀通入较小的电流时,柱塞移至如图1-30所示的位置,所有的通道都被截断,因此,能保持制动压力。

4) 增压过程。电磁阀断电后,柱塞又回到如图1-28所示的初始位置。主缸和轮缸再次相通,主缸端的高压制动液(包括液压泵输出的制动液)再次进入轮缸,增加了制动压力,如图1-31所示。增压和减压速度可以直接通过电磁阀的进出油口来控制。

直接控制式液压装置结构简单、灵敏性好。对于这种方式,液压泵工作时的高压制动液返回主缸时,或增压过程制动液从主缸流回瞬间,制动踏板行程均会发生变化(叫踏板反应)。这种反应能让驾驶人知道ABS开始工作,这是一个优点。但是,也有不少驾驶人对踏板反应有不舒适感。下面举例介绍降低踏板反应的压力调节器。

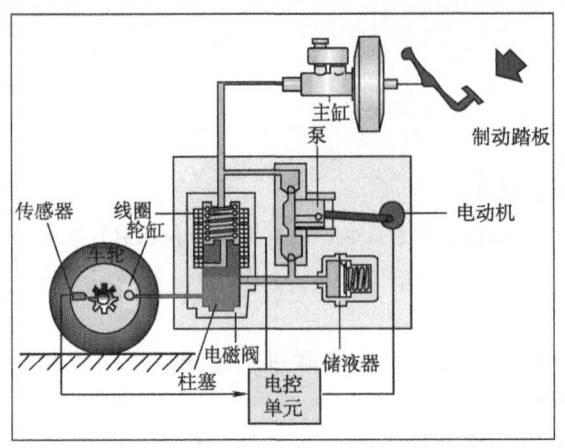

图 1-30 ABS 工作(保压过程)

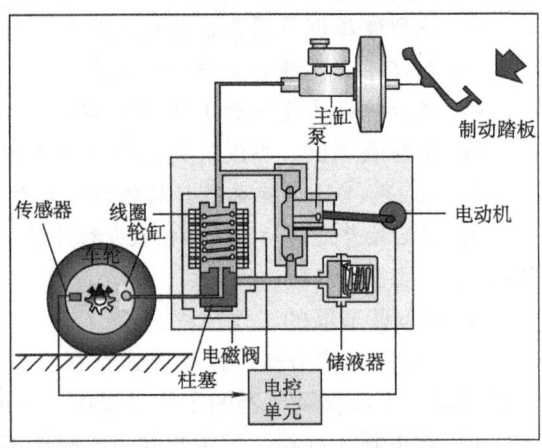

图 1-31 ABS 工作(增压过程)

5) 带减缓踏板反应装置的压力调节器。图 1-32 是循环式调节器的基本工作原理。在液压泵和主缸间的管路中设置一个单向阀,不让高压制动液直接进入主缸,而是进入蓄能器中暂时储存起来。ABS 的增压过程主要是由蓄能器供给高压制动液。因此,压力调压器可以抑制 ABS 工作过程中产生的踏板行程变化。

(2) 可变容积式调节器　可变容积式调节器是在汽车原有的制动管路上增加一套液压装置,用它控制制动管路容积的增减,从而控制制动压力的变化。其特征是有一个动力活塞。这种方式随结构的不同,既有有踏板反应的,也有无踏板反应的。下面以动力活塞为主,对可变容积式调节器的工作原理作一一说明。

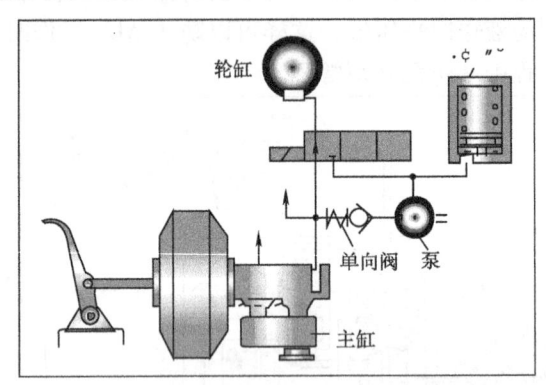

图 1-32 循环式调节器工作原理

1) 常规制动过程。如图 1-33 所示,动力活塞被一较大的弹簧力推至左端,活塞顶端有一推杆顶开单向阀,使主缸和轮缸之间的管路接通。这种状态是 ABS 工作之前或工作之后的常规制动工况,主缸直接控制制动压力的增减。

2) 减压过程。减压过程如图 1-34 所示,动力活塞右移,单向阀关闭,主缸和轮缸之间的通路被切断。图 1-34 中部的电磁阀通入较大的电流,电磁阀内的柱塞移到右边,蓄能器中储存的高压液体通过管路作用在动力活塞的左侧,产生一个与弹簧力方向相反的作用力。图中粗实线部分表示的是轮缸侧的管路容积,与图 1-33 相比,因动力活塞右移而使轮缸侧容积增加了 V_2,制动压力减小的幅度决定于轮缸侧管路容积的增加量。

3) 保压过程。如图 1-35 所示,给电磁阀通入较小的电流,电磁阀柱塞移到左边,作用在活塞左侧的液压得以保持,动力活塞两端承受的作用力相等。因此动力活塞静止不动,管路容积也不发生变化,能够保持制动压力。

4) 增压过程。如图 1-36 所示,动力活塞准备左移,将要返回图 1-33 所示的初始位置。

这时，由于电磁阀断磁，柱塞回到左端初始位置，作用在动力活塞左侧的高压被解除，动力活塞受力失去平衡，制动液泄入液压油箱。轮缸侧容积增加量 V_2 在此期间减小，制动压力增加至初始值 P_1。

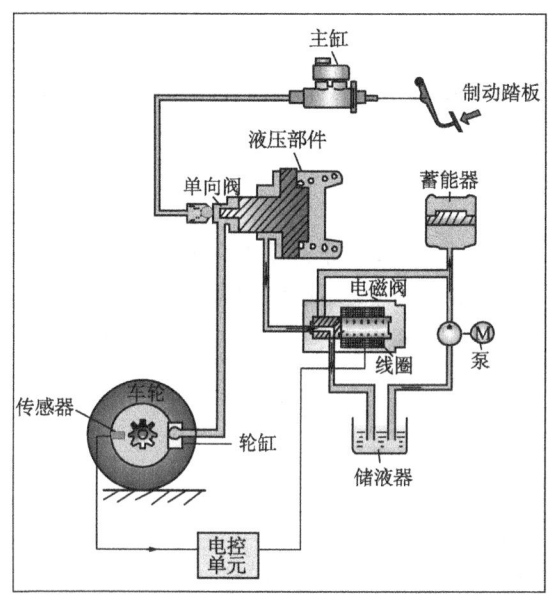

图 1-33　ABS 不工作（常规制动过程）

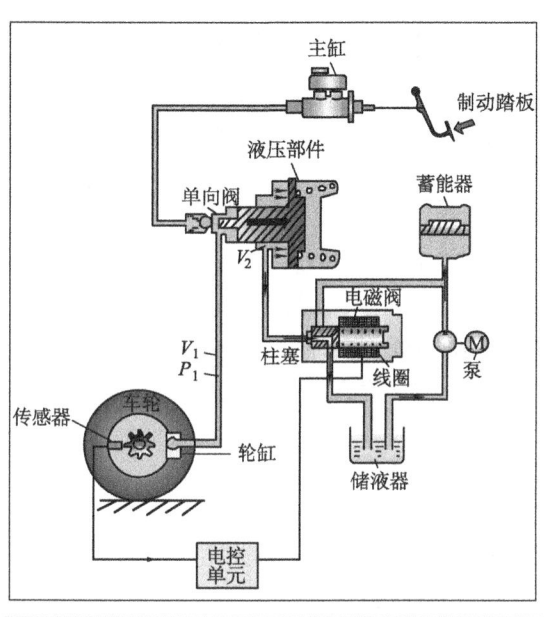

图 1-34　ABS 工作（减压过程）

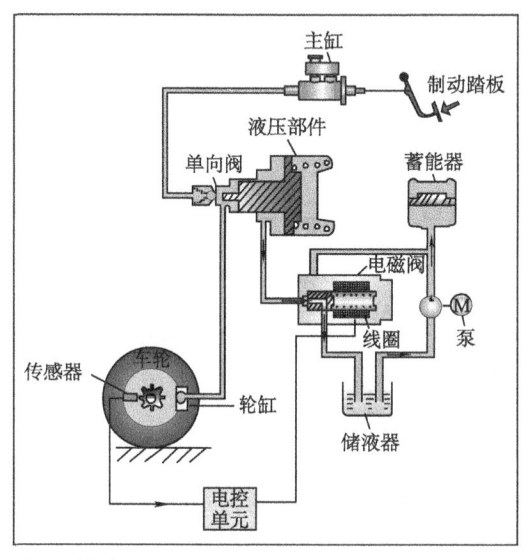

图 1-35　ABS 工作（保压过程）

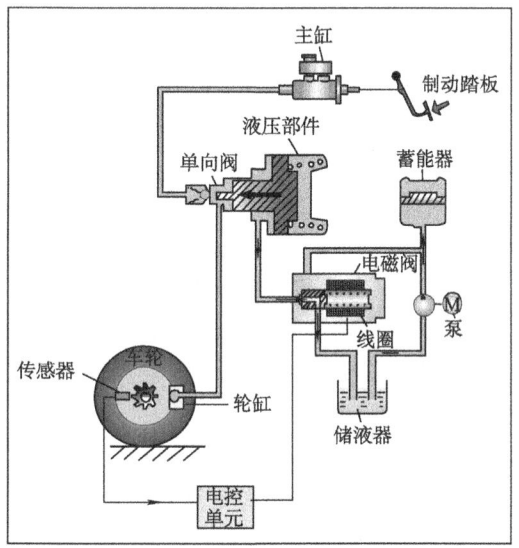

图 1-36　ABS 工作（增压过程）

这种方式的特点是通过改变电磁阀柱塞的位置来控制动力活塞的移动，改变缸侧管路容积，利用这种变化间接地控制制动压力的增减。其制动压力的增减速度取决于动力活塞的移动速度。

第三节 防抱死制动系统的检修

一、ABS检修的基本内容

ABS检修的基本内容包括故障诊断与检查、故障排除与修理、定期保养与维护。根据ABS的特点，具有一些特殊的检查、诊断和修理方法。

（一）诊断与检查的基本内容

特定的诊断与检查可及时地发现ABS中的故障，是维修中非常重要的部分。对于不同的车型，甚至同一系列不同年代生产的车型，诊断与检查的方法和程序都会有所不同。但是ABS基本诊断与检查方法的内容是不变的，它们一般包括如下4个步骤。

① 初步检查。
② 故障自诊断。
③ 快速检查。
④ 故障指示灯诊断。

通常情况下，只要按照上述4个步骤进行诊断与检查，就会迅速找到ABS的故障点。故障自诊断是汽车装用电控单元后给修理人员提供的快速自动故障诊断法，在整个诊断与检查中占有极为重要的地位，在后面将集中介绍自诊断方法。

（二）修理的基本内容

通过诊断与检查后，一旦准确地判断出ABS中的故障部位，就可以进行调整、修复或换件，直到故障被排除为止。修理的步骤通常如下。

① 泄去ABS中的压力。
② 对故障部位进行调整、拆卸、修理或换件，最后进行安装。这一切必须按相应的规定进行。
③ 按规定步骤进行放气。

如果是车轮速度传感器或电控单元有故障，可以不进行步骤①和③，只需按规定进行传感器的调整或更换即可，ABS电控单元损坏只能更换。

（三）ABS维修的注意事项

① ABS与普通制动系统是不可分的，普通制动系统一旦出现问题，ABS就不能正常工作。因此，要将二者视为整体进行维修，不能只把注意力集中于传感器、电控单元和液压调节器上。

② ABS电控单元对过电压、静电非常敏感，如有不慎就会损坏电控单元中的芯片，造成整个ABS瘫痪。因此，点火开关接通时不要插或拔电控单元上的连接器；在车上进行电焊之前，要戴好防静电器（也可用导线一头缠在手腕上，一头缠在车体上），拔下电控单元上的连接器后再进行电焊；给蓄电池进行专门充电时，要将电池从车上拆卸下来或摘下蓄电池电缆后再进行充电。

③ 维修车轮速度传感器时一定要十分小心。卸下时注意不要碰伤传感器头，不要用传感器齿圈当做撬面，以免损坏。安装时应先涂覆防锈油，安装过程中不可敲击或用蛮力。一般情况下，传感器气隙是可调的（也有不可调的），调整时应使用非磁性塞尺，如塑料或铜塞尺，当然也可使用纸片。

④ 维修 ABS 液压控制装置时，切记首先要进行泄压，然后再按规定进行修理。例如制动主缸和液压调节器设计在一起的整体 ABS，其蓄能器存储了高达 18000kPa 的压力，修理前要彻底泄去，以免高压油喷出伤人。

⑤ 制动液至少每隔两年要更换一次，最好是每年更换一次。更换和存储的制动液以及器皿要清洁，不要让污物、灰尘进入液压控制装置，制动液不要沾到 ABS 电控单元和导线上。最后要按规定的方式进行放气（与普通制动系统的放气有所不同）。

⑥ 在更换 ABS 零部件时，一定要选用本车型高质量正宗的配件，确保 ABS 维修后能正常的工作。

二、ABS 的诊断与检查

现代汽车 ABS 故障检测与诊断的一般程序如图 1-37 所示。

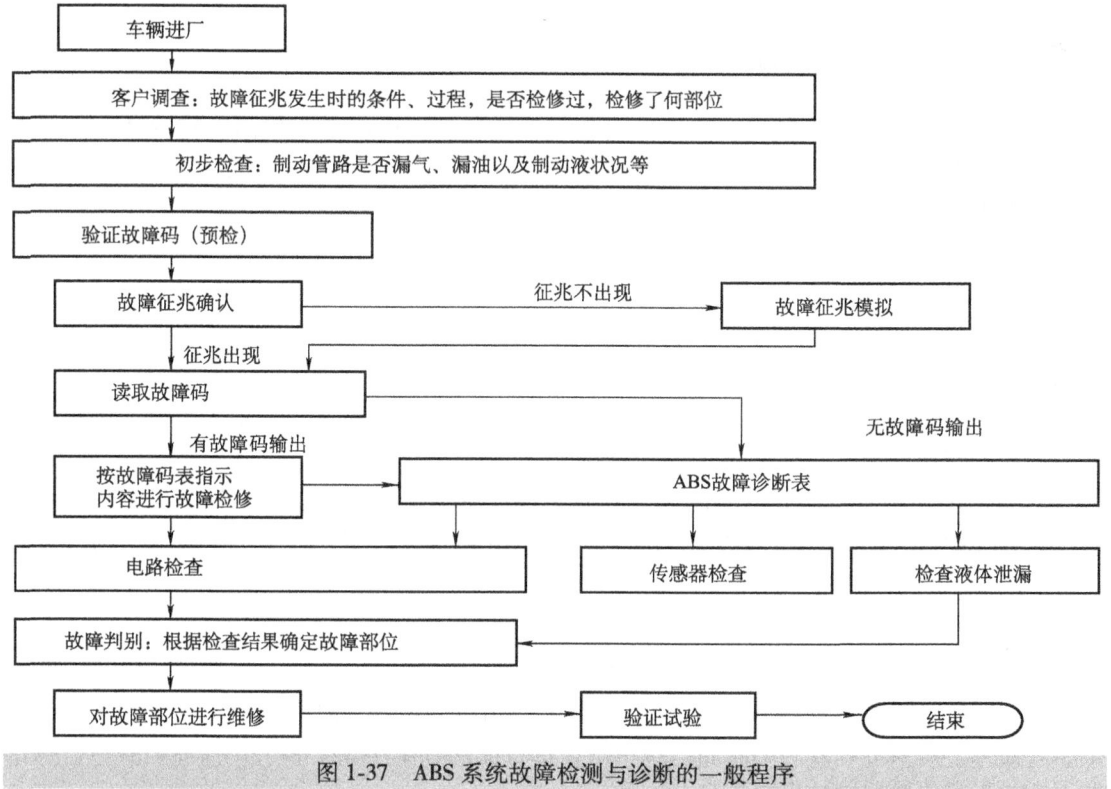

图 1-37　ABS 系统故障检测与诊断的一般程序

（一）初步检查

初步检查是在 ABS 出现明显故障而不能正常工作时首先采取的检查方法，例如 ABS 故障指示灯亮不熄灭，系统不能工作。检查方法如下：

(1) 检验驻车制动(手刹)是否完全释放。
(2) 检查制动液液面是否在规定的范围之内。
(3) 检查 ABS 电控单元导线插头、插座的连接是否良好，插接器及导线是否损坏。
(4) 检查下列导线插接器(插头与插座)和导线的连接或接触是否良好。
① 液压调节器上的电磁阀体插接器。
② 液压调节器上的主控制阀插接器。
③ 连接压力警告开关和压力控制开关的插接器。
④ 制动液液面指示开关插接器。
⑤ 四轮车速传感器的插接器。
⑥ 电动泵插接器。
(5) 检查所有的继电器、熔丝是否完好，插接是否牢固。
(6) 检查蓄电池容量(测量电解液比重)和电压是否在规定的范围内；检查蓄电池正、负极导线的连接是否牢靠，连接处是否清洁。
(7) 检查 ABS 电控单元、液压控制装置等的接地(搭铁)端的接触是否良好。
(8) 检查车轮胎面纹槽的深度是否符合规定。
如果用上述方法不能确定故障位置，就可转入使用故障自诊断。

(二) ABS 故障征兆模拟测试方法

在 ABS 故障检测与诊断中，若是单纯的元件不良，可运用电路检测方式诊断。如果属于间歇性故障或是相关的机械性问题，则需要进行模拟测试以及动态测试。

1. 模拟测试方法
1) 将汽车顶起，使四个车轮均悬空。
2) 起动发动机。
3) 将变速杆拨到前进档(D)位置，观察仪表板上的 ABS 故障指示灯是否点亮。若 ABS 故障指示灯亮，表示后轮差速器的车速传感器不良。
4) 如果 ABS 故障指示灯不亮，则转动左前轮。此时 ABS 故障指示灯若点亮，则表示左前轮车速传感器正常。
5) 右前轮车速传感器测试方法与左前轮车速传感器测试方法相同。该模拟测试，是根据 ABS 的 ECU 中逻辑电路的车速信号差以及警示电路特性，便于检测车速传感器的故障而设置的。

2. 动态测试方法
1) 使汽车在道路上行驶至少 12km 以上。
2) 测试车辆转弯(左转或右转)时，ABS 故障指示灯是否会点亮。若某一方向 ABS 故障指示灯会亮，则表示该方向的轮胎气压不足，也可能是轴承不良、转向拉杆球头磨损，减振器不良或车速传感器脉冲齿轮不良。
3) 将汽车驶回，在 ABS 的 ECU 侧的"ABS 电源"和"电磁阀继电器"端子间接上测试线和万用表(置于电压档)。
4) 再进行道路行驶，在制动时注意观察"ABS 电源"端和搭铁间的电压，应在 11.7~13.5V 之间；而"电磁阀继电器"端子与搭铁间的电压，亦应在 10.8V 以上。前者主

第一章 汽车制动电控系统

要是观察蓄电池电源供应情况,后者主要是观察电磁阀继电器的接点好坏。

(三) ABS 故障诊断

在进行 ABS 故障检测与诊断时,应根据 ABS 的工作特性分析故障现象和特征,在故障征兆确认后,根据维修资料的说明有目的地进行检测与诊断。为便于检测与诊断查找 ABS 的故障,必须首先了解 ABS 各主要部件在车上的安装位置。

1. ABS 的故障现象

由 ABS 的工作原理可知,在 ABS 工作过程中,会出现一些与传统经验相背离的情况,有些是 ABS 的正常反应,而不是故障现象,应加以区别。

1)发动机起动后,踩下制动踏板,制动踏板有可能弹起,这表示 ABS 已发挥作用;反之,发动机熄火,踩下制动踏板,踏板会有轻微下沉现象,这表示 ABS 停止工作,这些都是正常现象。

2)当踩下制动踏板后,同时转动转向盘,即可感到轻微的振动,这并非故障。因为在车辆转向行驶时,ABS 工作循环开始,会给车轮带来轻微的振动,继而传递到转向盘上形成振感。

3)汽车行驶时,制动踏板不时地有轻微的下沉现象,这是因为道路表面附着系数变化而引起的正常现象,并非故障。

4)高速行驶时,如果急转弯,或是在冰雪路面上行驶时,有时会出现 ABS 故障指示灯点亮的情况,这说明在上述工况中出现了车轮打滑现象,而 ABS 产生保护动作,这同样也不是故障现象。

ABS 可能出现的故障包括:紧急制动时,车轮被抱死;在驾驶过程中,或者放开手制动器时,ABS 故障指示灯点亮;制动效果不佳,或 ABS 工作不正常等。

2. ABS 故障诊断表

ABS 各类常见故障的检查内容、检查部位和检查方法见表 1-5。另外,通过观察仪表板上 ABS 故障指示灯的闪烁规律,也可以对 ABS 发生的故障进行粗略的诊断。

表 1-5 ABS 常见故障诊断表

故障类型	检查内容及顺序	故障位置及检查调整
紧急制动时,车轮被抱死	ABS 故障指示灯点亮	按故障码处理
	拉起驻车制动杆,ABS 故障指示灯不亮	检查:①驻车制动开关;②制动开关;③ABS 故障指示灯灯泡
	查看故障码显示器,有代码显示	ECU 的 PL 端子和 ABS 故障指示灯之间断路
	打开点火开关,3s 后,检查电磁控制阀是否有响声(检查时不可踩下制动踏板)	检查 ECU 的 +B 端子和车身之间是否有电压,没有电压则为电路故障,否则查看 ECU 的 E1 端子是否搭铁
	在正、负极之间电压低于 12V	蓄电池故障,更换或充电
	踩下制动踏板后,在 ECU 的 STR 和 E1 端子之间没有 8~14V 电压	检查:①ABS 故障指示灯开关;②ABS 故障指示灯开关线路
	检查速度传感器和电磁控制阀	如有不正常搭铁,查清修理
	检查电磁控制阀是否正常	不正常,则拆下修理

（续）

故障类型	检查内容及顺序	故障位置及检查调整
行驶过程或放开驻车制动，ABS故障指示灯亮	停车时ABS故障指示灯不亮	电磁阀故障，检查电磁阀
	检查制动液量	制动液不足时，重新加足
	检查停车灯	工作不正常时，检查线路，更换灯泡
	放开手制动器，踩下制动踏板，ABS故障指示灯不熄灭	查看故障码，如果没有则是ECU故障
行驶过程或放开驻车制动，ABS故障指示灯亮	将ECU同系统断开，ABS故障指示灯仍不熄灭	检查：①驻车制动器开关；②制动液量开关；③ABS故障指示灯线路；④传感器是否失效
	在ECU的B和E端子之间的电压不足10V	检查电路和蓄电池
	点火开关置于ON时，ABS故障指示灯在3s内点亮	检查：①ABS故障指示灯开关；②ABS故障指示灯线路；③电磁控制阀
制动效果不佳防抱死操作不正常	检查轮胎尺寸、胎压及磨损状况	不正常则应修理或更换
	检查蓄电池的电压	电压如果不足12V，则应充电
	检查制动管路	不正常时，修理或更换
	未踩下制动踏板时，检查ECU的STR端子和车身之间是否有电压	如果有电压，则查看ABS故障指示灯开关及其线路是否正常
	检查车速传感器和传动齿轮	不正常时，修理或更换
	检查车速传感器和制动轮毂的齿面	不正常时，修理或更换

（四）故障自诊断

ABS一般具有故障自诊断的能力，它实质是以ABS电控单元中标准的正常运行状况为准，将非正常的运行（故障）用某种符号形式记录在存储器中，供人们方便读出以确定故障点。

1. 故障码

ABS用某种符号记忆故障并将其存入电控单元的存储器中，这种符号通常是阿拉伯数字或拉丁字母或它们的组合，即故障码。

故障码的含义随车型的不同而异，修理技术人员可在维修手册中查寻。

不同车型的故障码形式和内容会不同。例如达科（VI）ABS的故障码是由字母A和数字组成，详尽的故障码内容给其自身的维修带来了很大的方便。

2. 故障码的读取与消除

只知道故障码的形式和内容不是目的，关键是怎样将故障码读取出来。

故障码的读取一般有三种方法：第一种是用专用的扫描仪与ABS的故障码读取接口相连，按程序起动，扫描仪的显示器或指示灯会按人的指令有规律地显示故障码；第二种是按规定连接起动线路，通过汽车仪表板上指示灯或ABS故障指示灯闪亮的规律来输出故障码；第三种是车上就带有驾驶人信息系统，即中心计算机系统，维修技术人员可起动自检程序，信息系统上的显示器可按顺序逐步显示不同系统的故障码。

目前世界上各种车型ABS故障码的读取方法均没有超出上述三种方法。

（五）快速检查

快速检查法是用数字万用表和一些相应设备在 ABS 电路规定的地方进行连续的检测，以查找故障的方法。在自诊断过程中，如果发现有故障码读出，这时就可进行下一步快速检查法，迅速明确故障的性质，为故障的排除打下基础。

快速检查法可用接线盒与 ABS 导线相连，例如拔下坦孚式 ABS 32 脚电控单元插头，导线的一端连接 T87P-50-ALA 型接线盒，盒上标有 50 个测量点，这时可在相应的点上方便地测量，以确定系统的故障。如果对系统很熟悉，可在电控单元插头拔下后连接导线的一端直接测量。

为了能快速判断故障位置，可以参照维修手册中的测量图表，见表 1-6，它实质是快速检查表。此表使用比较简单，例如检查右后轮（表中是 RR）传感器电阻时，表中数据说明用数字表（放到 k 档上）测量接线盒上 6 和 23 两点，如果测量的数据在 800Ω 到 1400Ω 之间，说明传感器正常，否则说明传感器有问题，可对传感器作进一步检查，看是接触不良还是传感头内部线圈已损坏，其他情况按表类推。注意快速检查方法不能测量出系统间歇出现的故障。

表 1-6 快速检查表

检查内容		点火开关状态	测量单位	说明与数据
蓄电池		ON	V	正常电压[①]10min 不变
主电源继电器		OFF	Ω	40~105
从主电源继电器到电源		ON	V	正常电压[①]10min 不变
主电源电路		OFF	是否导通	导通
车轮速度传感器电阻	（RR）	OFF	kΩ	800~1400
	（LF）	OFF	kΩ	800~1400
	（LR）	OFF	kΩ	800~1400
	（RF）	OFF	kΩ	800~1400
主控制阀电阻		OFF	Ω	2~5.5
输入或输出电磁阀		OFF	Ω	5~8
		OFF	Ω	3~6
制动液缺少警告（浮子在油箱底部）		ON	Ω	<5
		OFF	Ω	∞
车轮速度传感器电缆线与外部的屏蔽线	（RR）	OFF	是否导通	不通
	（LF）	OFF	是否导通	不通
	（LR）	OFF	是否导通	不通
	（RF）	OFF	是否导通	不通
车轮速度传感器电压	（RR）	OFF	交流档 mV	500~700
	（LF）	OFF	交流档 mV	500~700
	（LR）	OFF	交流档 mV	500~700
	（RF）	OFF	交流档 mV	500~700

注：更准确的测量应是车轮转速对应的车速为 7.2~8km/h。

① 正常电压是 12V

三、故障指示灯诊断方法

在实际应用中,自诊断方法和快速检查法一般都能迅速准确地判断出故障。而故障指示灯诊断法则是通过观察红色制动故障指示灯和琥珀色 ABS 灯闪亮的规律,进行判断的一种简易方法,驾驶人也可通过这种方法对 ABS 系统发生的故障进行粗略的判断。正常的 ABS 在点火开关打开的时候(ON),琥珀色 ABS 故障指示灯应闪亮一下(约 4s),在发动机起动的瞬间,红色制动灯和琥珀色 ABS 灯应该都亮(驻车制动在释放位置),一旦发动机运转起来,两个指示灯都应熄灭,否则就说明 ABS 有故障。

不同车型的故障指示灯诊断表可在该车型的维修手册中查找。

下面以广州本田雅阁为例,介绍读取故障码的典型过程。

步 骤 一
↓

确保点火开关在 OFF 位置,将 SCS 短路插头与维修检测插头连接

步 骤 二
↓

在没有踩下制动踏板的情况下,接通点火开关(ON)。在接通点火开关时,如果制动踏板被踩下,则系统转到消除 DTC 模式

步 骤 三
↓

观察防抱死制动指示灯,记录灯的闪烁频率,即 DTC,如图 1-38 所示。如果 DTC 未被存储下来,则指示灯会在 3.6s 后熄灭然后复原

步 骤 四
↓

关闭点火开关,取下 SCS 短路插头,否则,在发动机起动后,故障指示灯将点亮

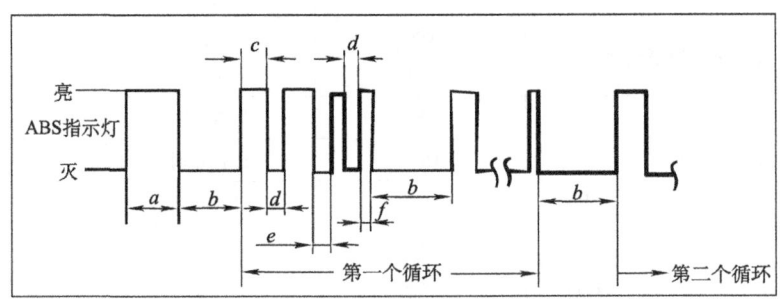

图 1-38　ABS 指示灯显示 DTC

点火开关打开 ABS 指示灯闪光模式

a：2s　　　c：1.3s　　　e：0.5s

b：3.6s　　d：0.4s　　　f：0.3s

第四节 汽车驱动防滑系统

一、汽车驱动防滑系统的控制方式

与 ABS 相似,驱动防滑转控制(ASR)系统仍然以滑动率作为控制目标,ASR 系统只需对驱动轮进行控制。典型的 ASR 系统如图 1-39 所示。

ASR 系统控制方式有两种。一种是调节发动机转矩即通过控制发动机输出转矩使驱动轮转矩达到最大允许值。对汽油机可采用控制燃油供给和点火时间,调整节气门位置及采用辅助空气装置;对柴油机可采用控制供油量和供油时刻。另一种是驱动轮制动控制即使制动驱动轮保持在最佳滑转率范围内的一种最迅速的控制方式,但是从舒适性和防止制动器过热的角度考虑,制动力不能太大,制动时间必须限制。这种控制方式可作为节气门位置调节发动机输出转矩方式的补充,从而获得稳定性和操纵性最佳以及反应时间最短的效果。

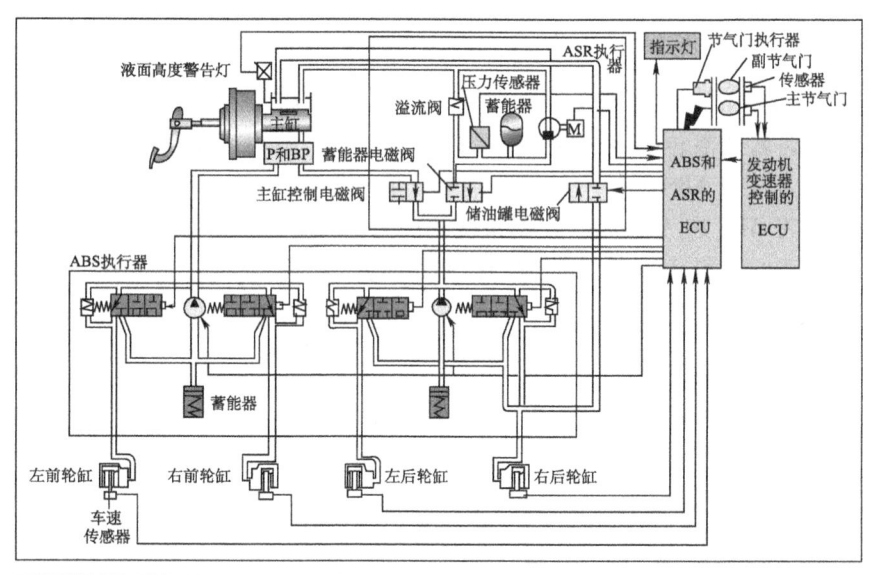

图 1-39 典型的 ASR 系统

二、ASR 系统的组成与工作原理

ASR 系统主要由电控单元、制动压力调节器、传感器、副节气门组和 ASR 制动执行器等组成,其中电控单元、制动压力调节器与 ABS 共用。

ASR 系统的传感器主要有车轮转速传感器和节气门开度传感器,车轮转速传感器与 ABS 共用,而节气门开度传感器则与发动机电子控制系统共用。

电子控制器以微处理器为核心,配以输入、输出电路及电源电路等。为了减少电子元件器件的数目,简化和紧凑结构,ASR 系统控制器通常与 ABS 控制器组合为一体如图 1-40 所示。

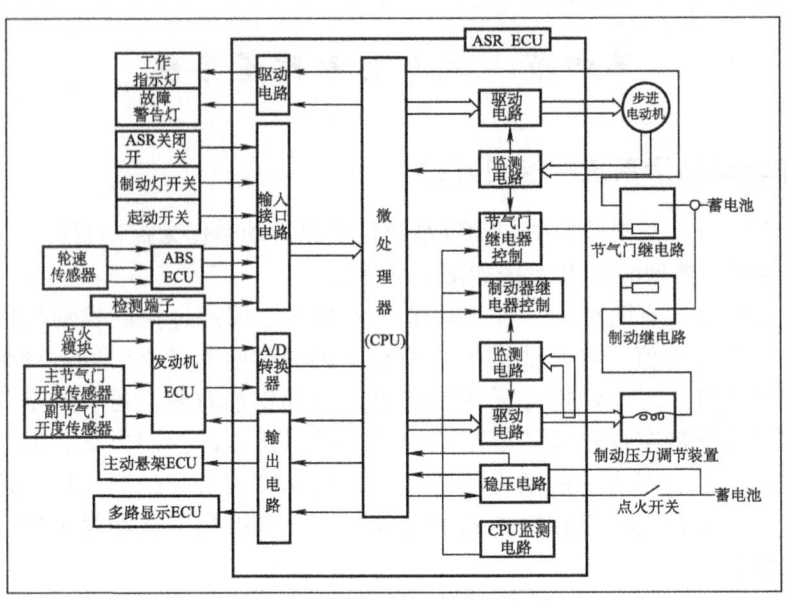

图 1-40　ASR 系统的控制器及输入和输出

ASR 制动压力调节器执行 ASR 控制器的指令，对滑转车轮施加制动力，并控制制动力的大小，以使驱动轮的滑转率处于目标范围内。压力调节器可以采用变容积方式独立调节，也可以通过循环方式与 ABS 元件一起组合调节，前者将 ASR 与 ABS 制动压力调节器彼此分立设置，后者是将 ABS 和 ASR 两套控制系统的压力调节装置合二为一。图 1-41 所示系统为采用变容积方式独立进行 ASR 压力调节的控制系统。

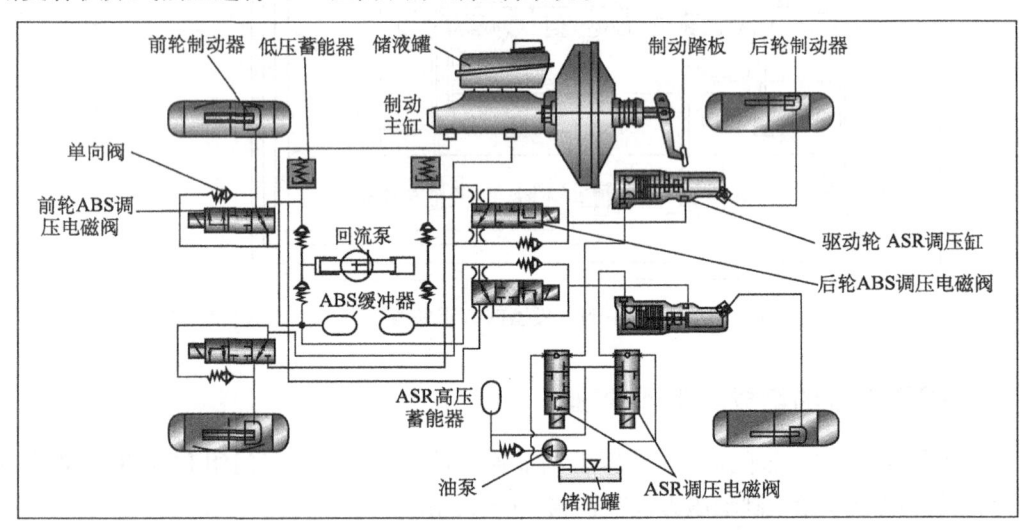

图 1-41　宝马(BMW)轿车 Bosch 的 ASR 变容积调节方式

图 1-42 所示为利用循环调压方式通过 ABS 与 ASR 组合结构进行 ASR 压力调节的例子。
当 ASR 调节电磁阀断电而取左位置状态时，ASR 不起作用。依靠两个调压电磁阀三位调节作用，可以通过循环调压方式对两个驱动轮的制动压力进行 ABS 调节。

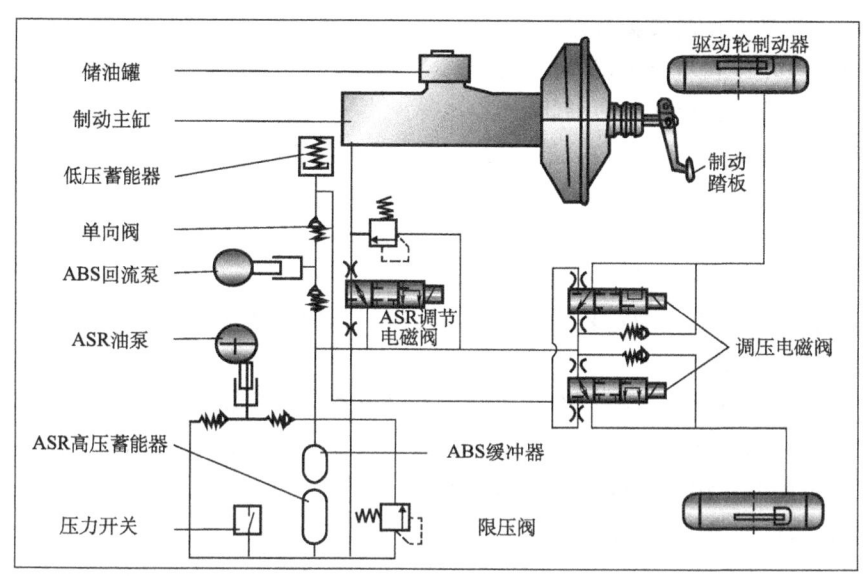

图 1-42 奔驰(Benz)博世 ABS 与 ASR21 的 ASR 组合调节方式

若需对车辆驱动轮实施 ASR 调节时,可以让 ASR 调节电磁阀通电而取右位。此时,若调压电磁阀仍处于断电状态而取左位,这时,ASR 高压蓄能器的压力油可通入驱动车轮制动轮缸,达到制动增压的目的。

若 ASR 调节电磁阀半通电,处于中间位置时,切断了 ASR 高压蓄能器与制动主缸的联系,驱动轮制动轮缸压力保持不变。

当调压电磁阀通电而处于右位置状态时,驱动轮制动轮缸与低压蓄能器导通,制动压力下降,实现制动减压。

ASR 以副节气门控制发动机输出功率是应用最广的方法,当 ASR 不起作用时,副节气门处于全开状态,控制副节气门开度便可实现发动机输出功率的调节。节气门驱动装置一般由步进电动机和传动机构组成,步进电动机根据 ASR 电子控制器输出的控制脉冲使副节气门转过规定的角度。

三、ASR 系统故障检修步骤

1. 初步检查

在 ASR 系统出现故障而不能正常工作时,首先应进行初步检查。检查内容如下。

1)检查蓄电池的电压和容量是否在规定范围内,蓄电池正、负极柱的导线连接是否牢固可靠。
2)检查与电控系统相接的熔断器和继电器是否正常,插接是否牢固。
3)检查驻车制动是否完全释放。
4)检查制动主缸液面高度是否符合规定。
5)检查电控单元的插脚与插座是否有松动或接触不良现象。
6)检查下列导线和插接器连接和接触是否良好。

① 液压调节器上的电磁阀插接器。
② 液压调节器主控制阀插接器。
③ 压力警告开关和压力控制开关的插接器。
④ 制动液面高度指示开关的插接器。
⑤ 所有车轮速度传感器的插接器；对于四轮驱动汽车还有横向加速传感器插接器。
⑥ 电动油泵插接器。
7）检查电控单元、液压控制装置的搭铁端是否良好。
8）检查汽车轮胎花纹深度是否符合规定。
通过初步检查如果不能确定装置故障，需要进行其他诊断和检查。

2. 系统故障自诊断

现代汽车电控系统都有故障自诊断功能，可以把系统电控装置出现的故障用故障码的形式存储在电控单元的存储器中，维修人员可以通过仪表板上的故障指示灯、专用的检测设备或其他方法把故障码调出，以确定故障的原因和部位。

3. 系统各装置的测试、检修

当根据故障码确定故障部位后，或出现故障自诊断系统并不能检测出的故障时，需要维修人员使用专用万用表和其他检测设备进行各部件的电阻、电压等参数的检测，以确定故障的最终部位和原因。

第五节 汽车行驶电子稳定控制系统

一、汽车行驶电子稳定控制系统的功能及组成

1. ESP 系统的功能

ESP 系统的功能是在汽车高速转弯将要出现失控时，可有效地增加汽车的稳定性，确保车辆转弯的稳定性，减少事故的发生。

2. ESP 系统的组成

ESP 系统的组成由传感器、ECU、执行器和信息提示四部分组成，如图 1-43 所示。

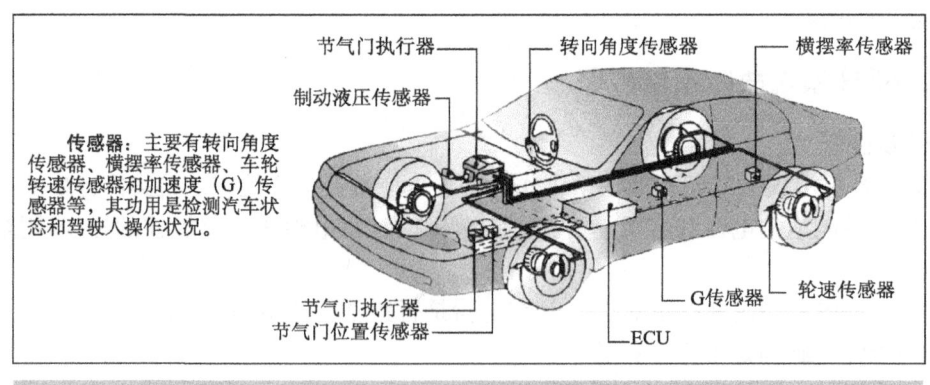

图 1-43 ESP 系统部件位置图

ECU：用于计算汽车侧滑状态和恢复到安全状态所需要的旋转动量和减速度。

执行器的作用：是根据 ECU 发出的指令控制每个车轮制动力和发动机输出功率。ESP 系统的执行器主要是用 ABS 和 ASR 系统对车轮运行状态进行控制。

信息提示部分的作用：在车辆即将出现失稳前告知驾驶人，注意安全驾驶，控制车速。它主要通过蜂鸣器发声和仪表板上的侧滑指示灯闪烁来达到提示和预警的目的。

二、ESP 系统的控制原理

当汽车高速转弯时，由于前轮或后轮牵引力超过附着极限，会出现侧滑或甩尾现象使车辆失控。为确保车辆转弯行驶的稳定性，则必须采取必要的控制方式，使汽车产生与侧滑方向相反的旋转运动，保证汽车行驶轨迹符合需求，如图 1-44 所示。

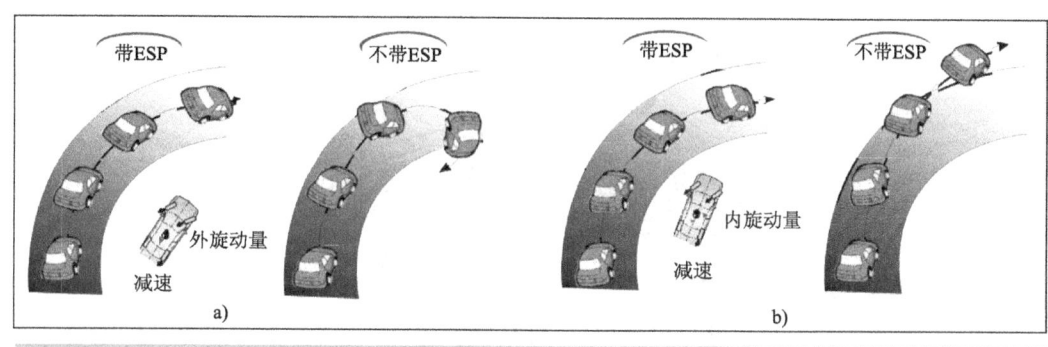

图 1-44　ESP 控制原理图

a) ESP 控制后轮刹车打滑　b) ESP 控制前轮刹车打滑

ESP 系统的控制运行方法：若车辆的前轮或后轮出现打滑，则将降低发动机输出功率并应用前轮或后轮的制动器控制车辆的横摆力矩。

但是，控制方法会根据车辆特性和驾驶情况的不同而不同。下面说明 ESP 的基本控制。

1. 减弱强烈的前轮打滑

如果防滑控制 ECU 确定前轮很可能会打滑，则它将根据打滑程度进行控制。防滑控制 ECU 控制发动机输出并应用转动内圈的前轮和后轮的制动器，以抑制前轮打滑，如图 1-45 所示。

2. 减弱强烈的后轮打滑

如果防滑控制 ECU 确定前后轮很可能会打滑，则它将根据打滑程度进行控制。它将应用在转动外圈前轮的制动器并在车辆中生成向外的惯性力矩，以抑制后轮打滑。由于车速会在制动力的影响下减小，因而能确保绝佳的车辆稳定性。在某些情况下，防滑控制 ECU 将根据实际需要应用后轮的制动器，如图 1-46 所示。

三、ESP 系统的检修

带 ESP 的防抱死制动系统无需保养，其检修过程关键在于 ESP 液压泵的拆装，如不遵守维修手册中的说明，会损坏系统，影响行车安全。

1. ESP 液压单元分解图

电子稳定程序(ESP)的 ABS 液压单元分解如图 1-47 所示。带液压泵的 ESP 液压单元的制动管路连接如图 1-48 所示。

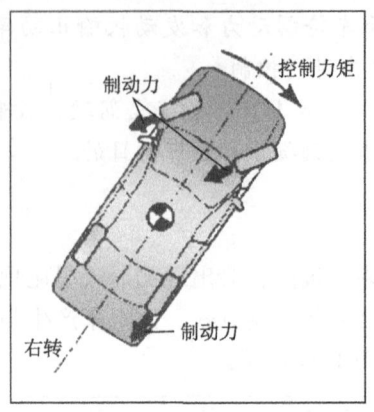

图 1-45 减弱前轮打滑的控制

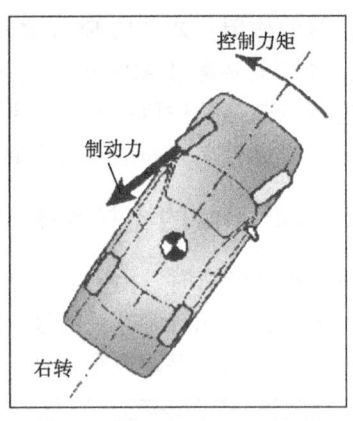

图 1-46 减弱后轮打滑的控制

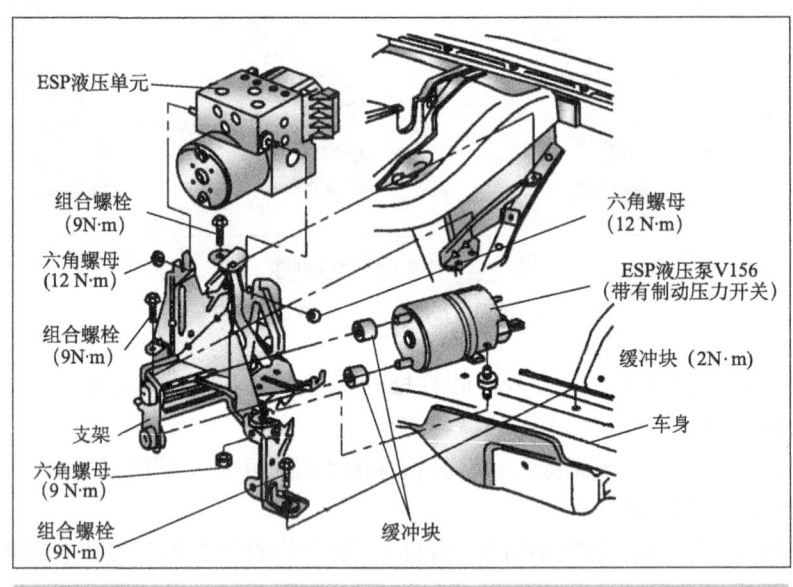

图 1-47 ESP 液压单元分解图

2. ESP 液压泵的拆装

ESP 液压泵安装在发动机室左侧的液压控制单元的下方，ESP 液压泵的拆卸步骤如下。

1）查取防盗收录机编码，关闭点火开关，断开蓄电池。

2）举升起汽车，拆下左前轮，拆下左前轮衬板。

3）如图 1-49 所示松开插头(箭头所示)。

4）拆下液压油罐护板。松开支架上电缆固定条，如图 1-50 所示。

5）如图 1-51、图 1-52 所示，松开箭头所示螺栓，将膨胀罐转向一旁。螺栓的拧紧力矩为 6N·m。

6）松开液压油罐螺栓，将其转向一旁。液压油罐螺栓的拧紧力矩为 10N·m，安装时要注意橡胶套。溢出的制动液不能再使用。

7）如图 1-53、图 1-54 所示，松开并取下软管的卡箍，拧下制动管。用修理包 1H0698 311A 中的堵塞封住制动管和螺纹孔。

第一章 汽车制动电控系统

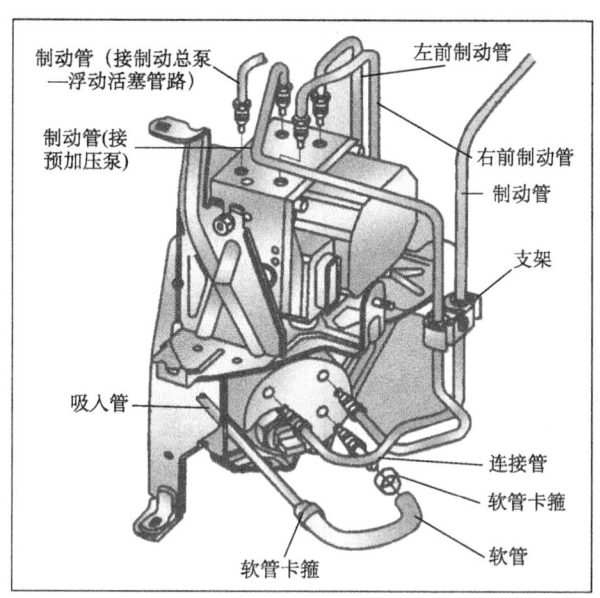

图 1-48　ESP 液压单元的制动管路连接

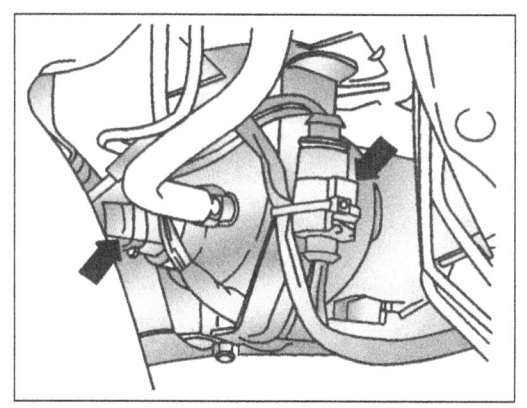

图 1-49　松开插头

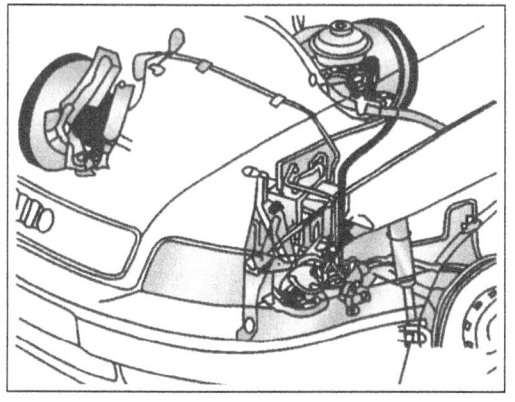

图 1-50　拆下液压油罐护板

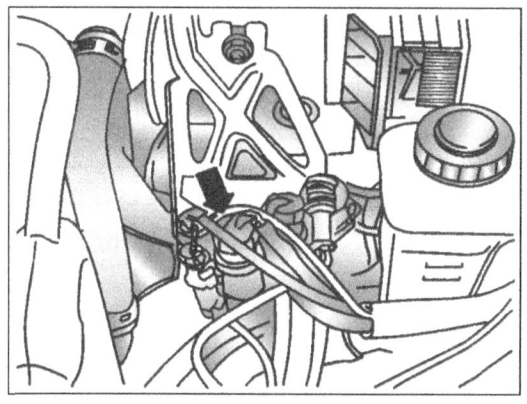

图 1-51　松开支架上的电缆固定条

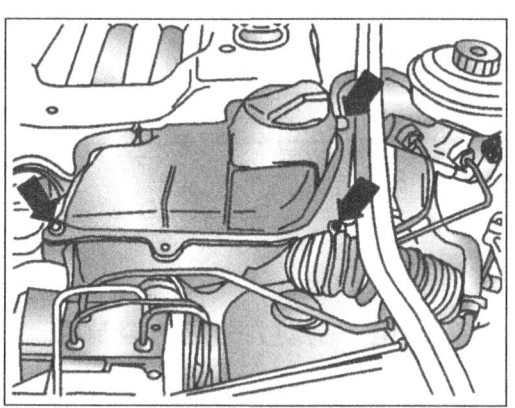

图 1-52　膨胀罐紧固螺栓

8）从支架上松开制动管，拧下六角螺母。

9）拧下三个支架紧固六角螺栓，将支架连同液压单元和液压泵向上抬约30mm，从发动机室中取出。

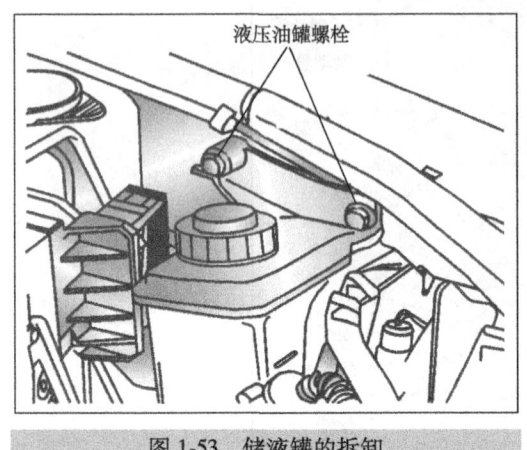

图 1-53　储液罐的拆卸

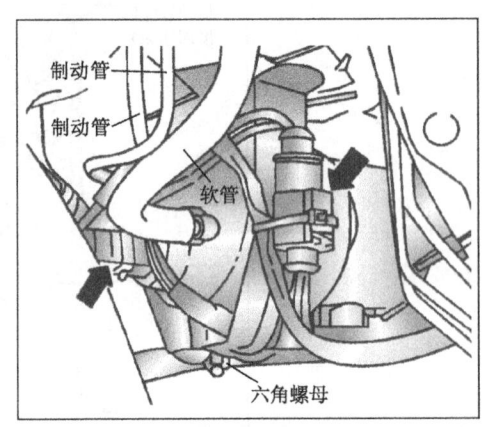

图 1-54　制动软管

ESP液压泵的安装与拆卸的顺序相反，但安装时注意相应的制动管接好后，才可去掉液压控制单元上的堵塞，否则会溢出制动液，随后要给带ESP的制动系统排气。

第六节　电子制动力分配

一、电子制动力分配的功能

1）制动助力和ABS两者的结合有助于提高车辆的制动性能。

2）如果驾驶人没有足够稳固地踏在制动踏板上，制动助力会快速推动制动踏板以作为紧急制动并提高足够的制动助力，如图1-55、图1-56所示。

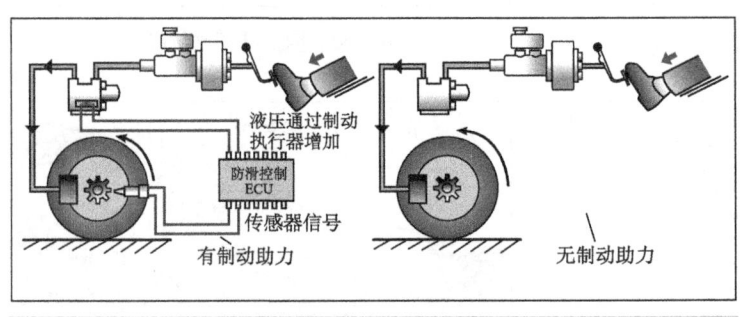

图 1-55　电子制动力分配的运用

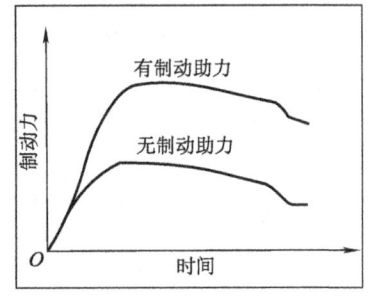

图 1-56　制动力与时间关系图

二、电子制动力分配的控制原理

1. 前/后轮制动力分配

如果在车辆直线向前行驶时进行制动，则道路的变化将降低后轮上所受到的负荷。防滑控制 ECU 通过来自车轮速度传感器的信号来确定此情况，制动执行器调节后轮制动力的分配以实现最佳控制。例如，无论车辆是否承受负荷，后轮在制动期间所承受的制动力都将出现变化。后轮所承受的制动力同样根据减速程度将出现变化。因此在这些状态下，应最佳地控制后轮制动力的分配，以有效地利用后轮的制动力。如图 1-57 所示。

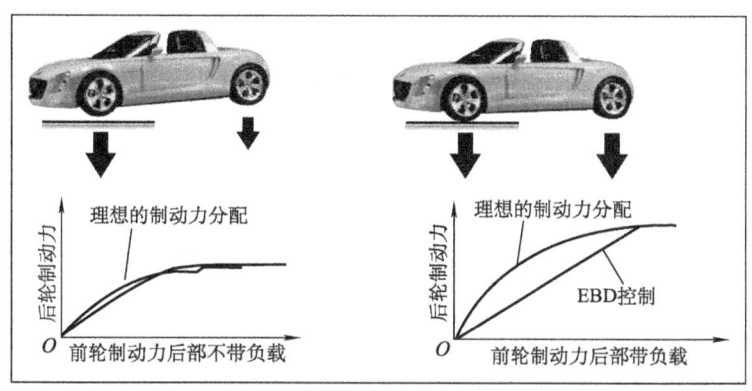

图 1-57　前/后轮制动力分配

2. 右/左轮制动力分配(转弯制动期间)

如果在车辆转弯时进行制动，则内轮上所受的负荷将减少，而外轮上的负荷将增加。防滑控制 ECU 通过来自车轮速度传感器的信号来确定此情况，制动执行器调节制动力以便最佳地控制内轮和外轮上制动力的分配。如图 1-58 所示。

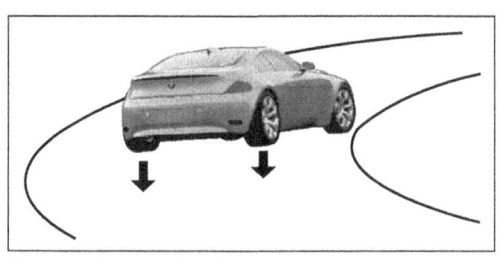

图 1-58　右/左轮制动力分配

三、电子制动力分配的检修

EBD 出故障时，会及时点亮警告灯，因此能确保有效地排除故障；EBD 的失效保护功能见表 1-7。

表 1-7　EBD 的失效保护功能识别表

故障原因	系统		警告灯	
	ABS	EBD	ABS	EBD
无故障	工作	工作	熄灭	熄灭
一个轮速传感器故障	不工作	工作	点亮	熄灭
电动泵故障	不工作	工作	点亮	熄灭
低电压	不工作	工作	点亮	熄灭
两个以上轮速传感器故障 电磁阀故障 ABS ECU 故障 其他故障	不工作	不工作	点亮	点亮

第二章

安全气囊系统

第一节 安全气囊系统的作用与分类

安全气囊(Safe Air Bag)系统的全称是辅助防护系统(Supplemental Restraint System,SRS)或辅助防护安全气囊系统。

一、安全气囊的作用

为了减小汽车发生正面碰撞时由于巨大的惯性力所造成的对驾驶人和乘员的伤害,现代汽车在驾驶人前端转向盘中央普遍装有安全气囊,有些汽车在前排乘员座前的工具箱上端和乘员座位上也装有安全气囊,图 2-1 为安全气囊的引爆条件。当汽车发生正面碰撞时,安全气囊控制系统检测到冲击力(减速度)超过设定值时,安全气囊电子控制装置立即接通充气元件中的传爆管电路,点燃传爆管内的点火介质,火焰引燃点火药粉和气体发生剂,产生大量气体,在 0.03s 的时间内将气囊充气,使气囊急剧膨胀,冲破转向盘,缓冲对驾驶人和乘员的冲击,随后又将气囊中的气体放出,图 2-2 所示为膨胀后的安全气囊。

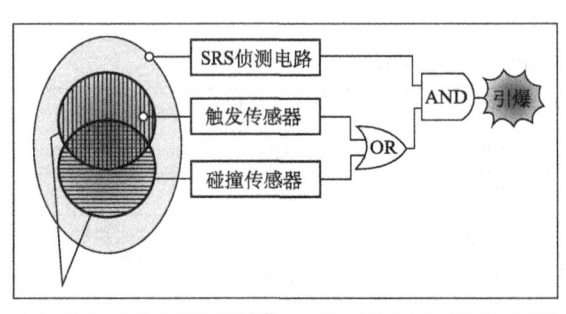

图 2-1 安全气囊的引爆条件

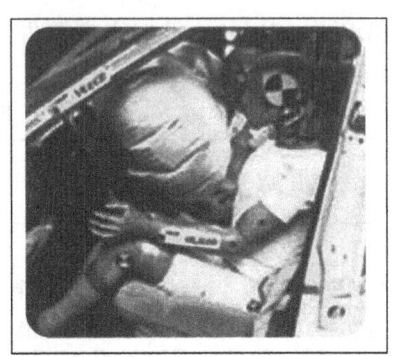

图 2-2 膨胀后的安全气囊

实验和实践证明,汽车装有安全气囊后,汽车发生正面碰撞事故对驾驶人和乘员的伤害程度大大减小。有些汽车不仅装有前端的安全气囊,还装有侧面安全气囊,在汽车发生侧面碰撞时,也能使侧向安全气囊充气,以减小侧向碰撞时的伤害。据统计:气囊在汽车相撞时,可使头部受伤率减少 25% 左右,面部受伤率减少 80% 左右。

第二章 安全气囊系统

二、安全气囊系统的分类

按气囊数量来分 { 单气囊系统(只装在驾驶人侧) / 双气囊系统(驾驶人侧和前排乘员侧各有一个安全气囊)

按气囊大小来分 { 安全气囊(保护全身) / 大型气囊(保护整个上身) / 小型护面气囊(主要保护面部)

按照保护对象的不同来分。

1. 驾驶人防撞安全气囊

驾驶员防撞安全气囊装在转向盘上,按体积的大小分两种。一种气囊是考虑到驾驶人没有佩带座椅安全带时汽车相撞,其体积较大,约60L。另一种气囊是按照驾驶人佩带座椅安全带而设计的,其体积较小,约40L。日本的安全气囊即属于此类,近年来,由于安全气囊的生产成本下降,日本防撞安全气囊规格有所增加。如本田防撞安全气囊的体积为60L。

2. 前排乘员防撞安全气囊

由于乘员在车内位置不固定,因此为使其在撞车时免受伤害,设计的防撞安全气囊也较大,有两种规格,一种约160L,另一种约75L(考虑了乘员受座椅安全带的约束)。

3. 后排乘员防撞安全气囊

装在前排座椅上。

4. 侧面防撞安全气囊

装在车门上,防止乘员受侧面撞击。

图 2-3 各种安全气囊的位置

各种安全气囊的位置如图 2-3 所示。

第二节 安全气囊系统的组成

虽然安全气囊的种类较多,但其基本结构都是大同小异,主要由电控部分和机械部分组成,图 2-4 所示是电子式安全气囊系统的组成框图。

一、电控部分

安全气囊系统的电控部分由各种传感器、微处理器(CPU)、气囊和安全带预紧器的引爆装置、报警装置、接口、RAM 和 ROM 等组成。

1. 碰撞传感器

碰撞传感器的分类见表 2-1。

(1) 偏心锤式碰撞传感器(机械式传感器) 这种传感器一般安装在保险杠与挡泥板之间,用来感知低速碰撞的信号。传感器安装在一个密封的防振保护盒内。其结构如图 2-5 所示。

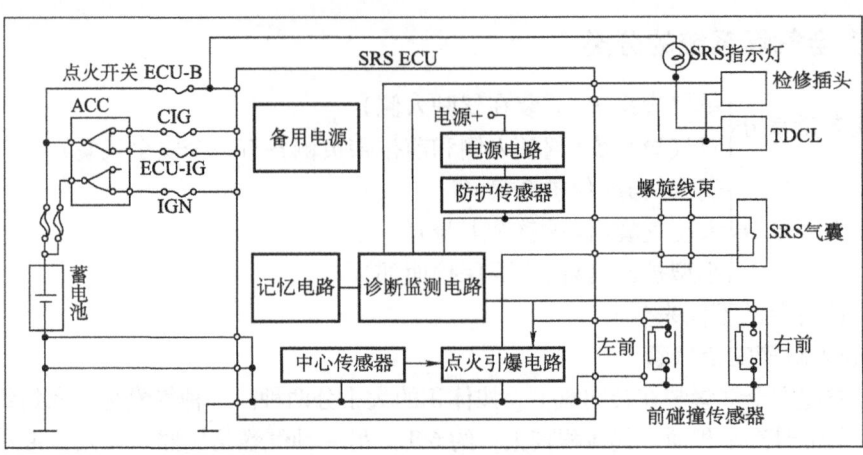

图 2-4 SRS 电路组成框图

表 2-1 碰撞传感器的分类

按功能分	碰撞传感器	负责检测碰撞的强度，看气囊是否需要打开。如果汽车以 40km/h 的车速撞到一辆正在停放的同样大小的汽车上，或者以不低于 22km/h 的车速迎面撞到一个不可变形的固定障碍物上，碰撞传感器便会动作，接通接地回路
	安全传感器	（也有人称之为触发传感器），其闭合的减速度要稍小一些，起保险作用，防止因碰撞传感器短路而造成误打开
按结构分	全机械式、机电式、电子式	

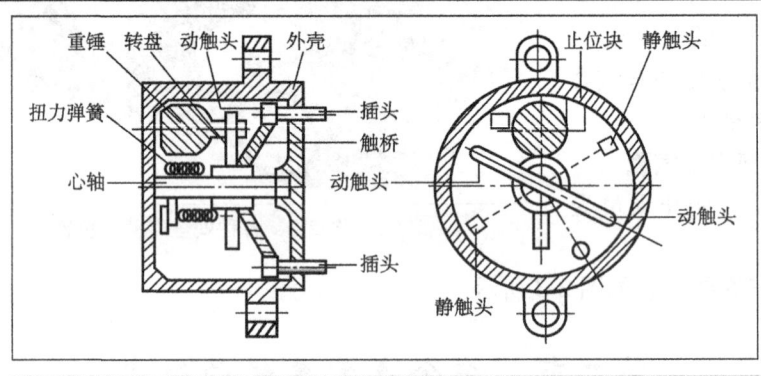

图 2-5 偏心锤式碰撞传感器结构

当传感器中重锤的移动速度高于某一特定车速时（称为 TBD 车速，其大小决定于汽车的特性），重锤便将其机械能量直接传给引发器使气囊打开。

① 工作原理：汽车正常行驶时，扭力弹簧将重锤、动触头定在上止点位置，传感器没有触发信号给中央控制器。当汽车碰撞时，减速度所产生的惯性力克服弹簧的扭力而使重锤产生运动，带动触桥转动，使动、静触头结合。此时，传感器向中央控制器发出接通的信号，同时安全传感器也接通，CPU 发出引爆安全带预紧器传爆管的指令，使安全带拉紧而起到安全保护作用。

② 偏心锤式传感器接线图：偏心锤式传感器有 4 个引脚，其中两个引脚接中央控制器，另外两个为自诊断引脚，如图 2-6 所示。电阻的作用是诊断本传感器与中央控制器之间是处于开路状态，还是处于正常状态。CPU 启动自检程序后，用程序开关把外电源通过一个

电阻接入 4-1 线上，并测量 4-1 与 3-1 之间的电压。电压为设计值，则说明 4-1 与 3-1 两根线完好，如果电压为 0，则说明 4-1 和 3-1 两线中间有一个是断路的。再人为地把传感器触头闭合，同样测 4-1 与 4-2 之间的电压，如果为 0，则说明 4-1 线是完好的。同样可以自诊断其他线和其他传感器是否完好。

（2）安全传感器（机电式传感器） 图 2-7 所示的一种安全传感器是一个水银常开开关。安全传感器用来防止系统在非碰撞状况引起气囊的误动作，一般装在中央控制器内。当发生碰撞时，足够大的减速度力将水银上抛，接通传爆管电路。

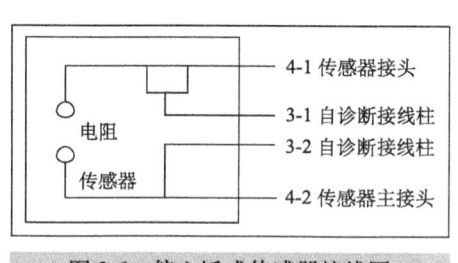

图 2-6 偏心锤式传感器接线图

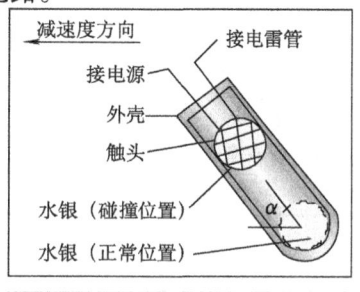

图 2-7 安全传感器

（3）中央安全气囊传感器（电子式传感器） 电子式传感器对汽车正向加速度进行连续测量，并将结果输送给微处理器，微处理器内有一套复杂碰撞信号处理程序，能够判定气囊是否需要打开。如需要，微处理器便会接通点火电路，如果机电式保险传感器也闭合，则引发器接通，气囊打开。

中央安全气囊传感器是一个半导体压力传感器的结构，如图 2-8a 所示。其悬臂架压在半导体应变片的两端。当汽车发生碰撞时，半导体应变片在悬臂减速惯性力的作用下发生弯曲应变。

电阻的变化引起动态应变仪输出电压发生变化。

汽车的速度越大，碰撞后产生加速度的力越大，则输出的电压也越大。半导体压力传感器输出特性受温度影响较大，故应用晶体管的基极发射极间的电压 U_{be} 的温度变化来消除传感器输出特性的变化。因此半导体压力传感器要求有稳定的电源，它的线路图如图 2-8b 所示。

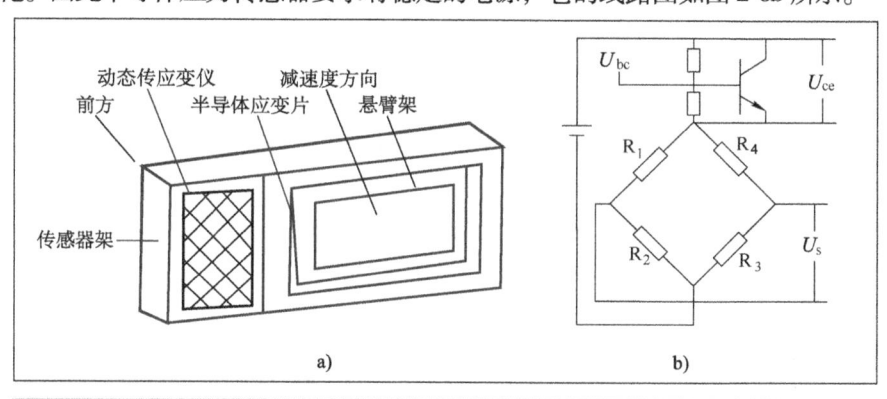

图 2-8 中央传感器（半导体压力传感器）
a）结构图 b）线路图

中央安全气囊传感器装在中央控制器内，用来感知高速碰撞的信息，并将其输送到 CPU，引爆气囊传爆管，使气囊打开。同时前方另有一个传感器也引爆了预紧器的传爆管，即安全带预紧器和气囊同时起作用。有的前方传感器有两对动、静触头,在低速碰撞时,第一对触头闭合引爆安全带预紧器,在高速碰撞时第二对触头接通,安全带预紧器及气囊同时动作。中央安全气囊传感器的作用是增加可靠性。三种传感器的比较见表 2-2。

表 2-2 三种传感器的比较

	机械式	机电式	电子式
优点	结构简单 不需要电路 安装与更换方便 不需要安装空间	调整特性方便,只需改变传感器的数量和位置 能连续检查组件内部	结构简单,不需要安装空间 可连续检查组件内部 调整特性方便,只需改变电脑程序
缺点	不能连续检查组件内部为有效检测碰撞信号(特别是乘客侧),需要有附加装置	使用麻烦,需要有安装传感器和电气部件的空间	需对各车型分别进行电脑编程 需对各车身结构进行特殊控制

2. 安全气囊警告灯与安全气囊电源

(1) 安全气囊警告灯 如图 2-9 所示,安全气囊警告灯装在仪表板上,有的用图形显示,有的用字母显示。安全气囊警告灯可反映安全气囊系统的工作情况。一般把点火开关置于 ON 档后警告灯先闪亮(或不间断亮)6~8s 后熄灭,说明安全气囊系统正常,如果安全气囊警告灯不亮,或不停地闪耀或常亮则说明安全气囊系统有故障。

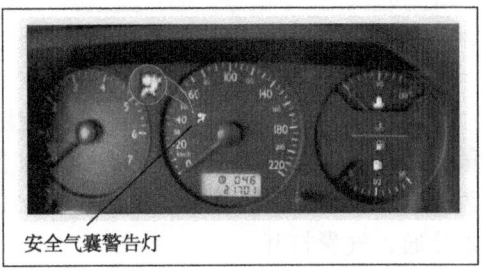

图 2-9 安全气囊警告灯

若控制块出现异常,不能控制警告灯,警告灯便在其他电路的直接控制下作出异常显示。有如下几种情况:控制块无点火电压,警告灯常亮;控制块无内部工作电压,控制块未接通,警告灯经线束连接器的短接条接通。

(2) 安全气囊电源 能给气囊引爆器提供电源的渠道有两种。

1) 系统中的电容器。接通点火开关期间(发动机工作时),电能存储装置(电容器)就会连续不断地充电。如果蓄电池没电,这个存电装置可以提供能量来引爆气囊的引爆器(点火器/点火装置),而且电容器中所储存的电量能够满足 6s 之内的断电需求,并能保留足够的电量,在蓄电池无电时使气囊膨胀。

2) 蓄电池。蓄电池是一种备用设备,也是一种为引爆点火器提供电源的装置。它是通过电源输出导线把电流送给安全气囊电脑的。

3. 电气连接件

气囊系统的电气连接件包括线束、螺旋电缆和插接器。

(1) 螺旋电缆 由于驾驶人侧气囊是装在转向盘上的,而转向盘要能转动,为了实现这种静止端与活动端的电气连接采用了螺旋电缆,如图 2-10 所示。螺旋电缆装在电缆盘里,电缆盘用螺栓固定在转向柱

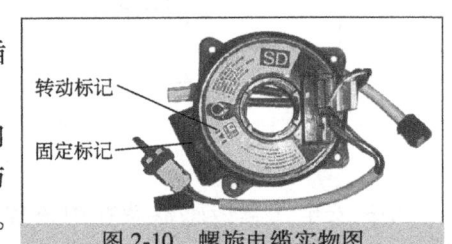

图 2-10 螺旋电缆实物图

顶部。螺旋电缆以正、反两个方向的盘绕实现了作旋转运动的一端与固定端的电气连接。电缆内侧是固定端，把塞键与转向柱连在一起。螺旋电缆的使用寿命要求不低于10万次循环。

螺旋电缆卷绕中心与转向柱的圆心的同心度对于能否保证气囊系统的性能关系很大，如偏差过大，可能导致螺旋电缆旋转过量而造成永久性伤害。考虑到偏差无法避免，螺旋电缆在正、反两个方向上都要留出半圈的余量。另外，在初次安装时就应注意这个问题。每次拆卸均应做好标记，以保证能准确还原。

(2) 插接器　气囊系统的插接器特别强调可靠性，采取了双保险镇定和分断自动短接等措施。连接器分断后，引发器的电源端和搭铁线端会自动短接，防止因误通电或静电造成引发器误触发。

连接控制块的连接器还多了一个自检机构，如果结合不良会给安全气囊的保养警告灯发出信号使它常亮。

(3) 线束　安全气囊系统的线束采用了特殊的包装和色标，这一方面是为了便于检查，另一方面是为了保证在碰撞中能保持线路的连接。

4. 存储器

中央控制器有两种不同的存储器。

(1) 易失性存储器(RAM)　既能读又能写的存储器，也叫随机存储器或读写存储器。它是CPU在工作过程中用来存储中间结果并随机存取数据的部件。例如气囊在自检中发现左前方传感器有故障，CPU将其代码找出后，就放在RAM中供随时显示用。其特点是一旦电源切断，存放在其中的信息就丢失。

(2) 非易失性存储器(ROM)　非易失性存储器也叫只读存储器。用来存放气囊运行的所有固定程序和一些不变的量。例如自检中各主要元器件的故障编码等。它只能输出，而断电后存放在里面的信息仍然存在。

5. 诊断监视器

诊断监视器并不控制气囊的动作，它仅监视气囊装置的故障并开通气囊警告灯。它有一个微处理器，对监视器内的电路进行自检并显示气囊系统存在的故障。诊断监视器有备用电源，即使蓄电池及其线路在传感器闭合前损坏，也能使气囊打开。每接通点火线路0.5s后气囊指示灯发亮，若6s后熄灭，表明气囊系统无故障。

6. 中央控制器

中央控制器由CPU、RAM、ROM、接口和驱动器等电子电路组成。多数是由单片机加上其他电路所组成。一般做成两块印制电路板，外壳用金属制作，一方面是为了增加机械强度，另一方面是为了屏蔽外界的电磁波干扰。它通过牢固的插接件，把传感器的输入信号以及引爆器、报警器等的输出信号和中央控制器连接起来。一般电路图上的接线标号就是插接件上的标号。

二、机械部分

1. 气囊组件

气囊组件按功能分为正面气囊组件和侧面气囊组件两大类。正面气囊组件的功用是保护驾驶人和乘员的面部和胸部。防止转向盘、风窗玻璃、仪表板和前排座椅伤害人体。侧面气囊组件的功用是保护驾驶人与乘员的头部和腰部，防止车门或车身伤害人体。

汽车安全气囊目前普遍装备在驾驶人侧和前排乘员侧。驾驶人侧气囊组件安装在转向盘的中央，前排乘员侧安全气囊组件安装在乘员侧正前方，两个气囊组件一般共用一个 SRS 电控单元控制。

驾驶人侧气囊组件的结构如图 2-11 所示，主要由气囊装饰盖、气囊、气体发生器和装在气体发生器内部的点火器等组成。

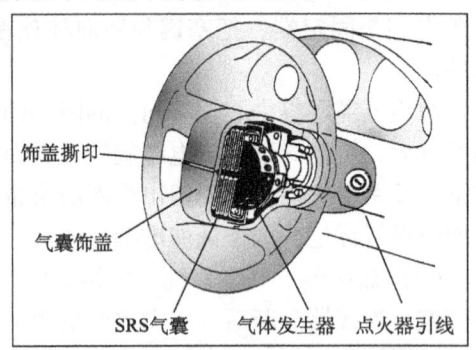

图 2-11　博世公司驾驶人侧气囊组件

（1）气囊　气囊通常是由防裂性能好的聚酰胺织物（如尼龙）制成，这是一种较软的泡沫材料，经硫化处理，以减少气囊吹胀时的惯性力，为密封气体，气囊的里层涂有聚氯丁二烯。气囊背面（与驾驶人或乘员方向相反一面）或顶部制有 2~4 个排气孔。当驾驶人在惯性力作用下压到气囊上时，气囊受压便从排气孔排气，持续时间不到 1s，从而吸收驾驶人与气囊碰撞的动能，使人体不致受到伤害。

（2）气体发生器　气体发生器的功用是在点火器引爆点火剂时，产生气体向 SRS 气囊充气，使气囊胀开。

气体发生器用专用螺栓和专用螺母固定在气囊支架上。由点火器、点火剂、金属过滤器及氮气发生剂等组成，如图 2-12 所示。当碰撞传感器向 SRS 电控单元输送撞击信号时，SRS 电控单元便向点火器发出指令，点火器点燃点火剂。点火剂引爆时，迅速产生大量热量使充气剂受热分解并释放大量的氮气，通过金属过滤器的冷却、降压，迅速充胀气囊，使气囊爆胀。

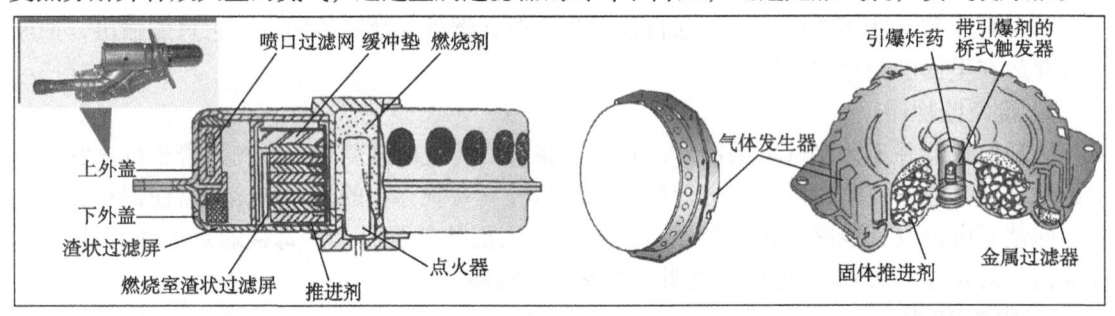

图 2-12　车用气体发生器

（3）点火器　点火器外包铝箔，安装在气体发生器内部中央位置。其功用是在前碰撞传感器和防护传感器将气囊电路接通时，引爆点火剂，产生热量使充气剂分解。点火器的结构如图 2-13 所示。它的所有部件均装在药筒内。点火剂包括引爆炸药和引药。引出导线与气囊连接器插头连接，连接器（一般都为黄色）中设有短路片（铜质弹簧片）。当插接器插头拔下或插头与插座未完全结合时，短路片将两根引线短接，防止静电或误通电将电热丝电路接通而造成气囊误胀开。

当 SRS 电控单元发出点火指令时，电热丝电路接通，电热丝迅速红热引爆引药，引爆炸药瞬间爆炸产生热量，药筒内温度和压力急剧升高并冲破药筒，使充气剂（叠氮化钠）受热分解释放氮气充入 SRS 气囊。

第二章 安全气囊系统

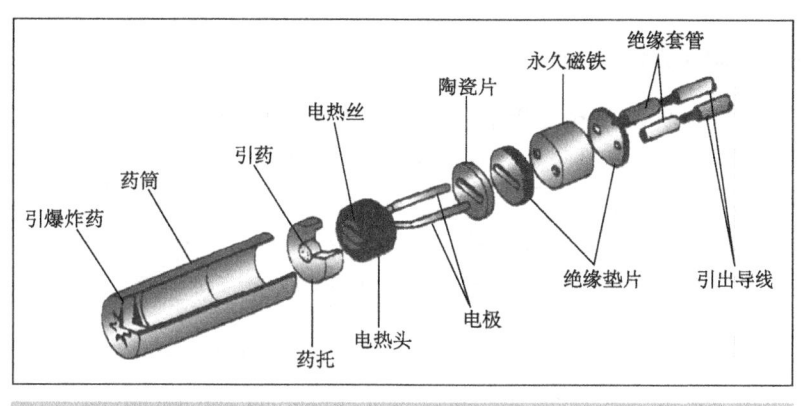

图 2-13 点火器组件图

2. 安全带预紧器

安全带预紧器安装在前排座椅的左右两外侧，它包括电雷管、气化剂、气缸活塞和导线等。当汽车发生碰撞时，电雷管（引爆管）由 CPU 控制接通电源引爆气化剂，活塞在膨胀气体作用下迅速下移，并带动安全带迅速预紧，将驾乘人员向座椅靠背拉动，防止他们冲向汽车前方。

第三节 安全气囊控制原理

一、安全气囊系统的工作原理

当汽车遭受正面碰撞和侧面碰撞时，安全气囊系统的工作原理完全相同。以图 2-14 正面碰撞为例，说明安全气囊系统控制原理。

安全气囊控制原理：当汽车遭受前方一定角度范围内的碰撞时，安装在汽车前部和 SRS 的 ECU 内部的碰撞传感器都会检测到汽车突然减速的信号，并将信号输入 SRS 的 ECU，以便判断是否发生碰撞。当汽车遭受碰撞且减速度达到设定值时，SRS 的 ECU 发出控制指令将气囊组件中的点火器（电雷管）电路接通，电雷管引爆使点火剂（引药）受热爆炸（即电热丝通电发热引爆炸

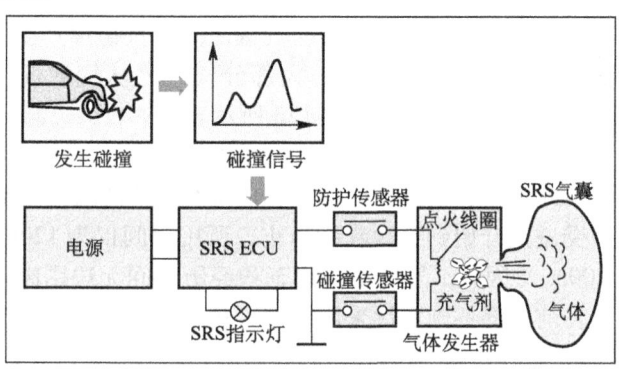

图 2-14 安全气囊系统控制原理

药）。点火剂引爆时，迅速产生大量热量，使充气剂（叠氮化钠固体药片）受热分解并释放出大量氮气充入气囊，气囊便冲开气囊组件上的装饰盖板鼓向驾驶人和乘员，使驾驶人和乘员面部和胸部压靠在充满气体的气囊上，在人体与车内构件之间铺垫了一个气垫，将人体与车内构件之间的碰撞变为弹性碰撞，通过气囊产生变形和排气来吸收人体碰撞产生的动能，从而达到保护人体的目的。

二、安全气囊的动作过程

根据德国博世（BOSCH）公司在奥迪（Audi）轿车上试验研究表明：当汽车以 50km/h 的速度与前面障碍物碰撞时，安全气囊系统的动作时序如图 2-15a、b、c、d 所示。

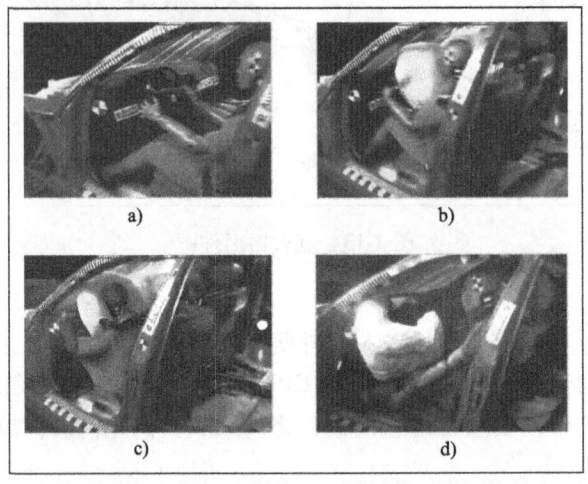

图 2-15 安全气囊系统的动作时序图
a）触发 b）充气膨胀 c）头部陷入 d）气囊压扁

（1）碰撞约 10ms 后，SRS 达到引爆极限，点火器引爆点火剂并产生大量热量，使充气剂（叠氮化钠药片）受热分解，驾驶人尚未动作，如图 2-15a 所示。

（2）碰撞约 40ms 后，气囊完全充满，体积最大，驾驶人向前移动，安全带斜系在驾驶人身上并拉紧，部分冲击能量已被吸收，如图 2-15b 所示。

（3）碰撞约 60ms 后，驾驶人头部及身体上部压向气囊，气囊的排气孔在气体和人体压力作用下排气节流吸收人体与气囊之间弹性碰撞产生的动能，如图 2-15c 所示。

（4）碰撞约 110ms 后，大部分气体已从气囊逸出，驾驶人身体上部回到座椅靠背上，汽车前方恢复视野，如图 2-15d 所示。

（5）碰撞约 120ms 后，碰撞危害解除，车速降低直至为零。

由此可见，气囊在碰撞过程中动作时间极短。从开始充气到完全充满约为 30ms；从汽车遭受碰撞开始到气囊收缩为止，所用时间仅为 120ms 左右，而人的眼皮眨一下所用时间约为 200ms。因此，气囊动作状态和经历时间无法用肉眼确认。

目前世界各国广泛采用模拟人体进行碰撞试验。SRS 动作过程与经历时间之间的关系见表 2-3。

表 2-3 SRS 动作过程与经历时间之间的关系

碰撞之后经历时间	0	10ms	40ms	60ms	110ms	120ms
SRS 气囊动作状态	遭受碰撞	点火引爆 开始充气	气囊充满 人体前移	排气节流 吸收动能	人体复位 恢复视野	危害解除 车速降零

三、防止误爆机构

如图 2-16、图 2-17 所示的线束连接图中，从 SRS 的 ECU 至 SRS 气囊点火器之间的插接

第二章 安全气囊系统

器 2、5、8 均采用了防止气囊误爆机构。防止误爆机构为一块铜质弹簧片，称为短路片。其作用是，当插接器拔开（插头拔下或插头与插座未完全结合）时，短路片（弹簧片）自动将靠近 SRS 气囊点火器一侧插座上的两个引线端子短接，防止静电或误通电将点火器电路接通而造成气囊误胀开。

短路片一般设在插接器插座上，当插头与插座正常连接时，插头的绝缘壳体将短路片向上顶起，如图 2-17a 所示，短路片与插接器端子脱开，插头引线端子与插座引线端子接触良好，点火器电热丝电路处于正常连接状态。

当插头与插座脱开时，短路片将气囊点火器一侧插座上的引线端子短接，使点火器电热丝与短路片构成回路，如图 2-17b 所示，此时即使将电源加到点火器一侧插接器插座上，由于电源被短路片短路，点火器仍然不会引爆气囊，从而达到防止 SRS 气囊误爆的目的。

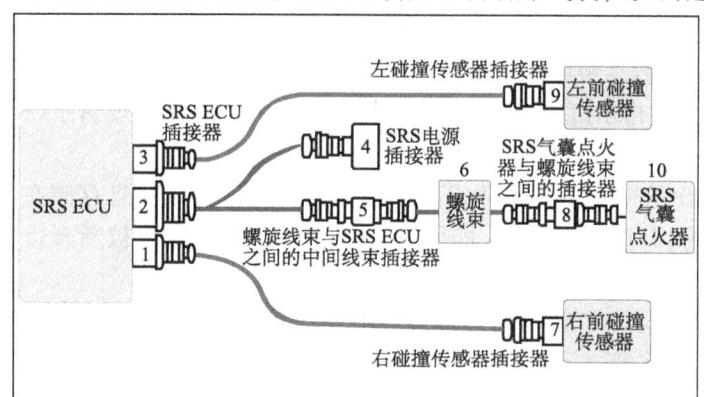

图 2-16 轿车安全气囊系统插接器示意图

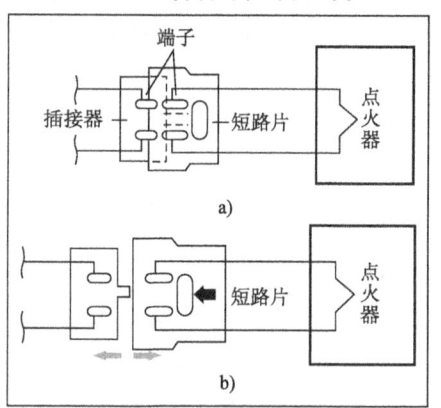

图 2-17 安全气囊系统防误爆机构结构原理
a）插接器正常连接时，短路片与端子脱开
b）插接器拔开时，短路片将端子短接

第四节 安全气囊的使用与维修

一、使用安全气囊应注意的几点

1) 安全气囊装置若发生事故引爆后，必须更换气囊组件的全部元件，该装置只能工作一次。

2) 维修安全气囊时，应送专业部门检修。自己尝试性维修是不可取的，易造成不必要的损失或伤害。

3) 在进行维修时，应先进行故障自诊断，务必检测故障码，找出故障部位，然后进行维修。

4) 任何检修工作，务必将点火开关置于 LOCK 位置。必须拆下蓄电池搭铁线 90s 以上，防止备用电源使气囊误爆。

5) 在诊断电路系统时，应使用高阻抗（10kΩ 以上）电阻表进行检测。绝对不允许测量点火器的电阻。

6）安全气囊的部件上均有标牌，其上所列的注意事项均应严格执行。
7）在车轮进行焊修作业时，必须先脱开气囊组件连接器后才能进行。
8）报废的安全气囊，应拆下在车外引爆，以防伤人。

二、安全气囊的维修

由于碰撞或在维修车辆其他部件过程中的失误会使安全气囊系统部分元件损坏甚至失效。下面以本田雅阁为例介绍安全气囊的维修思路。

（一）安全气囊一般故障检修信息

1. DTC（故障码）

SRS 系统的自诊断功能，能够确定系统故障的原因，然后将故障信息存储在内存中。为方便进行故障检修，这些数据可以通过数据链电路检索获得。

1）当把点火开关置于 ON 时，SRS 指示灯将会变亮，如果 6s 后指示灯熄灭，表明系统正常。

2）如果系统不正常，系统将查出故障的位置，并指出问题所在，且会将该信息存储在内存中，并打开 SRS 指示灯。数据将保存在内存中，即使点火开关关闭或蓄电池被断开也不会丢失。

3）当将本田 PGM 检测仪或 HDS 与 16P 数传输插接器（DLC）连接，将 SCS 端子短路，并把点火开关置于 ON 时，SRS 指示灯将通过闪烁次数，来表示原始的故障码（DTC）。

4）当将本田 PGM 检测仪或 HDS 与 1P 数据传输插接器（DLC）连接时，就可以在本田系统 SRS 菜单中检索 DTC，表 2-4 表示为本田雅阁安全气囊系统部分故障码（DTC）。

5）查看并记下 DTC 之后，根据故障码指示的故障检修程序进行操作。

表 2-4 本田雅阁安全气囊系统部分故障码（DTC）

故 障 内 容	故 障 码
无	SRS 指示灯线路故障
1-1	驾驶人侧安全气囊电路断路或电阻过大
1-2	驾驶人侧安全气囊电路断路或电阻过小
1-3	驾驶人侧安全气囊电源线路短路
1-4	驾驶人侧安全气囊接地线路短路
2-1	前乘员侧安全气囊电路断路或电阻过大
2-2	前乘员侧安全气囊电路断路或电阻过小
2-3	前乘员侧安全气囊电源线路短路
2-4	前乘员侧安全气囊接地线路短路
5-1	SRS 电脑故障
9-1	SRS 指示灯电路故障
9-2	SRS 电源电路故障
10-1	SRS 电脑更换号码

2. 查看 DTC

1）确保点火开关置于 OFF。

2）如图 2-18 所示,将本田 PGM 检测仪或 HDS 与 DLC 连接。

3）将点火开关置于 ON(Ⅱ)。

4）用本田 PGM 检测仪或 HDS 来查看 DTC。

5）查看 DTC。

6）把点火开关置于 OFF,并等待 10s。

7）将本田 PGM 检测仪或 HDS 与 DLC 断开。

8）对 DTC 执行相应故障诊断程序。

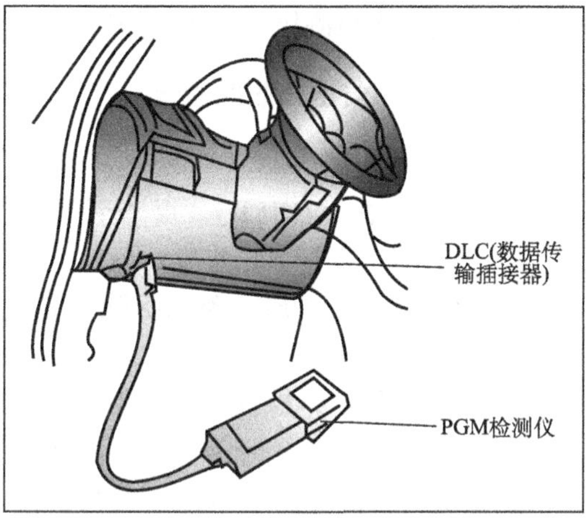

3. 擦除 DTC 内存

1）确认点火开关置于 OFF。

2）将本田 PGM 检测仪 A 或 HDS 与 DLC 连接。

3）把点火开关置于 ON。

4）在本田 PGM 检测仪 A 或 HDS 的 TEST。MODEM ENUE 中,选择 DTC CLEAR。这样可以擦除 DTC。

5）点火开关置于 OFF 等待 10s。

6）将本田 PGM 检测仪或 HDS 与 DLC 断开。

图 2-18 本田 PGM 检测仪连接示意图

4. 间歇性故障的检测

如果存在故障,但没有重复出现,它将作为间歇性故障存储在内存中,且 SRS 指示灯将变亮。检查 DTC 后,进行如下的故障检修。

1）查看 DTC。

2）擦除 DTC 内存。

3）拉紧驻车制动,并起动发动机,让发动机怠速运转。

4）SRS 指示灯大约亮 6s,然后熄灭。

5）摇动线束和插接器,进行试车(快速加速、快速制动和转弯),将转向盘向左、向右转到底,并保持 5~10s。如果问题重复出现,SRS 指示灯将会变亮。

6）如果不能使间歇性故障重复出现,表明此时系统正常。

5. 初始化 OPDS(乘客位置检测系统)装置

当更换了靠背罩、靠背垫和 OPDS 装置时,按照下列程序,对 OPDS 进行初始化。

注意:确保前排乘客座椅要干燥,将靠背调到正常位置,并保证前排乘客座椅上没有任何物品。

1）确认已把点火开关置于 OFF。

2）将本田 PGM 检测仪或 HDS 与 DLC 连接。

3）把点火开关置于 ON。

4）在本田 PGM 检测仪或 HDS 的 TEST MODEM ENUE(调整菜单)中选择 OPDS INIT

(OPDS 初始化)，这样可以对 OPDS 进行初始化。

5）点火开关置于 OFF。

6）将本田 PGM 检测仪或 HDS 与 DLC 断开。

（二） SRS 指示灯电路故障检修

1. SRS 指示灯不亮

1）将点火开关置于 ON(Ⅱ)，并查看其他指示灯是否亮（制动系统等）。如果不亮，转到步骤 8）；如果亮，进行下一步骤。

2）将点火开关置于 OFF，然后拆除仪表板控制模块，从仪表控制模块上断开仪表控制模块插接器。

3）如图 2-19a 所示，检查仪表控制模块插接器（30P）21 号端子与车身搭铁之间的电阻，应为 0~1.0 Ω。如果电阻不符合规定值，仪表板线束中的 BLK 导线、接头插接器内断路，或者车身搭铁端子（G503）故障，如果车身搭铁端子正常，则更换仪表板线束。

4）如图 2-19b 所示，将点火开关置于 ON(Ⅱ)，在 6s 之内，检查仪表控制模块插接器（30P）14 号端子与车身搭铁之间的电压。6s 内电压大约为 1.0V，此后约为 11V。如果电压不符合规定值，仪表控制模块中的 SRS 指示灯电路有故障，更换仪表控制模块。

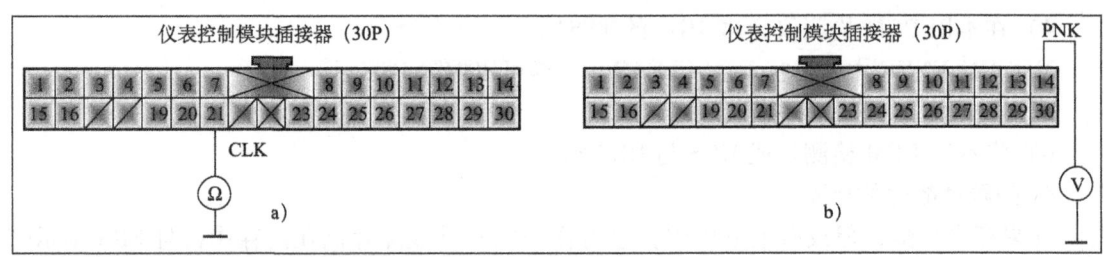

图 2-19 仪表控制模块插接器的检测（一）

5）将点火开关置于 OFF。

6）从 SRS 装置上断开 SRS 装置插接器（28P）。

7）断开仪表控制模块插接器（30P），如图 2-20a 所示，在仪表控制模块插接器（30P）14 号端子与车身搭铁之间接上一个电压表，将点火开关置于 ON(Ⅱ)，并测量电压，应为 0.5V 或更低。如果电压符合规定值，SRS 装置故障，更换 SRS 装置；如果电压不符合规定值，仪表板线束或接头插接器内的 PNK 导线对电源短路，更换仪表板线束。

8）将点火开关置于 OFF，检查仪表板下熔丝和继电器盒内的 21 号（7.5A）熔丝是否熔断。如果已熔断，转到步骤（10）；如果没有熔断，进行下一步骤。

9）如图 2-20b 所示，在仪表控制模块插接器（30P）5 号端子与车身搭铁之间接上一个电压表，将点火开关置于 ON(Ⅱ)，并测量是否为蓄电池电压。如果是，仪表控制模块中的 SRS 指示灯电路有故障，或者仪表控制模块插接器（30P）与仪表板控制模块接触不良，如果连接情况正常，则更换仪表控制模块；如果不是，仪表板下熔丝和继电器盒 21 号（7.5A）熔丝电路断路，或仪表板线束及接头插接器内的 YEL 导线断路，如果仪表板下熔丝和继电器

第二章 安全气囊系统

盒正常，则更换仪表板线束。

10) 更换 21 号(7.5A)熔丝，然后检查指示灯是否亮。如果是，此时系统正常；如果不是，维修仪表板下熔丝和继电器盒中的 21 号(7.5A)熔丝电路对搭铁短路的故障。

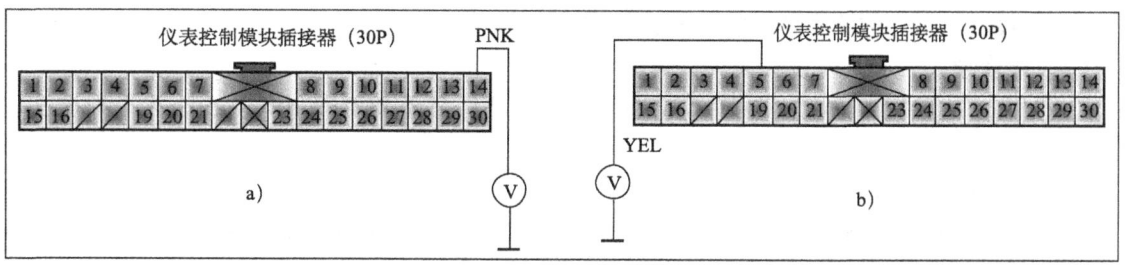

图 2-20 仪表控制模块插接器的检测(二)

2. SRS 指示灯常亮

1) 断开蓄电池负极电缆，并等待 3min。

2) 从 SRS 装置上断开 SRS 装置插接器(28P)。

3) 拆除仪表控制模块，从仪表控制模块上断开仪表控制模块插接器(30P)。

4) 如图 2-21 所示，检查仪表控制模块插接器(30P)14 号端子与 SRS 装置插接器(28P)19 号端子之间的电阻，应为 1Ω 或者更低。如果电阻符合规定值，仪表控制模块中的 SRS 指示灯故障，或者仪表控制模块插接器(30P)接触不良，检查连接情况；如果连接情况正常，则更换仪表控制模块；如果电阻不符合规定值，仪表板线束断路，更换仪表板线束。

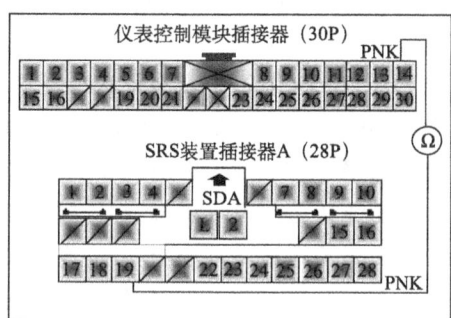

图 2-21 仪表控制模块插接器的检测(三)

(三) 气囊引爆后组件的检查

注意：在进行任何 SRS 检修之前，要利用 PGM 检测仪或 HDS SRS 菜单来查看 DTC，对于引爆较不明显的构件，如座椅安全带收紧装置、前碰撞传感器以及侧面安全气囊传感器等，参考 DTC 故障检修索引。

1) 在碰撞之后，座椅安全带收紧装置引爆的情况下，要更换下列装置：座椅安全带收紧装置、SRS 装置和前碰撞传感器。

2) 在碰撞之后，侧面安全气囊引爆的情况下，要更换下列构件：SRS 装置、引爆的安全气囊、座椅安全带收紧装置和前碰撞传感器。

3) 在碰撞之后，侧面安全气囊引爆的情况下，要更换下列构件：SRS 装置、引爆的侧面安全气囊和引爆的侧面碰撞传感器。

4) 在检修过程中，要检修下列区域：检查所有 SRS 线束，更换而不是修补任何受损线束，检查转向线盘受到热损伤，如果有任何损伤，则更换转向线盘。

5) 对车辆进行完全检修后，将点火开关置于 ON(II)，如果 SRS 指示灯大约亮 6s，然后熄灭，则 SRS 安全气囊系统正常。如果指示灯没有合适地进行指示，则利用 PGM 检测仪

或 HDS SRS 菜单来查看 DTC。

三、安全气囊维修案例

案例一：2004 款波罗轿车安全气囊灯常亮

故障现象：

一辆 2004 款波罗轿车，车型 SVW7144Gli，发动机型号 BCC（1.4L）。安全气囊灯常亮，进厂报修。经检查，结果是控制单元损坏。

故障诊断与排除：

更换控制单元后连上 V.A.G1552，进入 15-01 显示：Coding 00000；再进入 07 编码，输入若干组号码无法进入，控制单元不能激活，又重新更换。装车后编码 Coding 12353，故障灯常亮，进入 15-02 故障查询，有故障码，是永久性故障，无法清除。试给控制单元重新编码，输入其他系列组号编码，都不能进入，以失败而告终。维修技师换了两个新的控制单元都无用，零件号又不错，修理陷入了困境。

连上 V.A.G1552，进入地址 15-01，显示 6QO 909 601F OA Airbag VW5 0008 Coding 12353，再进入 02 故障查询，有两个故障码：01578 和 01228。进入 05，两个故障码无法清除。01578 和 01228 的中文意思是乘员侧气囊警告灯 K145 线路断路和乘员侧气囊切断开关 E224 断路，再试其他编码，显示错误。这时发现右边乘客侧仪表板上已没有警告灯 K145，杂物箱里的 E224 切断开关也没有了，只见到副仪表板上有 AIRBAG 字样，这时有位维修技师认为该车是简配置，制造厂取消乘客侧仪表板气囊，因此乘客侧仪表板气囊警告灯及开关也随着去掉了。笔者拆开杂物箱，发现有乘客侧气囊。笔者认为，早期生产波罗车相对人性化，如果在乘客侧座椅上坐的是小孩或老人，以防被气囊意外打开而击伤，特设置切断开关及警告灯，可切断乘客侧气囊，同时用亮灯提示。但是，给使用者带来麻烦，有可能开关一直处于 OFF 位置，忘了打到 ON 位置，待需要起爆时，而不能打开，因此后期生产的车已废除了开关及警告灯，新的控制单元的软件需要重新编码，Coding 编码也会改变。那么该车的控制单元显然编码不符，存储两个永久性故障码 01578 和 01228。现在开关及警告灯已去掉了，这可证明新换控制单元是好的。走到了这一步，已基本明了。为了进一步证明，特找了一辆波罗新车，生产日期为 2004 年 6 月，在前排乘客侧仪表板上没有气囊切断开关及警告灯，连上 V.A.G1552，进入 15，显示 6QO 909 601F OB Airbag VW5 0010 Coding12354，这下真相大白，一个是 OA，一个是 OB，显示备件序号有，软件版本 0008 与 0010 有别，先前的 Coding12353 与现在 Coding12354 有点差异，这说明激活程序不一样。再试一下重新编码无用，看来现在的控制单元里仅有一个程序可被激活。拆下新车的气囊控制单元，装车一试，打开点火开关，仪表板内气囊故障警告灯亮，经过检测，几秒后灯灭了，连上 V.A.G1552，进入 15-02，没有故障，起动发动机试车一切正常。

维修总结：

由于车辆设置变化，在修车时要认清变化所在，根据原理仔细分析，不要盲目地更换，该车控制单元零件号是 6QO 906 01F OB，带开关及灯的控制单元零件号是 6QO 909 601F OA。

第二章 安全气囊系统

案例二：宝来安全气囊故障指示灯常亮

故障现象

一辆宝来1.8轿车出事故，车内前排两个安全气囊全爆出来。经过更换双安全气囊及控制单元后，安全气囊故障指示灯常亮且无故障码。

故障诊断与排除：

更换完该车前排两个安全气囊控制组件及仪表板总成后，通过V.A.G1552诊断测试仪消除故障码(1-15-02-05)后，起动发动机，安全气囊警告灯熄一下就忽然亮起，再一次读取故障码为无故障码，因为更换安全气囊控制器必须给控制单元编码，通过(1-15-07-00000)这个编码为新安全气囊控制器编码。通过V.A.G1552(1-15)查询后，故障还是没排除。拆下新安全气囊控制单元与旧安全气囊控制单元对比，发现如下问题：旧安全气囊控制单元型号为6Q0909601，ZNA2RBAGVW5006 COD 12622WSC00000。新安全气囊控制单元型号为1CO909601，ZNA2RGBAGVW5K43120 COD 00000WSC00000。

表明安全气囊控制单元型号不一样，是不是它造成点亮安全气囊警告灯常亮？询问一汽大众售后服务技术部，得知新的安全气囊控制单元与旧安全气囊控制单元虽然型号不一样，但一样能用，只不过必须要重新编码。把旧安全气囊插上后，读取故障码为三个：00595（存储后撞车数据）、00588（安全气囊N95电阻过大SP）、00589（N131乘客侧安全气囊电阻值过大SP）。清码后，故障码还是清除不掉。通过V.A.G1552(1-15)进入安全气囊控制单元后，读取原码为12622。再一次询问一汽大众售后服务部得知，换新安全气囊控制器必须给新安全气囊控制单元编码为"12875"，编码后试车，故障排除。

第三章

汽车中央门锁控制系统与防盗系统

第一节 汽车中央门锁控制系统

汽车门锁是汽车防盗的第一步,采用中央门锁控制系统的车辆,当驾驶人锁住驾驶人侧车门时,其他几个车门(包括后车门及行李箱门等)能同时自动锁住;当打开驾驶人侧车门时,其他几个车门能同时打开,并且仍可用各车门的机械或弹簧锁开关车门。

一、中央门锁控制系统的功能

中央门锁控制系统具有钥匙联动锁门和开门功能以及钥匙占用预防功能。

两级开锁功能:在钥匙联动开锁功能中,一级开锁操作,只能以机械方法打开钥匙插入的门。两级开锁操作,则同时打开其他车门。

钥匙占用预防功能:防止钥匙插入点火开关时,没有钥匙而将车门锁住。

安全功能:当钥匙从点火开关中拔出去而门已锁住时,无论用钥匙或不用钥匙锁门,门都不能用门锁控制开关打开。

电动窗不用钥匙的动作功能:驾驶人侧和乘客侧的车门都关上,点火开关断开后,电动窗仍可动作约60s。

一般来说,所有车门可以通过前右或前左侧门上的钥匙操纵同时关闭和打开。若已执行了锁门操纵,而一侧前门打开并且点火开关钥匙仍插在锁芯内,则所有的车门会自动打开,以防止点火开关钥匙遗忘在汽车内。

二、汽车中央门锁控制系统的分类

汽车电子锁的分类方法很多,既可以按照控制部分中主要元器件的异同进行分类,也可以按照编码方式的异同进行分类。

1. 按键式电子锁

按键式电子锁采用键盘或组合按钮输入开锁密码,操作方便。内部控制电路常采用电子密码专用集成电路。此类产品包括按键式电子锁和按键式汽车点火锁。

2. 拨盘式电子锁

拨盘式电子锁采用机械拨盘开关输入开锁密码。很多按键式电子锁可以改造成拨盘式电子锁。

3. 电子钥匙式电子锁

电子钥匙式电子锁使用电子钥匙作为开锁密码,它由元器件搭成的单元电路组成,做成小型手持单元形式，通过光、声、电或磁等多种形式与主控电路联系。此类产品包括各种遥控汽车门锁、转向锁和点火锁以及电子密码点火钥匙。

4. 触摸式电子锁

触摸式电子锁采用触摸方式输入开锁密码。装用这种锁的车门上没有一般的门把手，代之以电子锁和触摸传感器。

5. 生物特征式电子锁

生物特征式电子锁的特点是将声音、指纹等人体生物特征作为密码输入，由计算机进行模式识别，控制开锁。生物特征式电子锁的智能化程度相当高。

三、汽车中央门锁控制系统的结构

（一）汽车电子门锁的结构

汽车电子门锁由控制部分和执行机构两部分组成。

1. 控制部分

控制部分包括编码器、输入器、存储器、鉴别器、驱动级、抗干扰电路、显示装置、保险装置和电源等部分。

（1）编码器　编码器实质上是人为地设定一组二进制或十进制数的密码。设定的原则是所编的密码不易被别人识破。对密码电路的要求是容量大、换码率高；保密性、可靠性好，换码操作简单。

（2）输入器和存储器　经输入器输入一组密码，由存储器记忆后送至鉴别器。

（3）鉴别器　鉴别器的作用是对来自输入器和编码器的两组密码进行比较，仅当两组密码完全相同时，鉴别器才输出电信号，经抗干扰处理后送至驱动级和显示装置。

（4）驱动级　由于鉴别器送出的电信号通常很微弱，为了能带动执行机构的电磁铁产生动作，故设置驱动级。

（5）抗干扰电路　为了抑止来自汽车内外的电磁波的干扰，保证电子门锁不会自行误动作而设置了抗干扰电路，由此提高汽车电子门锁的可靠性和安全性。一般情况采用延时、限幅和定相等方法来达到该目的。

（6）显示器和报警器　该部分为电子门锁控制部分的附加电路，用于显示鉴别结果和报警，从而扩大了电子门锁的功能。

（7）保险装置　速度传感器和车门锁止器是汽车电子门锁的独特组成单元。当汽车运行超过一定时速时，车门锁止器根据来自速度传感器的信号将锁体锁止；如果控制电路失灵，可通过紧急开启接口直接控制锁体的开启。

（8）电源　电源提供电路所需的能量，对于电源电路熔丝熔断的故障，可参看图 3-1，用万用表检测，并更换断路器或熔丝。

2. 执行机构

汽车电子门锁的执行机构一般采用电磁铁或微型电动机控制。

（1）电磁铁式自动车门锁　这种汽车电控门锁的开启和锁闭均由电磁铁驱动。其结构如图 3-2 所示。它内设两个线圈，分别用来开启、锁闭门锁。门锁集中操作按钮平时处于中间位置，用手按压即可开启或锁闭车门。

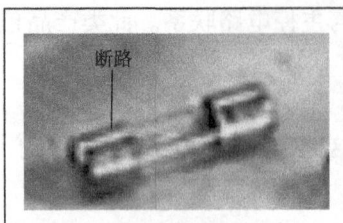 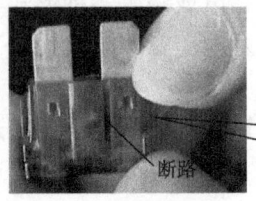

图 3-1 熔丝熔断

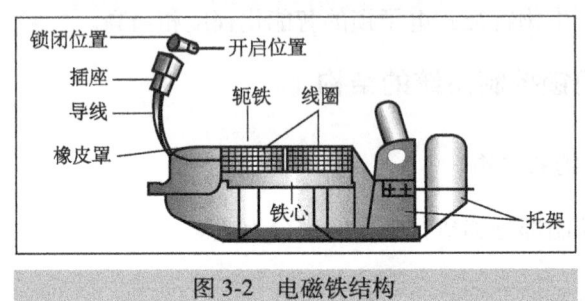

图 3-2 电磁铁结构

(2) 电动机式自动车门锁 该锁由可逆式电动机、传动装置及锁体总成构成。工作原理：由电动机带动齿轮齿条副或螺杆螺母副进而驱动锁体总成，驱动车门的锁闭或开启。其传动装置如图 3-3 所示。

对于门锁电动机故障，可参看图 3-4，检查或更换门锁电动机。

(二) 汽车遥控车门的组成

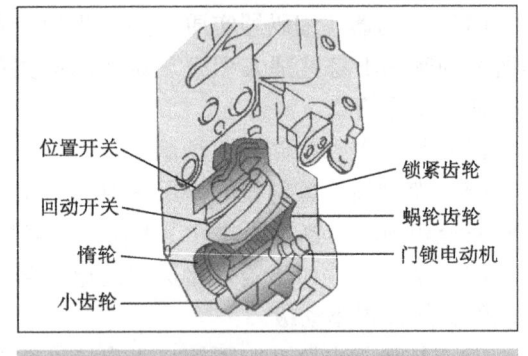

图 3-3 电动机式门锁传动装置

遥控门锁系统的作用是不使用钥匙，利用遥控器在一定距离内完成车门的打开及锁止。遥控门锁系统不但能控制驾驶人侧车门，还可控制其他车门和行李箱门。遥控门锁系统由发射器、接收器、门锁遥控控制组件（ECU）、门锁控制组件以及执行器等组成。无线遥控门锁系统零部件位置如图 3-5 所示。

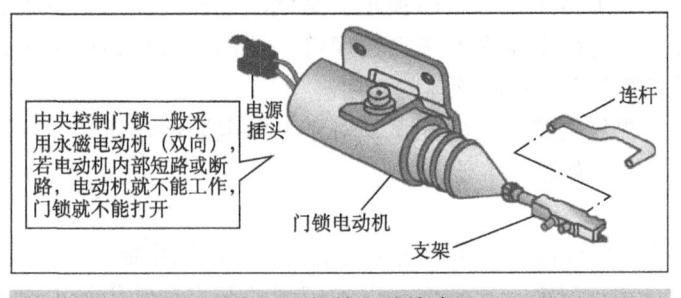

图 3-4 门锁电动故障

发射器也称遥控器，其作用是利用发射开关发射规定代码的无线遥控信号，控制驾驶人

第三章 汽车中央门锁控制系统与防盗系统

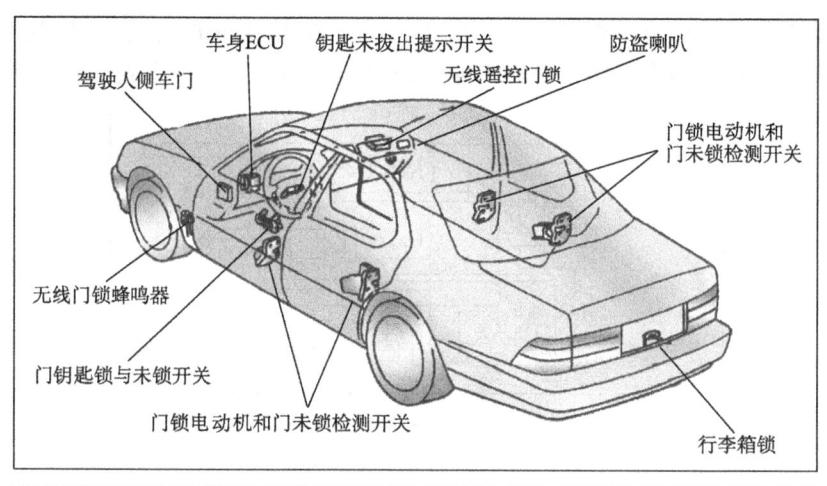

图 3-5 无线遥控门锁系统零部件位置图

侧车门、其他车门、行李箱门等的开启和锁闭,且具有寻车功能。发射器分为组合型(发射器与点火钥匙合二为一)和分开型两种,如图 3-6 所示。

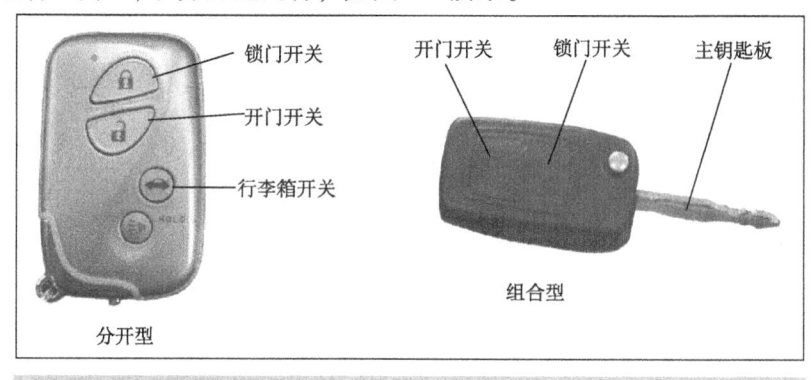

图 3-6 发射器

四、汽车中央门锁控制系统的工作原理

(一) 电控门锁工作原理

电控门锁的作用是通过电磁铁机构或电动机式机构来打开及锁止车门锁。由门锁执行机构及联动机构、门锁控制开关和门锁控制继电器等主要部分组成。目前,高档车一般采用的是自动锁门式,它是在可以手动控制门锁开闭的基础上,根据汽车车速自动锁死车门。

1. 电控门锁原理

电路如图 3-7 所示,当门锁开关置于锁止(LOCK)位置时,门锁继电器线圈通电,触点闭合,门锁电磁铁中门锁线圈通电,电磁铁心杆缩回,操纵门锁锁止车门,当门锁开关置于开启(UNLOCK)位置时,开启继电器线圈通电,触点闭合,门锁电磁铁中开启线圈通电,电磁铁心杆伸出,操纵门锁开启,在带自动门锁的汽车上,设有速度传感器和电子控制线路。当汽车车速达到设定数值时,电子控制电路使门锁继电器线圈通电,而自动锁止车门。

门锁电磁铁的检查:将电压为 12V 的蓄电池接入门锁电磁铁的电路,当在 LOCK 与搭铁接线柱之间加上额定电压时,电磁铁心杆应缩回,当在 UNLOCK 与搭铁接线柱之间加额定电压时,电磁铁心杆应伸出。如果心杆不能相应伸出或缩回,表明电磁铁有损坏,应进行修理或更换。

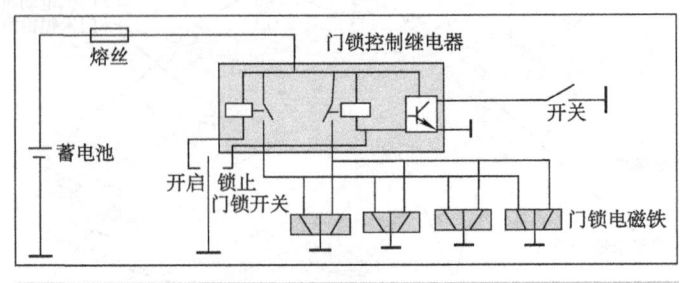

图 3-7 电控门锁电路

2. 门锁操纵原理

在车门开启和闭锁的操纵机构中,通常采用动力车门锁定装置。

门锁机构　门锁执行机构如图 3-8 所示。

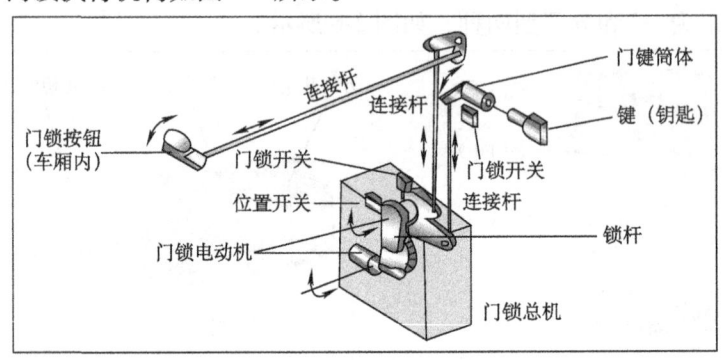

图 3-8 电动机式门锁执行机构

在门锁总成中,由锁止杆控制转动,决定门锁开闭状态。"位置开关"用于测定锁止杆是否进行门锁开闭;"门锁开关"则是用于检测锁止机构是否进行门锁的开闭。此外,锁止杆随着门锁电动机的通电,作正向或逆向旋转;或把钥匙插入锁孔中,用于操作。也可按车厢内的按钮进行多种操作。当"门锁开关"用于操作钥匙,使它向开启或关闭方向转动时才能输出信号。

对于门锁开关故障,可参看图 3-9 所示,检查或更换门锁开关。

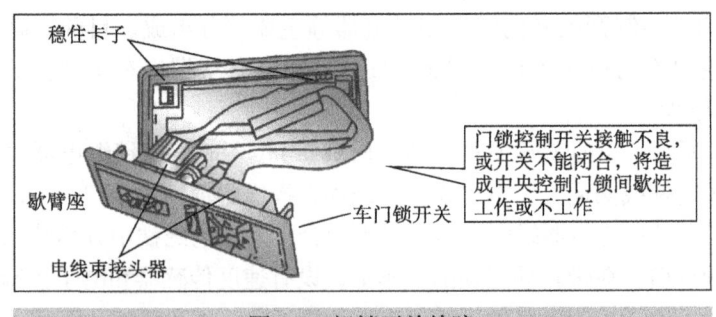

图 3-9 门锁开关故障

第三章 汽车中央门锁控制系统与防盗系统

(二) 遥控车门系统工作原理

从发射器发出的红外线信号或电磁波信号,被接收并输送到门锁遥控控制组件中。门锁遥控组件对接收器接收到的信号进行比较、判别,若为正确代码,则通过其内部的输出电路将开门或锁门信号交替输入到自动车门锁控制组件中,通过门锁电动机或电磁铁来完成车门的打开或锁止动作。若连续输入经过门锁遥控控制组件判别为不正确代码,门锁遥控控制组件会通过其内部的限时锁定电路在一定时间内停止输入。

开关工况

门钥匙(钥匙)开关: 当锁门或开门时分别给出 ON 信号,其他时间一概为 OFF 信号。

门锁开关: 当门打开时 ON,关闭时 OFF。

作为检测车门开闭的开关,有直接检测车门开闭的"车门开关",但是"门锁开关"更具有可靠性,能检测锁止的离合状态。

位置开关: 锁杆位于锁闭位置 OFF,在开启位置时为 ON。

钥匙插入开关: 当钥匙插入时 ON,如拔出则为 OFF。

门锁控制开关: 在车厢内利用手操作的开关,与门钥匙开关具有相同的开关工况。

五、中央门锁控制系统的故障诊断与排除

对于中央门锁控制系统的故障,通常照表 3-1 所示进行诊断与排除。

表 3-1 中央门锁控制系统典型故障诊断与排除

故障现象	可能原因	排除方法
一个门锁不工作	(1) 门闩或连杆故障 (2) 电路断路或短路 (3) 执行器故障	(1) 将润滑剂注入开启的门闩反复手动操作 10 次,检查弹簧锁及所有的连杆周围有无干涉 (2) 检查执行器连接器、操纵开关各档上的电压,按要求维修电路 (3) 检查执行器,按要求更换
所有的门锁都不工作	(1) 电路断电器故障 (2) 电路断路或短路 (3) 继电器没有搭铁 (4) 开关故障 (5) 搭铁电路断路	(1) 检查电路断电器,按要求更换 (2) 检查电路断电器与门锁开关之间的导线和连接点,按要求维修 (3) 检查继电器和支架连接螺钉,按要求紧固 (4) 检测开关,按要求更换 (5) 检查左侧开关的搭铁电路,按要求维修
门锁只以一种方式工作	(1) 电路断路或短路 (2) 继电器故障 (3) 搭铁电路断路	(1) 检查断电器与门锁开关之间的导线和连接点,按要求维修 (2) 检查继电器,按要求更换 (3) 检查左侧开关的搭铁电路,按要求维修
所有的门锁只按一个开关工作	(1) 电路断路或短路 (2) 开关故障	(1) 检查电路断电器与不工作开关之间的导线及连接器,按要求修理 (2) 检测开关,按要求更换
门锁间歇性工作	(1) 连接点松动 (2) 继电器搭铁不良 (3) 左手开关搭铁不良 (4) 开关故障	(1) 检查插接器,按要求紧固 (2) 检查继电器和支架连接螺钉,按要求紧固 (3) 检查左侧开关的搭铁电路,按要求维修 (4) 检测开关,按要求更换
门锁只在发动机运转时工作	(1) 蓄电池电压低 (2) 连接点松动或被腐蚀	(1) 检测蓄电池,按要求更换 (2) 检查导线和连接点,按要求维修

(续)

故障现象	可能原因	排除方法
在冰冻天气时门锁不工作	(1) 锁闩或连杆障碍 (2) 锁闩或连杆冻住	(1) 将润滑剂注入开启的锁闩并反复手动操纵10次,检查弹簧锁及所有的连杆有无干涉 (2) 把车驶入采暖的车库,让门锁系统的冰雪融化后,再验证所有的门锁是否工作

第二节 汽车防盗系统

随着科学技术的进步,为对付不断升级的盗车手段,人们研制出一代又一代各种方式、不同结构的防盗器。不同时期的防盗器具有不同的结构及功能。

一、汽车防盗器的分类

汽车防盗器按其结构可分三大类:机械式、电子式和网络式。

1. 机械式防盗器

主要是靠锁定离合、制动、节气门或转向盘以及变速杆来达到防盗的目的,它只防盗不报警。常见的结构形式有转向盘锁和变速杆锁。

(1) 转向盘锁 使用时,主要是转向盘与制动踏板连接一起,使转向盘不能做大角度转向而制动汽车。而另一款式转向盘锁是在转向盘上加一只长铁棒,也是使转向盘不能正常使用。

(2) 变速杆锁 在变速杆附近安装转速锁,可使变速器不能换档。通常在停车后,把变速杆推回0位或1档位置,加上变速器锁可使汽车不能换档。

2. 电子式防盗器

电子防盗报警器(也称微电脑汽车防盗器),它主要是靠锁定点火或起动来达到防盗的目的,同时具有防盗和声音报警功能。

电子式防盗器是目前使用最广泛的类型,包括有插片式、按键式和遥控式等。共有四种功能。

(1) 服务功能 包括遥控车门、遥控起动、寻车和阻吓等。

(2) 警惕提示功能 触发报警记录(提示车辆车门曾被人打开过)。

(3) 报警提示功能 即当有人动车时发出警报。

(4) 防盗功能 即当防盗器处于警戒状态时,切断汽车上的起动电路。

图3-10所示为奇瑞QQ汽车的遥控防盗钥匙。

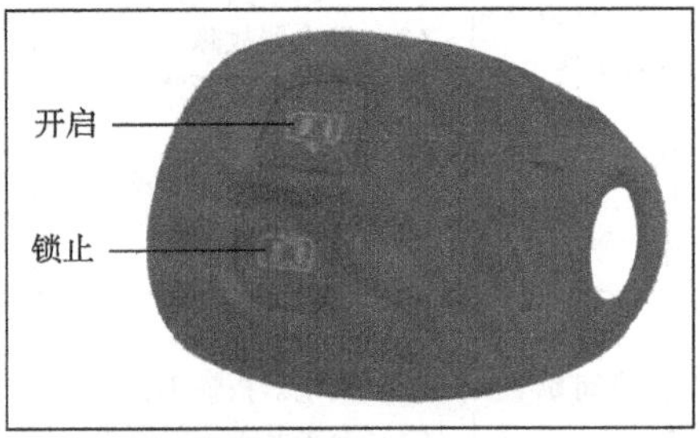

图3-10 遥控防盗钥匙

3. 网络式防盗系统

该类汽车防盗系统分为卫星定位跟踪系统(简称GPS)和利用车载台(对讲机)通过中央控制中心定位监控系统。GPS卫星定位汽车防盗系统主要靠锁定点火或起动来达到防盗的目的,而同时还可通过GPS卫星定位系统(或其他网

第三章 汽车中央门锁控制系统与防盗系统

络系统),将报警信息和报警车辆所在位置无声地传送到报警中心。

二、汽车防盗系统的组成

图 3-11 所示为汽车电子防盗系统的组成。图 3-12 为防盗装置在车辆上的布置图。当用钥匙锁好所有车门时,该系统处于约 30s 检测时间报警状态。之后,系统中的指示器(通常为发光二极管——LED)开始断续闪光,表明系统处于报警状态。

当第三方试图解除门锁或打开车门时(当所有输入开关均设定为关状态时),系统则发出警报。

当车主用其钥匙开启门锁时,这种报警状态或报警运转解除。

警报一般以闪烁灯或发声报警形式发出。警报发生后持续时间约为 1min,但起动电路直到车主用车钥匙打开汽车门锁之前始终处于断路状态。

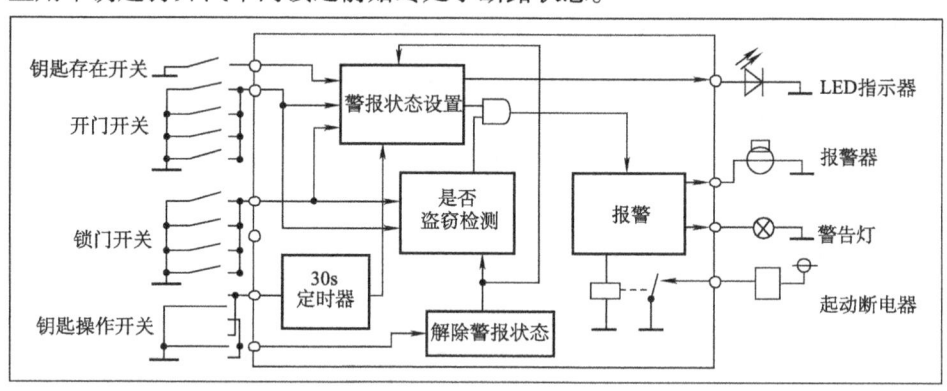

图 3-11 电子防盗系统的组成

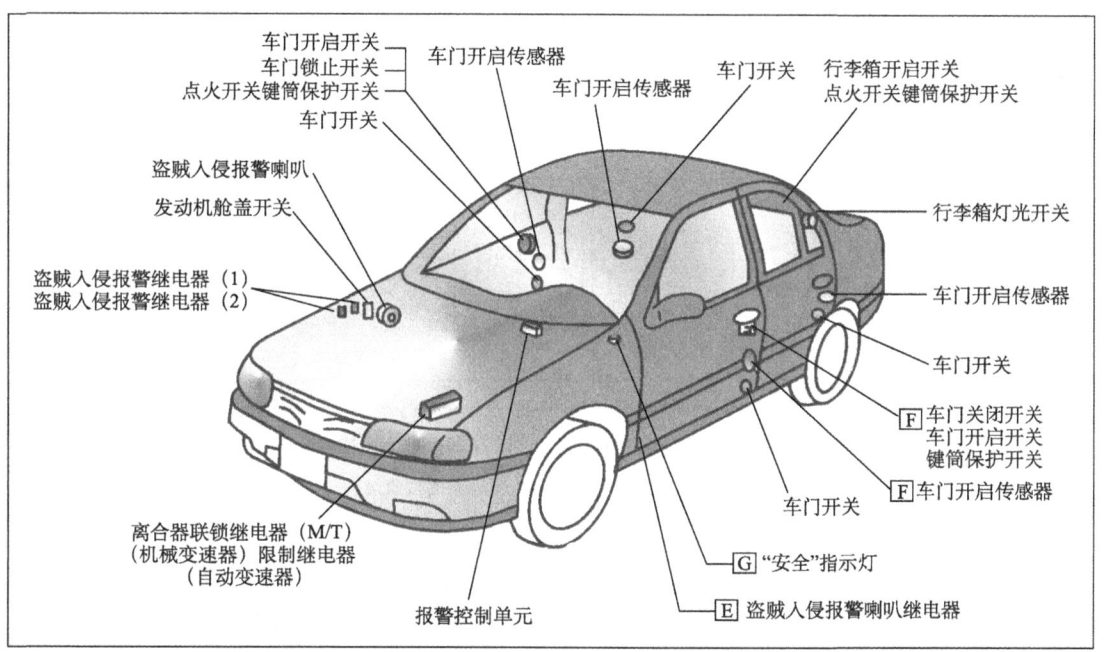

图 3-12 防盗装置在车辆上的布置

三、汽车防盗系统技术原理

1. 点火控制型防盗器

这种防盗器主要采用控制点火装置的模块，对点火系统进行控制。

在车主离开汽车并打开防盗系统后，如有人非法进入车内，并试图用非法配制的点火钥匙起动车辆时，点火电路受控制模块防盗装置的作用，拒绝提供发动机运转所需的点火功能，同时也可防止点火开关的线路短接，并通过音响报警装置向车主或车场保管人员通报。

原理：当点火钥匙插入点火开关时，发射器钥匙 ECU 指令发射器钥匙线圈提供电磁能量，点火钥匙发射器芯片内的电容器将该能量储存起来，发射器芯片利用这一电能发射 ID 码信号。套在点火钥匙胆内的线圈接收到由发射器芯片发射的 ID 码信号并放大送入发射器 ECU，发射器钥匙 ECU 立即判断这个 ID 码是否与其内存储的 ID 码一致。若钥匙正确，则给发动机 ECU 输出信号，起动发动机，同时仪表板上的防起动指示灯将点亮 2s 左右后熄灭，表示防起动系统已完成对点火钥匙 ID 信号的识别；若钥匙不正确，或者 ID 码未被发射器钥匙 ECU 识别，防起动指示灯将亮 2s 左右，然后转为闪烁状态，直至关闭点火开关时才熄灭。钥匙码的发射过程和接收过程如图 3-13 所示。

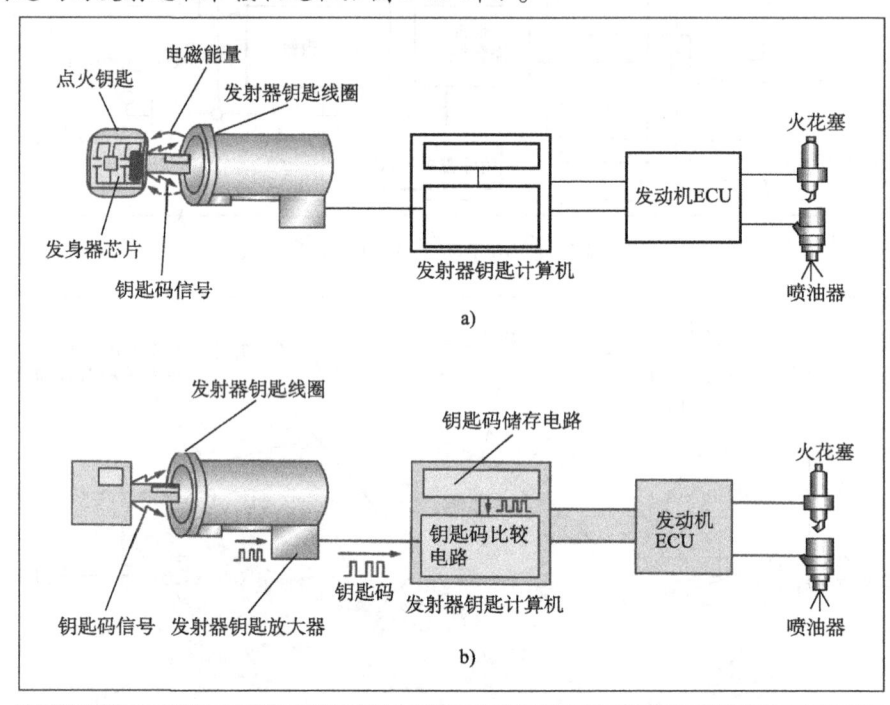

图 3-13　钥匙码的发射过程和接收过程

a）钥匙码的发射过程　b）钥匙码的接收过程

2. 油路防盗系统

原理：其基本原理与点火控制防盗系统相似，在汽车的油路中安装一套装置，控制供油系统。只要该系统进入工作状态，有人想要偷车，发动机供油系统将会拒绝提供所需燃油，起动防盗功能。

第三章　汽车中央门锁控制系统与防盗系统

3. 其他防盗系统

1）瑞典 Volvo 汽车公司为 S80 型轿车开发出一套新型防盗系统，其中既有机械方式，也有电子方式，还有防砸功能。

原理：它的车门钥匙锁芯可以无阻力旋转，当盗贼用旋具或其他坚硬物体撬锁时，该锁芯可随撬动的物体旋转方向转动，而无法撬开。电子静止状态控制，一旦车主打开该系统离开汽车，如有人想移动该车，车辆就会拒绝进入行驶状态。它的前、后风窗玻璃和车窗玻璃都是采用特种玻璃，即使用铁锤或铁棒击打，玻璃也不会出现缝隙和漏洞，令盗贼的手无法伸进车内打开车门。

2）利用电波控制的防盗系统。

原理：它是在汽车上安装一个类似寻呼机的装置来对发动机点火系统进行控制，只要车主发现车辆被盗或车辆被抢劫后，通知总控制发射台，发出控制电波信号，使该车发动机无法运转。

四、汽车防盗系统的运用

1. 汽车防盗系统的设定与设定后的作用

1）将点火钥匙转至转向盘锁定 LOCK 位置后抽出。
2）驾乘人员全部下车。
3）关闭并锁定所有的车门、行李箱盖及发动机盖。

完成以上三个步骤后，车中的安全指示灯 SECURITY 发亮（不闪烁）。两道前门被锁定后，防盗系统将在设定之前有 30s 的检查时间，因为在此过程中，后门、行车箱盖或发动机盖可能还有某一道开启着。在 30s 内，若想起车内未完成的事又用钥匙或遥控器开启某一道前门，系统的防盗功能将被解除。

4）看到安全指示灯开始闪烁时，说明防盗系统已经自动调节，人可以走开。如果某一车门、行李箱或发动机舱盖在系统设定前未关紧，系统的设定将会中断，除非重新将它们关紧和锁定。

2. 汽车防盗系统警报信号的重新激活与截止的方法

警报信号停止后，驾驶人总是将所有车门、行李箱盖和发动机舱盖重新关闭。防盗系统一旦再设定，也就自动地让警报装置复位。

将点火钥匙从锁定 LOCK 位置转至附属设备 ACC 位置，则警报信号截止，但起动回路仍处于断路状态。此时即使开启任何一道车门、行李箱盖或发动机舱盖，警报信号也将不再激活。

3. 汽车防盗系统的中断与解除方法

防盗系统设定过程中，若用主钥匙开启行李箱，则防盗系统暂时中断——既不能激活，也不能解除。行李箱盖开启的同时，若再将车门和发动机舱盖打开，这样，防盗系统唯有拆下电池电桩头才能使其激活。

为了重新恢复防盗系统的设定过程，应关闭和锁定所有的车门、行李箱盖和发动机舱盖。而且要注意，必须拔出主钥匙后行李箱盖才能闭锁，即关闭行李箱盖时，钥匙不能插在锁孔中。

用点火钥匙开启其中一道前门，此为防盗系统全部解除方式，与此同时，起动回路立即受激导通。

4. 汽车防盗系统安全指示灯的使用

安全指示灯在防盗系统的使用中给出三种指示：指示灯闪烁，说明防盗系统已经设定，此时若开启车门、行李箱盖或发动机舱盖，必须用主钥匙；指示灯常亮，说明防盗系统进入预定的自动设定时期，此期间内车门和发动机舱盖用副钥匙也能开启。该指示灯在警报信号触发声响时也发亮；指示灯灭（如汽车在正常行驶中），说明防盗系统不起作用，可按常规操作开启任何一道车门。

五、汽车防盗系统功能的检测

检测防盗系统的功能是否有效，按以下五个步骤进行。
1）开启全部车窗。
2）按设定防盗系统，锁定前门时用点火钥匙，稍待至安全指示灯闪烁。
3）伸手从车内开启一道车门，防盗系统将激活警报信号。
4）用点火钥匙开启其中一道前门，解除防盗系统。
5）重复以上操作，检测其他车门和发动机舱盖。检测发动机舱盖的同时，也检测电池电桩头拆下又装上后系统的激活反应。

必须注意的是，拆卸蓄电池电桩头可能会删去存入计算机存储器中的信息，如激光唱机防盗码消失导致不能"开锁"、收音机预置电台资料消失等。因此，重新装上蓄电池电桩头后，应检查存储器中的数据，若数据已消失，应再输入一次给计算机。

六、汽车防盗系统典型故障维修

以上海别克轿车为例。

1. 发动机不转动，防盗指示灯大约亮5s，然后熄灭

1）将变速杆置于驻车位置，将点火开关转到START位置，用数字式万用表测量起动机电磁线圈端子S（紫色线）与接地间电压，如果电压低于9.5V，进行步骤3）；如果电压高于9.5V，进行下一步骤。

2）在起动机电磁线圈端子S（紫色线）与蓄电池电源间连一个遥控起动开关，起动起动机，如果起动机不转动，更换起动机电磁线圈；如果起动机能转动，检查起动机电路中是否有高电阻或连接不良，必要时进行修理。

3）将点火开关转到START位置，用数字式万用表测量点火开关接头端子D6（黄色线）与接地间电压，如果电压为9.5V或更高，进行步骤5）；如果电压低于9.5V，进行下一步骤。

4）用数字式万用表测量点火开关接头端子D5（红色线）与接地间电压，如果电压为9.5V或更高，更换点火开关；如果电压小于9.5V，检查与红色线相连接的熔丝是否断路，必要时进行修理或更换。

5）断开防盗继电器接头，将点火开关转到START位置，用数字式万用表测量防盗继电器接头端子A12（黄色线）与接地间电压，如果电压为9.5V或更高，进行下一步骤；如果电压低于9.5V，防盗继电器和点火开关接头端子B6间断路。

6）在防盗继电器接头端子C2（黄色线）与接地间连一个试灯，将点火开关转到START位置，如果试灯不亮，进行步骤8）；如果试灯亮，在防盗继电器接头A1（黄/黑色线）与蓄

电池电源间连一个试灯,将点火开关转到 START 位置观察试灯。

7) 如果试灯亮,检查防盗继电器上是否连接不良,如果连接正常,更换防盗继电器;如果试灯不亮,检查防盗继电器接头端子 A1 与防盗组件接头端子 A4 间黄/黑色线上是否断路或与电源短路,检查防盗组件是否连接不良。如果黄/黑色线的连接正常,更换防盗组件。

8) 断开变速器档位开关接头,在变速器档位开关接头端子 E(紫色线)与接地间连一个试灯,将点火开关转到 START 位置,观察试灯,如试灯不亮进行下一步骤;如果试灯亮,检查变速器档位开关接头端子 G 与防盗继电器接头端子 C2 间的黄色线是否断路或高电阻,如果上述正常,调整或更换变速器档位开关。

9) 在接地与仪表板熔丝端子 B7(黄色线)间连一个试灯(约为 50W),将点火开关转到 START 位置,观察试灯,如果试灯不亮,则仪表板熔丝端子 B7(黄色线)、点火开关接头端子 B6 与防盗继电接头端子 A2 间的黄色线断路,修理后进行下一步骤。

10) 如果试灯亮,检查变速器档位开关接头端子 G 与防盗继电器接头端子 C2 间黄色线是否连接不良,如果连接良好,更换熔丝,或检修变速器档位开关接头端子 E 与仪表板熔丝端子 B8 间断路故障。

2. 发动机能够转动但不能够起动,防盗指示灯亮大约 5s 后熄灭

1) 断开防盗组件接头,将点火开关转到 RUN 位置,用数字式万用表测量防盗组件接头端子 A3(深蓝色线)与接地间电压,如果电压不是约为 5V,进行下一步骤;如果电压约为 5V,进行步骤 3)。

2) 检查防盗组件接头 A3 端子与动力总成控制模块(PCM)接头 55 号端子之间深蓝色线是否断路或短路,同时检查防盗组件和 PCM 是否连接不良,如果深蓝色线正常,则检查保存在 PCM 里的发动机故障码。

3) 关闭点火开关,重新连接防盗组件接头。将点火开关转到 RUN 位置,用数字式万用表测量防盗组件接头 A3 端子(深蓝色线)与接地间电压;如果电压不是约为 2.5V,检查防盗组件是否连接不良,如果连接良好,更换防盗组件;如果电压约为 2.5V,检查保存在 PCM 里的发动机故障码。

3. 防盗指示灯一直亮,发动机能够转动

1) 断开防盗组件接头,将点火开关转到 RUN 位置,观察防盗指示灯,如果指示灯亮,检查仪表板接头端子 D16 或 D3 与防盗组件接头端子之间的灰色线是否与地短路,如果灰色线正常,检查仪表板印制电路是否短路,必要时进行更换;如果指示灯不亮,进行下一步骤。

2) 进行锁芯和线束测试,如果钥匙、锁芯和锁芯线束正常,更换防盗组件;如果不正常,则进行锁芯和线束测试。

① 将点火开关钥匙插入 PASS-KEY 询问器(J35628-A),打开询问器,读取询问器显示的钥匙代码,如果显示的代码是 1~15,进行下一步骤;如果显示的是 E(错误),清洁钥匙并重新测试。如果钥匙代码无效,更换钥匙。

② 记下显示的钥匙代码,关闭询问器,将询问器连到转向柱底板的 2 针点火开关锁芯线束接头。将点火开关钥匙插入点火开关锁芯,打开询问器,在观察询问器的显示时,慢慢将点火开关转到 START 位置,检查显示的钥匙代码是否与开始记录的一致。

③ 如果显示的钥匙代码与开始记录的不一致,检查点火开关锁芯是否连接不良,如果

连接良好，更换点火开关锁芯和线束；如果显示的钥匙代码与开始记录的一致，在点火开关锁芯线束接头上防盗组件侧的 B 端子(紫/白色线)间连接一个试灯，如果试灯亮，进行步骤⑤；如果试灯不亮，进行下一步骤。

④ 断开防盗组件接头，在防盗组件接头 BS 端子(黑/白色线)与蓄电池电源间连一个试灯，如果试灯不亮，修理防盗组件接头 BS 端子与接地间的黑色线断路；如果试灯亮，检查防盗组件是否连接不良，或防盗组件接头 B7 端子与 2 针点火开关锁芯线束接头 B 端子间的紫/白色线是否断路，如果连接和紫/白色线良好，更换防盗组件。

⑤ 断开防盗组件接头，将点火开关转到 RUN 位置。在点火开关锁芯线束接头(防盗组件侧 A 端子(白/黑色线)与 B 端子(紫/白色线)间连一个试灯，如果试灯亮，修理白/黑色线与电源短路；如果试灯不亮，检查白/黑色线是否断路或与地短路，如果白/黑色线正常，更换防盗组件。

4. 防盗指示灯不亮，发动机起动

1）断开防盗组件接头，在防盗组件接头 AS 端子(灰色线)与搭铁间连一个 10A 熔丝，将点火开关转到 RUN 位置，观察指示灯并进行下一步骤。

2）如果指示灯亮，检查防盗组件是否接连不良，如果连接良好，更换防盗组件；如果指示灯不亮，检查防盗组件接头 AS 端子与仪表板接头 D16 或 D3 端子间导线是否连接不良或断路。

3）检查仪表板接头 C1 端子或 C3 端子与仪表板熔丝(10A)端子 C2 间粉红色线是否断路或对搭铁短路，检查仪表板印制电路和指示灯灯泡，必要时进行更换。

5. 发动机不转动，起动机电磁线圈不发出声响

1）将变速杆置于驻车档或空档位置，用试灯测试数据传送接头(DLC)2 号端子(灰色线)与蓄电池电源间电压。将点火开关转到 START 位置，如果试灯不闪烁，进行下一步骤；如果试灯一直亮着(不闪烁)，检查防盗组件接头端子 BS 与 B7 间粉红色线是否断路或高电阻，如果粉红色线正常，更换防盗组件。

2）将点火开关转到 START 位置，用数字式万用表测量起动机端子 S(紫色线)与接地间电压，如果电压小于 9.5V，进行步骤 3)；如果电压为 9.5V 或更高，在起动机端子 S(紫色线)与蓄电池电源间连一个遥控起动开关，起动起动机，如果起动机不转动，更换起动机。如果起动机转动，检查起动机电路是否高电阻或连接不良，必要时进行修理。

3）将点火开关转到 START 位置，测量点火开关接头端子 B6(黄色线)与搭铁间电压，如果电压为 9.5V 或更高，进行步骤 4)；如果电压低于 9.5V，测量点火开关接头端子 DS(红色线)与接地间电压，如果电压低于 9.5V，检查红色线或发动机盖下驾驶人侧的点火开关(IGN SWI)熔丝是否断路。如果电压为 9.5V 或更高，检查点火开关是否连接不良，如果连接良好，更换点火开关。

4）断开点火开关，断开防盗继电器。将点火开关转到 START 位置，用数字式万用表测量防盗继电器接头端子 A2(橙色线)与接地间电压，如果电压小于 9.5V，则检修黄色线；如果电压为 9.5V 或更高，进行下一步骤。防盗继电器连接器端子如图 3-14 所示，防盗继电器连接器端子参数见表 3-2。

5）当点火开关在 START 位置时，用一个试灯测试端子 C2(黄色线)与搭铁间的防盗继电器接头，如果试灯不亮，进行步骤 7)；如果试灯亮，进行下一步骤。

第三章 汽车中央门锁控制系统与防盗系统

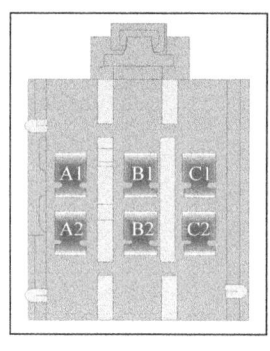

图 3-14 防盗继电器连接器端子

表 3-2 防盗继电器连接器端子参数表

端　子	导线颜色	导线编号	功　用
A1	白色	352	防盗继电器（线圈）- 前照灯供电
A2	橙色	2440	经熔丝由蓄电池供电
B1-B2	—	—	未用
C1	黄色	10	前照灯开关输出
C2	黄色	2440	经熔丝由蓄电池供电

6）当点火开关断开时，在防盗继电器接头端子 A1 接头（黄/黑色线）与蓄电池电源间连一个试灯，如果试灯亮，检查防盗继电器是否连接不良，如果连接正常，则更换防盗继电器；如果试灯不亮，检查防盗继电器接头端子 A1 与防盗组件接头端子 A4 间黄/黑色线是否断路或对电源短路，同时检查防盗组件接头端子 BS 与搭铁间的黑色线是否断路，如果两个导线都正常，更换防盗组件。

7）用一个试灯测试熔丝（黄色线）端子 BS 与搭铁之间的仪表板熔丝盒，如果试灯亮，检查仪表板熔丝端子 BS 与变速器档位开关接头端子 E 间是否连接不良。

8）如果连接正常，更换熔丝，或修理仪表板熔丝端子 BS 与变速器档位开关接头端子 E 间紫色线断路故障。如果试灯不亮，检修熔丝端子 B7 与点火开关接头端子 B6 及熔丝盒与防盗继电器接头端子 A2 间断路故障。

6. 发动机转动但不起动

1）断开点火开关，断开防盗组件。将点火开关转到 RUN 位置，用数字式万用表测量防盗组件接头端子 A3（深蓝色线）与接地间电压，如果电压约为 5V，检查是否连接不良，如果连接良好，更换防盗组件；如果电压不是约为 5V，进行下一步骤。

2）检查防盗组件接头 A3 端子与 PCM 接头 55 号端子间深蓝色线是否断路或短路，是否连接不良，如果导线连接正常，则恢复故障码并记录，必要时进行维修。

第四章

电子控制悬架系统

第一节 电子控制悬架系统的组成和功能

一、电子控制悬架系统的组成

电子控制悬架系统
- 电子控制主动悬架系统：主要由模式选择开关、传感器、悬架 ECU、可调阻尼减振器、空气压缩机总成、高度控制阀和空气弹簧（或液压泵和油气弹簧）等部件组成
  - 又可分为：
    - 电子控制空气悬架系统
    - 电子控制油气弹簧系统
- 电子控制半主动悬架系统：由模式选择开关、传感器、悬架 ECU、执行器以及可调阻尼减振器等部件组成

被动悬架： 悬架系统主要由弹簧和减振器组成，其功能是缓和路面不平引起的冲击和振动，改善平顺性，以及保持轮胎与路面的附着力，改善操纵稳定性。悬架振动系统的主要参数是弹簧刚度和减振器阻力系数，它们在设计时一旦选定后通常不改变，这类悬架称为被动悬架。被动悬架的特性参数不能根据使用工况和路面状况输入的变化来进行控制调整，难以满足汽车平顺性和操纵稳定性的更高要求。平顺性一般用车身的加速度响应来评价，操纵稳定性采用轮胎与路面间的动载来衡量，如图 4-1 所示。

半主动悬架： 半主动悬架系统通常只控制减振器阻尼力，以提高汽车的操纵稳定性和乘坐舒适性。采用半主动悬架的汽车，在平直的路面上行驶时，可以将减振器阻尼力调至最小，从而获得良好的舒适性；当汽车在差路面条件下行驶或转弯、制动时，则将减振器阻尼力调至最大，以获得良好的操纵稳定性。半主动悬架结构比较简单，工作时几乎不消耗车辆动力，又能获得与主动悬架相近的性能，因此得到了较广泛的应用，如图 4-2 所示。

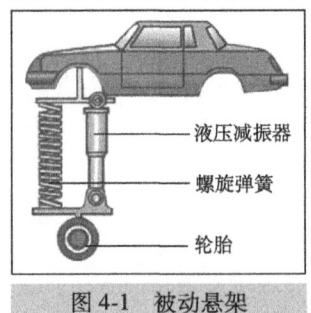

图 4-1 被动悬架

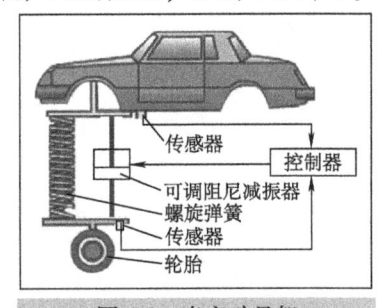

图 4-2 半主动悬架

主动悬架：一般由传感器检测系统运动的状态信号，反馈到电控单元（ECU），然后由 ECU 发出指令给执行机构主动力发生器，构成闭环控制。通常采用电液伺服液压缸作为主动力发生器，它由外部油源提供能量。主动力发生器产生主动控制力作用于振动系统，自动改变弹簧刚度和减振器阻尼特性参数，如图 4-3 所示。

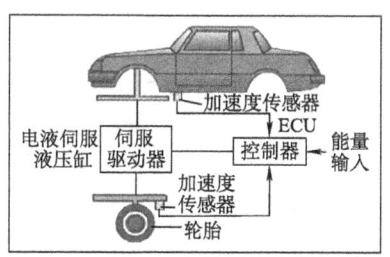

图 4-3 主动悬架

电子控制主动悬架系统是一种具有做功能力的悬架，它不同于单纯地吸收能量、缓和冲击的传统悬架系统，也不同于仅仅调节减振器阻尼力的半主动悬架系统。当汽车载荷、行驶速度以及路面状况等行驶条件发生变化时，主动悬架系统能自动调整悬架的性能，从而同时满足乘坐舒适性和操纵稳定性等各方面的要求。电子控制主动悬架系统除控制减振器的阻尼力外，还控制弹性元件的刚度、车身高度和姿势。对减振器的阻尼力控制几乎不消耗能量，但对弹性元件的刚度和车身高度进行控制一般需要消耗能量，因此，系统一般是有源的。

目前，主动悬架系统有以高压气体作为能量的空气悬架，也有以高压液体作为能量的油气悬架。空气悬架需要空气压缩机等为系统提供动力，而油气悬架由液压缸等提供动力。主动空气悬架系统根据车速、转向、制动和车身高度等传感器信号，经 ECU 处理后，控制电磁式或步进电动机式执行器动作来调节弹簧刚度和减振器阻尼力；控制空气压缩机或高度控制阀和排气阀动作来调节车身高度。

二、电子控制悬架系统的功能

电子控制悬架系统的基本功能有以下三点。

（1）车身高度控制　该功能可以使汽车根据车内乘员或车辆载质量情况，调整汽车车身高度，使其保持某一恒定的高度值。当汽车在路面状况较差的道路上行驶时，可以使车身高度增加，提高汽车的通过性；当汽车高速行驶时，又可以使车身高度降低，以减少空气阻力，提高操纵稳定性；当点火开关断开，汽车处于驻车状态，因乘客和行李减少使车身高度变化时，该功能可以使车身高度降低，保持良好的驻车姿势。

（2）减振器阻尼力控制　该功能通过控制减振器阻尼力（减振力），使汽车在急转弯、急加速和紧急制动时防止侧倾、后坐和点头等，抑制汽车姿势的变化，提高汽车的操纵稳定性。

（3）弹簧弹性系数控制　该功能通过改变弹簧弹性系数的办法，来改变悬架的刚度。按照汽车实际使用目的，可以分为运动型和舒适型两种控制形式。

第二节　电子控制空气弹簧悬架系统

一、电子控制空气弹簧悬架系统的组成

电子控制空气弹簧悬架为主动悬架系统，它主要由模式选择开关、车速传感器、转向传感器、车身高度传感器、节气门位置传感器、制动灯开关、门控灯开关、空档起动开关、ECU、执行器、可调阻尼减振器、空气压缩机总成、高度控制阀、空气弹簧、空气悬架开关及悬架系统指示灯等组成。电子控制空气弹簧悬架系统控制方框图如图 4-4 所示（以雷克萨斯 LS400 为例）。

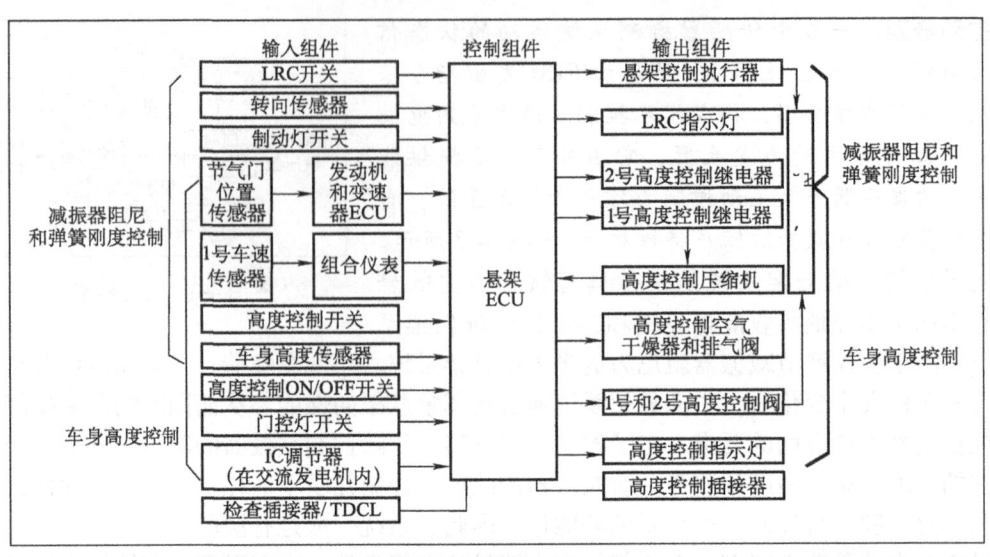

图4-4 悬架系统控制方框图

1. 模式选择开关

该开关位于驾驶人座(变速杆)旁边,设有NORMAL(正常)或SPORT(运动)两种模式,由驾驶人根据行驶条件进行选择,从而确定悬架刚度和减振器阻尼力或车身高度的调节模式。模式选择开关的工作原理如图4-5所示。

雷克萨斯LS400轿车电子控制悬架系统的模式选择开关由LRC开关和高度控制开关组成,如图4-6所示。

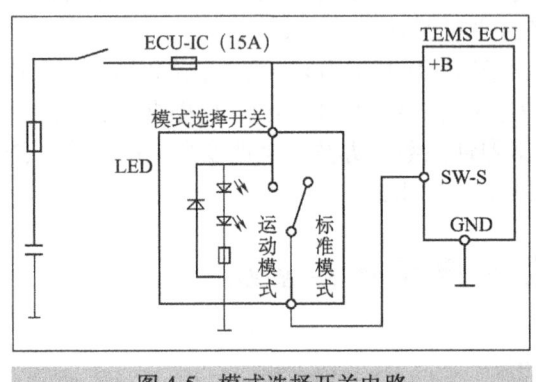

图4-5 模式选择开关电路

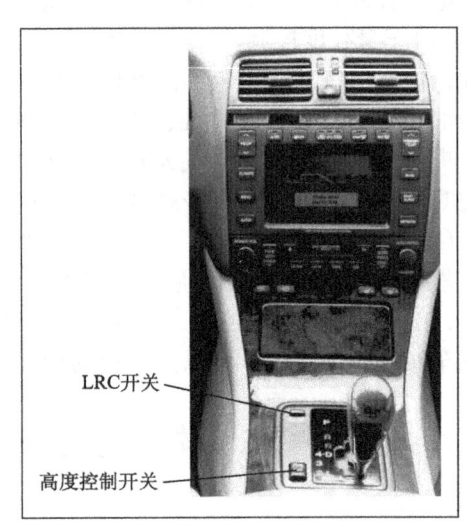

图4-6 模式选择开关

LRC开关可以选择悬架的刚度和阻尼力,当LRC开关处于SPORT(运动)位置时,系统进入"高速行驶(硬状态)自动控制",当LRC处于NORMAL(正常)位置时系统对悬架刚度和阻尼力进行"常规值自动控制"。此时悬架ECU根据车速传感器信号,使悬架刚度、阻尼力自动处于软(Soft)、中(Medium)和硬(Firm)三种状态。

高度控制开关可以选择控制车身,当该开关处于HIGH(高)位置时,系统对车身高度进行"高值自动控制";当该开关处于NORMAL(正常)位置时,车身高度则进入"常规值自动控制"状态。

2. 空气悬架开关

该开关又称为高度控制ON/OFF开关或车高控制通/断开关,位于行李箱的右侧或左侧(图4-7),其作用是接通或断开悬架ECU的电源。将它置于接通(ON)位置时,悬架系统可进行车身高度控制;将它置于断开(OFF)位置时,系统不执行车身高度控制。在顶起或吊起汽车、拖动汽车以及跨接起动之前,必须先将该开关置于断开(OFF)位置,否则可能造成人身伤害、零部件损坏和不必要的维修操作。

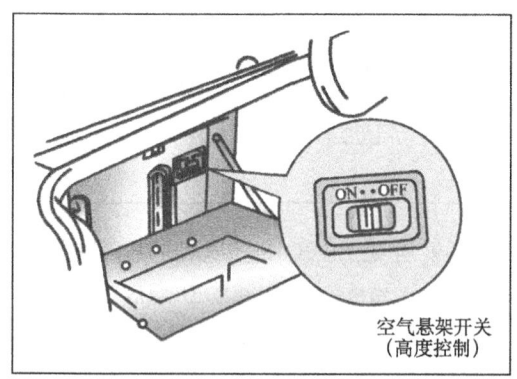

图4-7 空气悬架开关

3. 转向传感器

该传感器安装在转向轴上,用于检测转向盘的转动速度和转动方向。ECU根据转向和车速信号做出判断,以抑制车身侧倾。转向传感器的结构和安装位置如图4-8所示。

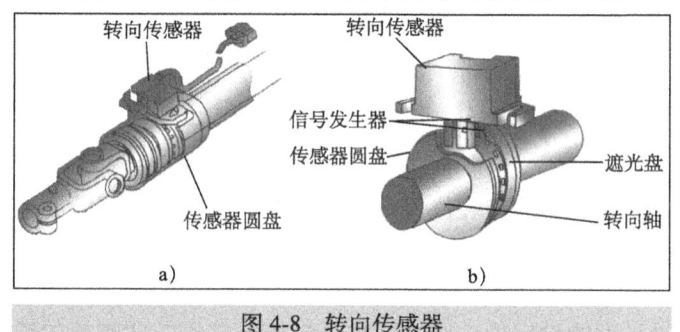

图4-8 转向传感器
a)安装位置 b)结构

4. 车速传感器

车速传感器通常安装在变速器输出轴附近的壳体上,用于检测汽车的行驶速度,并将信号传给ECU,作为防后坐、防侧倾、防点头和高速控制的一个依据。常用的车速传感器有电磁感应式和可变磁阻式两种。

电磁感应式车速传感器由永久磁铁和电磁感应线圈组成,如图4-9a所示。当变速器输出轴转动时,驻车锁止齿轮或感应转子的凸齿不断地靠近或离开车速传感器,使感应线圈内的磁通量发生变化,从而产生交流感应电压信号,如图4-9b所示。

可变磁阻式车速传感器由带磁感应元件的集成电路、磁环、传动齿轮和齿轮轴组成(图4-10),它由变速器输出轴通过传动齿轮和齿轮轴来驱动。

5. 车身高度传感器

该传感器安装在车身与车桥之间,用来把车身高度的变化转化为电信号,并传给悬架控制装置(ECU)。ECU根据车身高度传感器输入的信号,控制空气压缩机工作或排气阀的开启,以增加或减少空气悬架主气室中的空气量,保持车身高度为一定值。车身高度传感器有光电式和霍尔效应式两种。光电式车身高度传感器结构如图 4-11 所示。

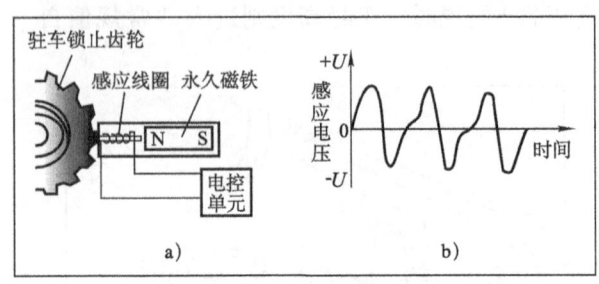

图 4-9 电磁感应式车速传感器的结构原理
a) 结构原理 b) 感应电压波形

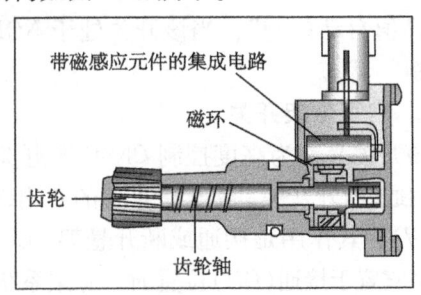

图 4-10 可变磁阻式车速传感器的组成

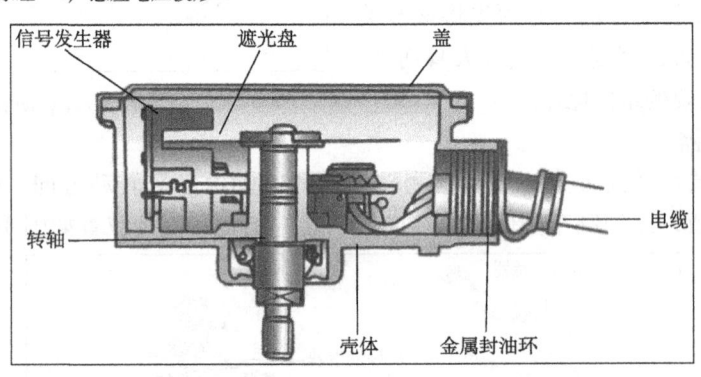

图 4-11 光电式车身高度传感器

图 4-12 为车身高度传感器的安装位置及工作状态,图中拉紧螺栓的上端与传感器的连杆铰链连接,下端与后悬架臂相连。当车身上下振动时,拉紧螺栓带动连杆使传感器的轴左右旋转,信号发生器(光电耦合元件)将这一转动动作转换成车身高度信号并传送给悬架 ECU。

如果要改变车身高度的设定值,则拆下拉紧螺栓,拧松拉紧螺栓的锁紧螺母;旋转拉紧螺栓的螺旋接头,调整拉紧螺栓长度即可实现。

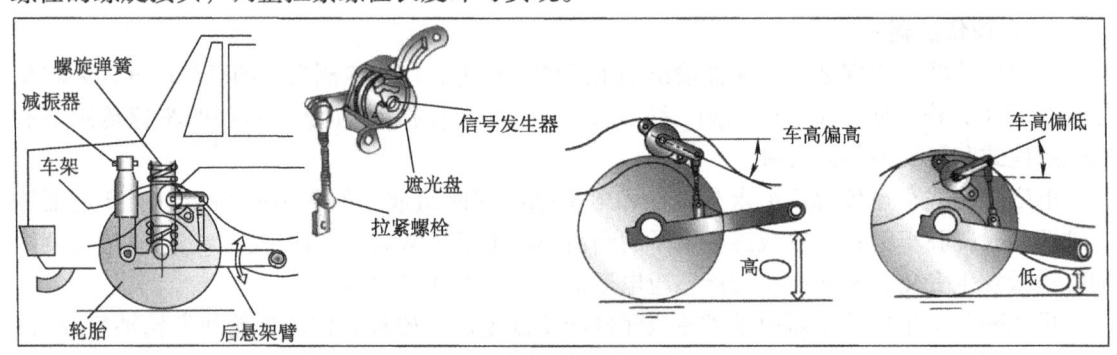

图 4-12 车身高度传感器安装位置及工作状态

图 4-13 所示为宝马 745 前部车身高度传感器安装位置图。

福特系列轿车采用的车身高度传感器为霍尔效应车身高度传感器,如图 4-14 所示。

6. 节气门位置传感器

节气门位置传感器(TPS)安装在节气门体上,它向 ECU 提供有关节气门位置的有关电

第四章 电子控制悬架系统

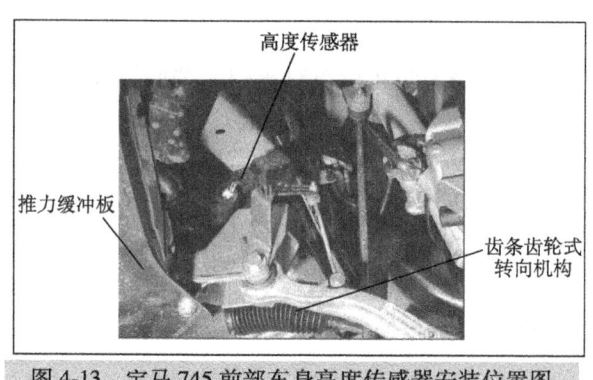

图 4-13 宝马 745 前部车身高度传感器安装位置图

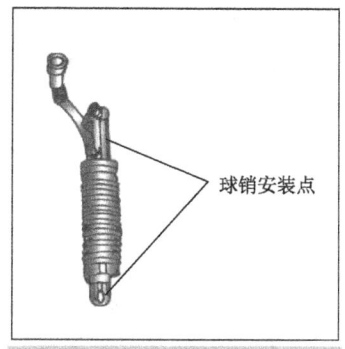

图 4-14 霍尔效应式车身高度传感器

信号。通过 TPS，悬架 ECU 可以知道节气门打开的大小、是否开启或关闭以及开闭的速度。悬架 ECU 根据节气门开度信号和车速信号进行防后坐控制并在汽车加速时和满负荷时供给必要的较小的空燃比。

节气门位置传感器分为四线式和三线式两种。四线式节气门位置传感器的结构如图4-15所示，图中 U_C 为基准电压（参考电压），VTA 为节气门开度输出信号，IDL 为急速触点信号。

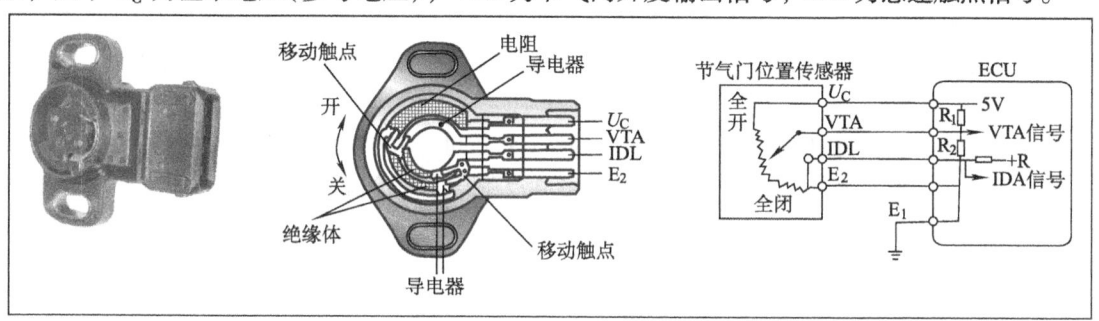

图 4-15 四线式节气门位置传感器结构和电路图

三线式节气门位置传感器（图 4-16）与四线式节气门位置传感器基本相同，但无急速触点信号。

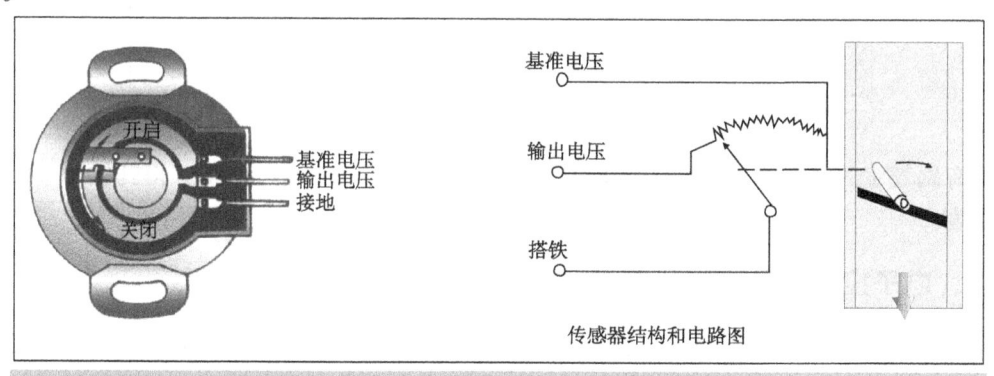

图 4-16 三线式节气门位置传感器结构和电路图

7. 制动灯开关

制动灯开关用于检测汽车是否进行制动，向 ECU 提供汽车制动信号，以便据此产生抑制车身点头的控制信号。

8. 车门传感器

车门传感器又称为门控灯开关或车门开关，它是为防止行车时车门未关而设置的。

9. 悬架 ECU

它是由数字电路构成，各传感器传来的信号经输入电路整形变换后以数字信号的形式经输入电路送入悬架 ECU，ECU 经过计算后输出控制信号。控制信号有变换减振器阻尼力和空气弹簧刚度的执行器信号，以及表示阻尼力和空气弹簧刚度状态的指示器驱动信号，这些信号从悬架 ECU 经输出电路输出。

悬架 ECU 根据各种传感器的信号和悬架模式选择开关所确定的工作模式，控制减振器的阻尼力、悬架的刚度和车身高度。

悬架 ECU 还具有故障自诊断功能，当电子控制系统出现故障时，ECU 将以故障码的形式存储故障，并使指示灯点亮。ECU 还具有对系统的保护功能，即在控制系统出现故障时暂时切断对悬架的控制。

10. 执行器

悬架控制执行器安装在空气弹簧和减振器的上方，它不仅控制减振器的回转阀进行阻尼调节，同时还驱动空气弹簧气缸主、辅气室的阀芯进行刚度调节。为了适应频繁变化的工况，并保证精确的定位，采用了直流步进电动机进行驱动。它通过驱动减振器的阻尼调节杆和空气弹簧气缸的气阀控制杆（刚度控制杆）来改变减振器的阻尼力和悬架的刚度。

11. 空气弹簧

空气弹簧由主气室和副气室组成，主、副气室之间有大小两个通道，执行器带动连通气阀控制杆转动，使阀芯转过一个角度，以改变主、副气室之间通道的大小，即改变主、副气室之间的空气流量，使空气弹簧的有效容积改变，从而使悬架刚度（空气弹簧的弹性系数）发生变化。空气弹簧原理图如图 4-17 所示。

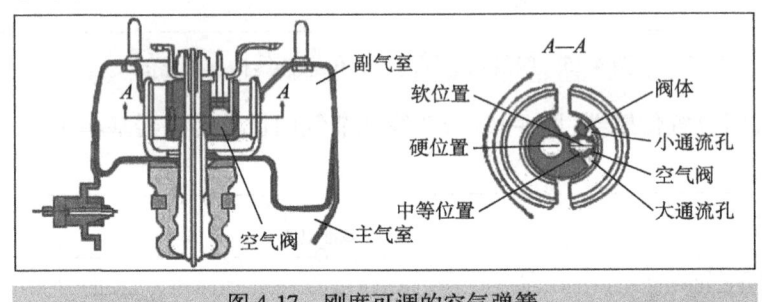

图 4-17 刚度可调的空气弹簧

具有副气室的空气弹簧，由刚度控制阀改变主、副气室的通道面积，得到软、中、硬不同的刚度。

二、电子控制空气弹簧悬架系统工作原理

（1）弹簧刚度和减振器阻尼力控制 当 ECU 接收到各传感器信号并通过计算机确定调整悬架刚度时，它便会发出控制信号，使执行器的步进电动机通电转动，驱动减振器的阻尼调节杆和空气弹簧气压缸的气阀控制杆旋转，从而改变悬架弹簧的刚度和减振器的阻尼力。弹簧刚度和减振器阻尼力控制及功能见表 4-1。

（2）车身高度控制 电子控制空气悬架系统的车身高度控制子系统主要由车身高度传

感器、悬架 ECU、直流电动机、空气压缩机、高度控制电磁阀、排气电磁阀、调压阀和空气干燥器等组成,其工作原理如图 4-18 所示。

表 4-1 弹簧刚度和减振器阻尼力控制及功能

行驶情况	控制状态	功能
倾斜路面	弹簧变硬	抑制侧倾,改善操纵性
不平坦路面	弹簧变硬或阻尼力中等	抑制汽车上下跳动,改善汽车行驶时的乘坐舒适性
制动时	弹簧变硬	抑制汽车制动前倾(点头)
加速时	弹簧变硬	抑制汽车加速后坐
高速时	弹簧变硬和阻尼力中等	改善汽车高速行驶稳定性和操纵性

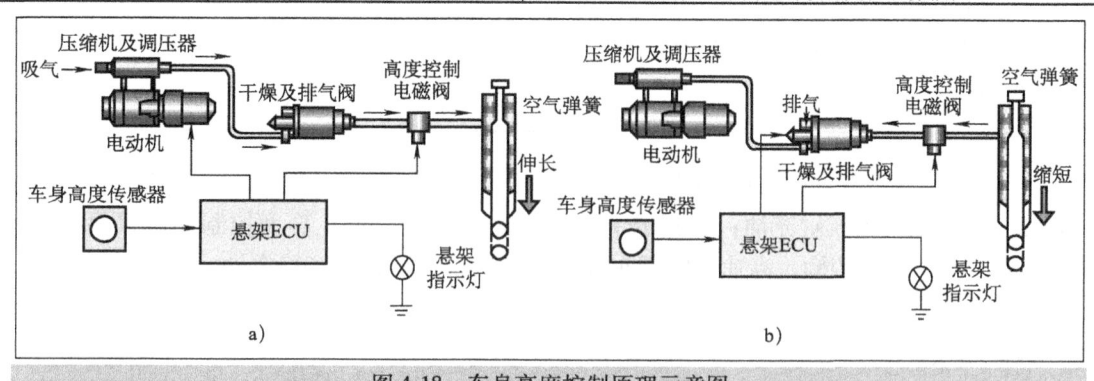

图 4-18 车身高度控制原理示意图
a) 车身高度增加 b) 车身高度下降

三、车身高度控制工作原理

当需要增加车身高度时,直流电动机带动空气压缩机工作,压缩空气通过空气干燥器后,经高度控制电磁阀进入空气弹簧主气室。主气室充气后,车身高度增加,达到规定高度时,高度控制电磁阀断电关闭,车身维持在某一高度不变。

当需要降低车身高度时,高度控制电磁阀和排气阀同时通电打开,使空气弹簧主气室的空气排出,车身高度下降。

第三节 电子控制油气弹簧悬架系统

一、电子控制油气弹簧悬架系统工作原理

电子控制油气弹簧悬架系统属于主动式悬架系统,其基本原理如图 4-19 所示。它的主要特点是采用了油气弹簧。

油气弹簧以气体(一般是氮气)作为弹性介质,而用油液作为传力介质。油气弹簧一般由气体弹簧和相当于液力减振器的液压缸组成。它通过油液压缩气室中的空气实现变刚度特性,而通过电磁阀控制油液管路中的小孔节流实现变阻尼特性。

油气弹簧的形式主要有带隔膜式、不带隔膜式和带反压气室式三种,如图 4-20 所示。

二、电子控制油气弹簧的控制过程

车高控制的油气弹簧由高度控制阀进行控制,当某一个车轴或车轮的载荷增大时,判定

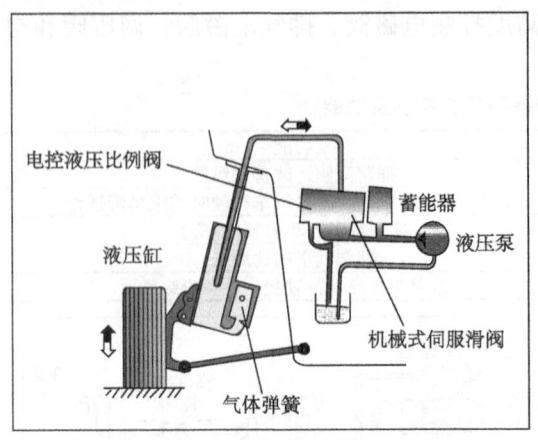

图 4-19 油气弹簧悬架基本原理

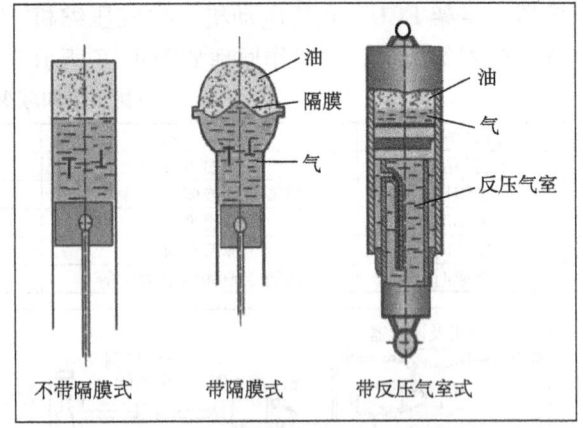

图 4-20 油气弹簧示意图

"车高低了",则向液压缸充油;当判定了"车高高了"则放油。高度控制还可以保持车的水平,减少转向时的侧倾,高速时降低车高还可以减少风阻,提高稳定性。如图 4-21 所示。

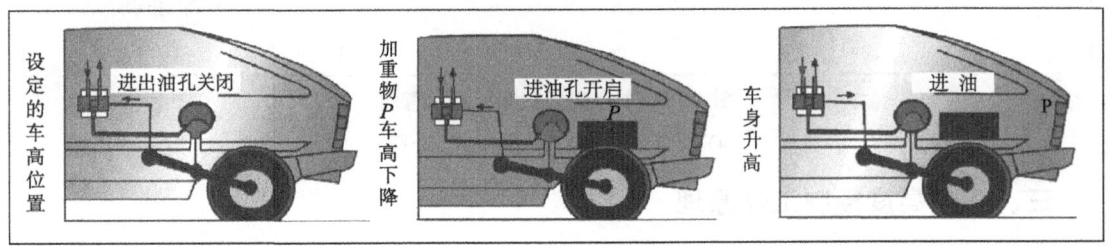

图 4-21 油气弹簧的车高控制

第四节 电子控制悬架系统的诊断与维修

当电控悬架系统运行有故障时,悬架控制模块就会检测到,并点亮故障指示灯,电控空气悬架系统的诊断与维修过程因不同的车辆而不同。

一、自诊断系统的功能

电子控制悬架系统的自诊断功能主要有以下三个方面。

1. 监测系统的工作状况

如果系统发生了故障,装在仪表板上的车高控制指示灯(图 4-22)将通电闪亮,以提醒驾驶人立即检修。

2. 存储故障码

当系统发生故障时,系统能够将故障以故障码的形式存放在悬架 ECU 的随机存储器(RAM)中(图 4-23)。在检修汽车时,维修人员可以采用一定的方法读取故障码及有关参数,以便迅速诊断出故障部位或查找出产生故障的原因。

3. 失效保护

当某一个传感器或执行器发生故障时,自诊断系统将以预先设定的参数取代有故障的传

感器或执行器工作,即自诊断系统具有失效保护功能。系统对各传感器或执行器失效保护的方法见表4-2。

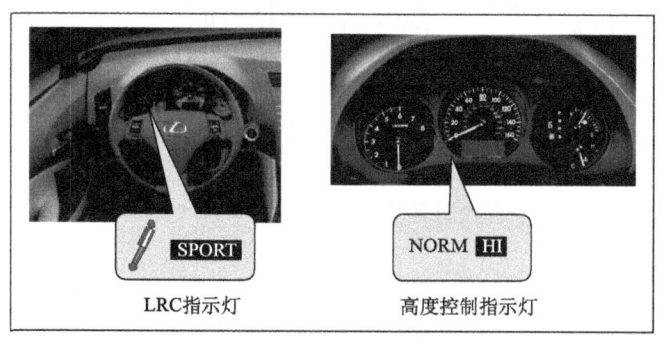

图4-22 LRC指示灯和高度控制指示灯

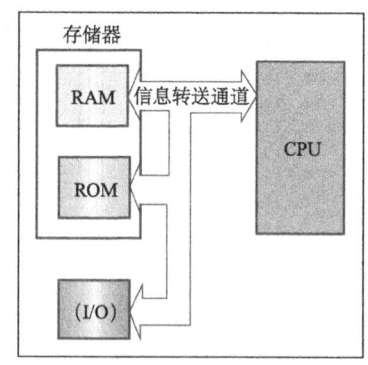

图4-23 故障码的存储位置

表4-2 传感器或执行器失效保护的方法

失效部件	失效保护方法
加速度(G)传感器失效	禁止汽车行驶控制(车身扭转、跳动控制)
转向传感器失效	禁止汽车侧倾控制
车速传感器失效 车身高度传感器失效	禁止汽车稳定性控制(抗侧倾、高度感应控制) 禁止汽车姿态控制(抗点头、抗后坐) 减振器阻尼力固定在中间状态
悬架执行器失效	禁止所有悬架控制功能 减振器阻尼力固定在硬(HARD)状态

二、进入自诊断的方法

当维修人员需要进行电子控制悬架系统的故障自诊断测试,读取ECU随机存储器(RAM)中存储的故障码时,首先要进入故障自诊断测试状态。由于汽车制造厂家不同,进入故障自诊断的方法也有所不同,归纳起来主要有以下几种。

1. 专用诊断开关法

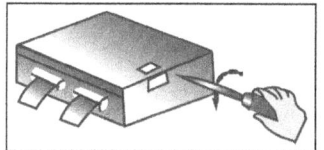

图4-24 ECU上的"旋转式诊断模式选择开关"

在有些汽车上,设置有"按钮式诊断开关",或在控制装置(悬架ECU)上设置有"旋转式诊断模式选择开关"(图4-24),按下或旋转这些专用开关,即可进入故障自诊断测试状态,进行故障码的读取。

2. 空调面板法

在林肯·大陆和凯迪拉克等轿车上,空调控制面板上的相关控制开关,可兼做故障诊断开关,一般是将空调控制面板(图4-25)上的"WARM(升温)"和"OFF(关闭)"两个按键同时按下一段时间,即可使故障自诊断系统进入故障自诊断状态,读取ECU随机存储器RAM中存储的故障码。

3. 加速踏板法

有的汽车在规定的时间内将加速踏板连续踩下五次,即可使ECU故障自诊断系统进入故障自诊断状态。

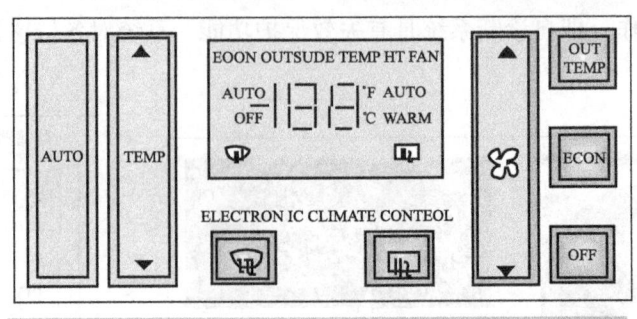

图 4-25　空调控制面板

4. 点火开关法

美国克莱斯勒汽车公司生产的电子控制悬架系统采用这种方法，即在规定的时间内将点火开关进行"ON→OFF→ON→OFF→ON"循环一次，即可使 ECU 故障自诊断系统进入故障自诊断状态。

5. 跨接导线法

在丰田汽车电子控制悬架系统中，利用 ECU 故障自诊断系统读取故障码时，需要用跨接线将高度控制插接器和发动机室的检查插接器的"诊断输入端子"和"搭铁端子"进行跨接（图 4-26），方可进入故障自诊断状态和读取 RAM 中存储的故障码。

6. 专用诊断仪法

各种汽车电子控制系统均配备有专用的微处理器故障检测仪（俗称解码器），如图 4-27 所示。将该仪器与汽车电子控制系统故障检查插接器相连接，便可以直接进入故障自诊断测试状态和读取故障码。

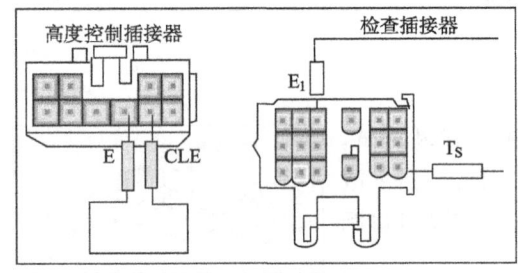

图 4-26　高度控制插接器和检查插接器

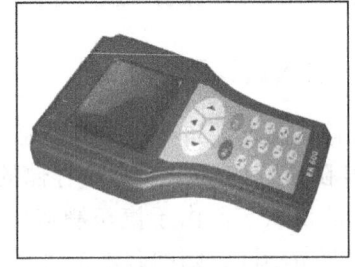

图 4-27　故障检测仪（解码器）

三、电子控制悬架系统故障诊断与检修

以雷克萨斯 LS400 乘用车电控悬架（EMAS）为例，介绍一些常见故障与检修方法。EMAS 系统电路图如图 4-28 所示，悬架 ECU 插接器的端子排列如图 4-29 所示，ECU 端子的连接关系见表 4-3。

（一）检修注意事项

1）在顶起或吊起汽车前，应将位于行李箱内的空气悬架开关（高度控制 ON/OFF 开关）置于 OFF 位置，即切断 ECU 的电源，否则可能造成人身伤害、零件损坏和不必要的维修操作。若开关处于 ON 位置而误顶起汽车和起动发动机，则 ECU 会记录一个故障码，此时务必将该故障码消除掉。如果悬架开关置于 OFF 位置时，系统显示故障码是 71，这是正常的，

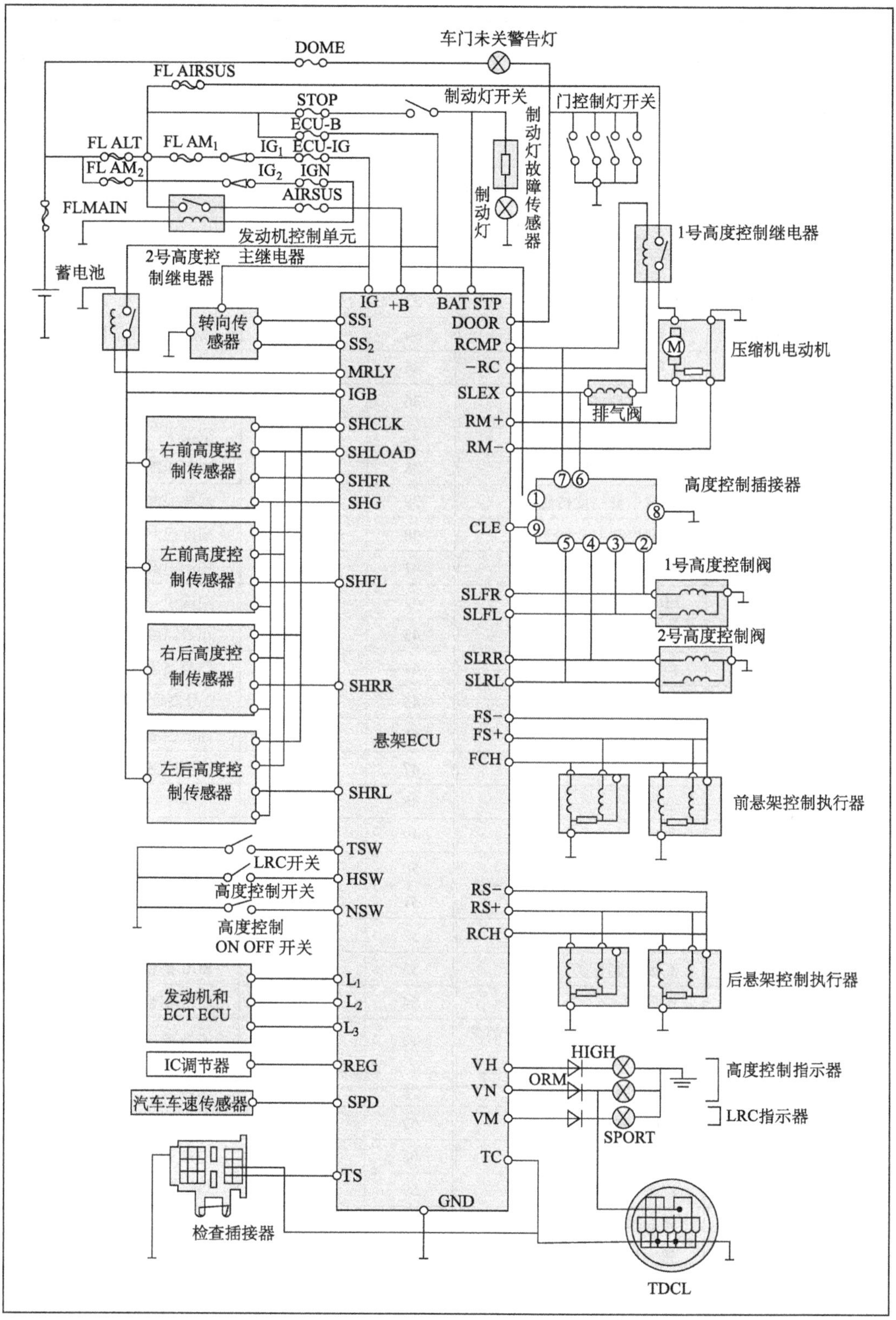

图 4-28 EMAS 系统电路图

图 4-29 悬架 ECU 端子排列

只要将空气悬架开关重新置于 ON 位置，该故障码即会被消除。

表 4-3 EMAS 系统 ECU 端子连接关系

序号	代号	连接对象	序号	代号	连接对象
1	SLFR	1 号右高度控制阀	33	—	空端子
2	SLRR	2 号右高度控制阀	34	CLE	高度控制插接器
3	RCMP	1 号右车身高度传感器	35	—	空端子
4	SHRL	左后车身高度传感器	36	—	空端子
5	SHRR	右后车身高度传感器	37	—	空端子
6	SHFL	左前车身高度传感器	38	RM+	空气压缩机电动机
7	SHFR	右前车身高度传感器	39	+B	悬架控制执行器电源
8	NSW	高度控制 ON/OFF 开关	40	IG	高度控制电源
9	—	空端子	41	BAT	备用电源
10	TSW	LRC 开关	42	—	空端子
11	STP	制动灯开关	43	SHLOAD	车身高度传感器
12	SLFL	1 号左高度控制阀	44	SHCLK	车身高度传感器
13	SLRL	2 号左高度控制阀	45	MRLY	2 号高度控制继电器
14	—	空端子	46	VH	高度控制 HIGH 指示灯
15	—	空端子	47	VN	高度控制 NORM 指示灯
16	—	空端子	48	—	空端子
17	—	空端子	49	FS+	前悬架控制执行器
18	—	空端子	50	FS-	前悬架控制执行器
19	—	空端子	51	FCH	前悬架控制执行器
20	DOOR	门控灯开关	52	IG	点火开关
21	HSW	高度控制开关	53	GND	ECU 搭铁
22	SLEX	排气阀	54	-RC	1 号高度控制继电器
23	L_1	发动机和 ECT(电子控制变速器)ECU	55	SHG	车身高度传感器
24	L_3	发动机和 ECT ECU	56	—	空端子
25	TC	TDCL 和检查插接器	57	—	空端子
26	TS	检查插接器	58	—	空端子
27	SPD	汽车车速传感器	59	VS	LRC 指示灯
28	SS_2	转向传感器	60	—	空端子
29	SS_1	转向传感器	61	—	空端子
30	RM-	压缩机传感器	62	RS+	后悬架控制执行器
31	L_2	发动机和 ECT ECU	63	RS-	后悬架控制执行器
32	REG	IG 调节器	64	RCH	后悬架控制执行器

2) 在检修时，不要触及安装在空气悬架压缩机和 1 号高度控制阀上面的前安全气囊传感器。如果必须触及，则应查看 SRS 安全气囊的安全事项并严格按照要求进行操作。

3) 检修结束要开动汽车之前，应将汽车高度调整到正常状态。

（二）溢流阀的检测

1) 用跨接线将高度控制插接器的 1 号和 7 号端子连接起来，并将点火开关打开，迫使压缩机工作。待压缩机工作一段时间后，观察溢流阀是否放气，若不能放气，则应检查管路中是否漏气；压缩机工作是否正常；溢流阀是否堵塞或有其他故障。

2) 检测正常后关闭点火开关，并清除故障码。特别注意的是当迫使压缩机工作时，悬架 ECU 会认为有故障而记录一个故障码，因此检测完后应清除这个故障码。

（三）车身高度的检查与调整

在进行车身高度的检查与调整时，应在水平路面上，并使高度控制开关置于正常（NORM）位置。进行车身高度的检查。

1) 将位于变速杆旁边的 LRC 开关置于 NORM 位置。
2) 使车身上下跳动几次，以便使悬架处于稳定状态。
3) 向前、向后推动汽车，使车轮处于稳定状态。
4) 将变速杆置于 N 位，然后掩住车轮，松开驻车制动器。
5) 起动发动机，将车身高度控制开关置于高（HIGH）位置，车身升高后等待 60s，再将车身高度开关置于正常（NORM）位置，使车身下降，等待 50s。然后重复上述操作，以便使悬架各部件处于稳定状态。
6) 在汽车前端测量地面与下悬架臂安装螺栓中心之间的高度；在汽车后端测量地面与 2 号下悬架臂安装螺栓中心之间的高度，如图 4-30 所示。正常的车身高度值见表 4-4。

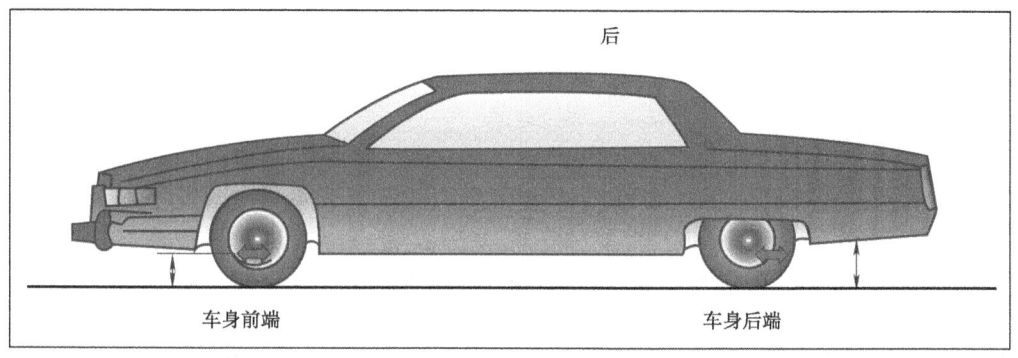

图 4-30 车身高度的测量

表 4-4 车身的正常高度（高度控制开关在 NORM 位置时）

部位	高度/mm	左右误差/mm	前后误差/mm
车前端	228±10	<10	17.5±1.5
车后端	210±10	<10	

车身高度的调整：

1）拧松车身高度传感器连接杆上的两个锁紧螺母。

2）转动车身高度传感器连接杆以调节其长度。连接杆每转一圈能使汽车高度改变大约 4mm。

3）检查车身高度传感器的尺寸是否小于极限值（前端和后端均为 13mm），如图 4-31 所示（A 为极限值）。

4）暂时拧紧两个锁紧螺母，复查车身高度。

5）车身高度调整正常后，以 4.4N·m 的拧紧力矩拧紧锁紧螺母。注意拧紧螺母时应确保球节与托架平行。

6）检查车轮定位是否正常，否则应予调整。

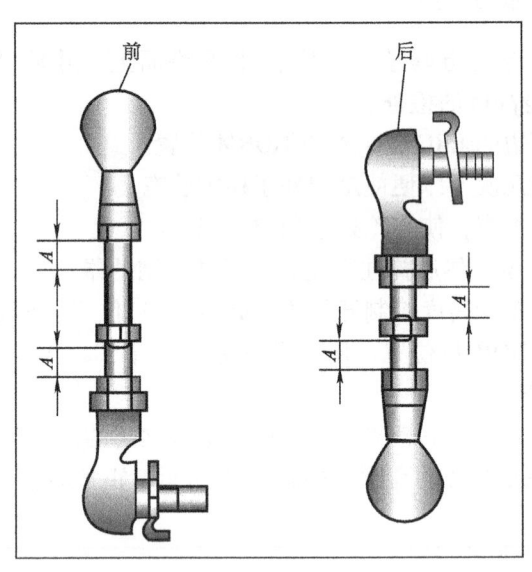

图 4-31 车身高度传感器连接杆尺寸的检查

（四）指示灯的检查

EMAS 系统通过指示灯的状态可以检查相应的故障。当系统正常时，指示灯的状态如下。

1）打开点火开关，仪表板上的 LRC 指示灯和高度控制指示灯均应亮 2s 左右，然后熄灭。

2）将 LRC 开关置于运动（SPORT）位置，此时仪表板上的 LRC 指示灯应常亮；将 LRC 开关置于正常（NORM）位置，LRC 指示灯应亮 2s，然后熄灭。

3）将高度控制开关置于 NORM 位置，仪表板上高度控制指示灯中的 NORM 应亮，HI 应不亮；将高度控制开关置于 HIGH 位置，高度控制指示灯中的 HI 应亮，NORM 应不亮。

如果 LRC 指示灯、高度控制指示灯不能按上述要求正常亮，则应按表 4-5 对相应的电路进行检查。

表 4-5 指示灯不正常状态及应检查的电路

指示灯的状态	应检查的电路
点火开关接通后，SPORT、HI、NORM 或 HEIGHT 照明灯不亮	①汽车高度控制电源电路 ②指示灯电路或 HEIGHT 照明灯电路
点火开关接通后，SPORT、HI、NORM 指示灯亮 2s，然后全部熄灭	悬架控制执行器电源电路
SPORT、HI、NORM 或 HEIGHT、照明灯有的不亮	指示灯电路或 HEIGHT 照明灯电路
即使 LRC 置于 NORM 位置，LRC 的 SPORT 指示灯仍旧亮着	LRC 开关电路
高度控制指示灯亮的状态（NORM 或 HI）与高度控制开关所设置的位置不一致	高度控制开关电路

（五）故障码的读取

1）打开点火开关，用跨接线将检查插接器或 TDLC 的 TC 与 E1 端子连接。

2）通过仪表板上高度控制 NORM 指示灯的闪烁情况读取故障码。如果系统无故障，则 NORM 指示灯以每秒钟 2 次的频率均匀闪烁，如图 4-32a 所示；如果系统有故障，则 NORM 指示灯以不均匀的方式闪烁，表示相应的故障码。如果同时出现两个或两个以上的故障，则指示灯将首先显示码值小的故障码。如图 4-32b 所示的故障码 11 和 31 的闪烁方式。故障码的含义见表 4-6。

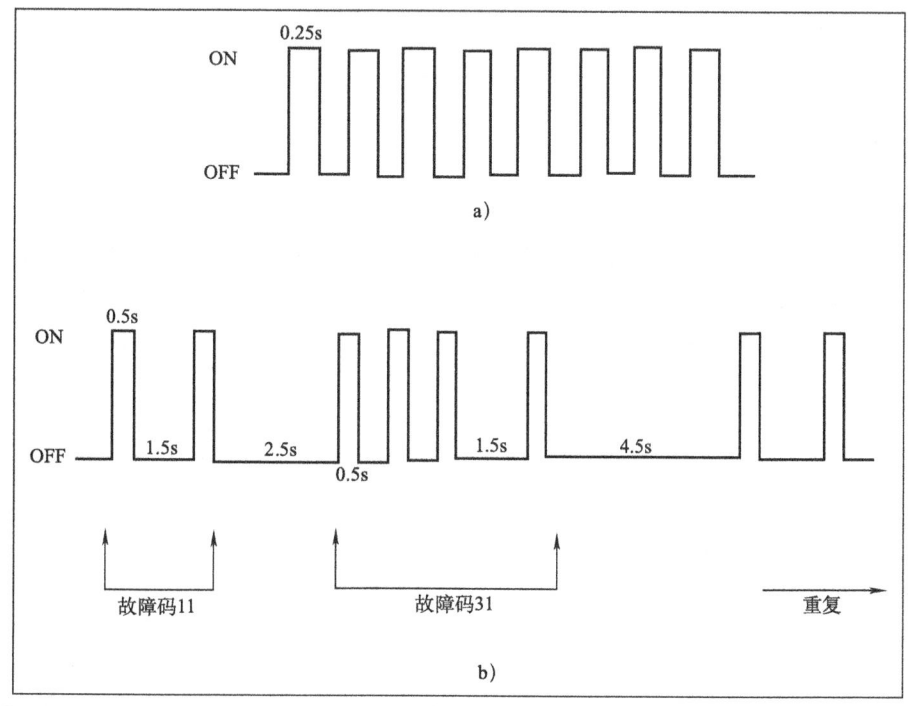

图 4-32 系统正常时和有故障时指示灯的闪烁规律

a) 正常 b) 有故障

表 4-6 故障码的含义

故障码	故障部位	故障原因
11	右前车身高度传感器电路	车身高度传感器电路断路或短路
12	左前车身高度传感器电路	
13	右后车身高度传感器电路	
14	左后车身高度传感器电路	
21	前悬架控制执行器电路	悬架控制执行器电路断路或短路
22	后悬架控制执行器电路	
31	1 号高度控制阀电路	高度控制阀电路断路或短路
33	2 号高度控制阀电路(用于后悬架)	
34	2 号高度控制阀电路(用于后悬架)	
35	排气阀电路	排气阀电路断路或短路
41	1 号高度控制继电器电路	1 号高度控制继电器电路断路或短路
42	空气压缩机电动机电路	压缩机电动机短路或压缩机电动机被锁住
51	至 1 号高度控制继电器的持续电流	1 号高度控制继电器通电时间在 8.5min 以上
52	至排气阀的持续电流	排气阀的通电时间约 6min 以上
61	悬架控制信号	悬架 ECU 失灵
71	高度控制 ON/OFF 开关电源	高度控制 ON/OFF 开关在 OFF 位置或其电路断路
72	悬架控制执行器电源电路	悬架控制执行器电源电路断路或 AIR SUS 熔断器烧断

(六)故障码的清除

故障码的清除有以下两种方法:一是关闭点火开关,拆下 1 号熔断器盒(驾驶室前右下侧)中的 ECU-B 熔断器,10s 以上即可清除故障码。二是关闭点火开关,用跨接线将高度控制插接器(行李箱右边)的 8 号(E)与 9 号(CLE)端子连接,同时将检查插接器的 TC 与 E1 端子连接 10s 以上,然后打开点火开关。并拆下以上各端子的跨接线,即可清除故障码。

(七)故障分析

电控悬架故障自诊断系统可通过故障码确定故障的部位,为排除故障带来了很大方便。但有时电控悬架出现故障却无故障码显示。在这种情况下,就需要根据故障现象和电控悬架电路原理进行故障分析,从而迅速找出故障原因,及时排除故障。

在进行故障分析时,有许多故障原因可能与悬架 ECU 有关,但实际上悬架 ECU 的故障率是很低的,因此在检查故障部位时,应先检查 ECU 以外可能发生故障的部位,待确定这些部位均正常而故障现象不能消除时,再考虑检查或更换悬架 ECU。雷克萨斯 LS400 乘用车电控悬架系统一些常见故障现象见表 4-7 和表 4-8。

表 4-7　雷克萨斯 LS400 乘用车电控悬架系统常见故障现象表

故障现象	故障部位
无论如何操作 LRC 开关，LRC 指示灯的状态不变	①LRC 开关电路 ②悬架 ECU
悬架刚度和阻尼力控制几乎不起作用	①悬架控制执行器及其电路 ②TS 端子电路 ③TC 端子电路 ④LRC 开关电路 ⑤气压缸或减振器 ⑥悬架控制执行器电源电路 ⑦悬架 ECU
只有防侧倾控制不起作用	①转向传感器电路 ②悬架 ECU
只有防后坐控制不起作用	①节气门位置传感器及其电路 ②悬架 ECU
只有防点头控制不起作用	①制动灯开关及其电路 ②车速传感器及其电路 ③悬架 ECU
只有高速控制不起作用	①车速传感器及其电路 ②悬架 ECU

表 4-8　车身高度控制失灵故障现象表

故障现象	故障部位
高度控制指示灯在亮灯的状态下不随高度控制开关的动作而变化	①高度控制开关电路 ②发电机调节器(IC)电路 ③高度控制电源电路 ④车身高度传感器 ⑤悬架 ECU
汽车高度控制不起作用	①发电机调节器(IC)电路 ②车身高度控制电源电路 ③车身高度控制开关及其电路 ④空气悬架开关(高度控制 ON/OFF 开关)及其电路 ⑤车身高度传感器 ⑥悬架 ECU
只有高速控制不起作用	①车速传感器及其电路 ②悬架 ECU
汽车车身高度出现不规则变化	①管路有空气泄漏 ②车身高度传感器 ③悬架 ECU
汽车高度控制起作用，但车身高度变化不均匀	①高度控制阀、排气阀及其电路 ②车身高度传感器连接杆
汽车高度控制起作用，但高度控制在正常(NORM)状态时，车身高度与标准值不符	车身高度传感器连接杆

(续)

故障现象	故障部位
在汽车高度调整时,车身过高或过低	车身高度传感器及连接杆
空气悬架开关(高度控制 ON/OFF 开关)在 OFF 位置汽车高度控制仍起作用	①空气悬架开关及其电路 ②悬架 ECU
点火开关 OFF 控制不起作用	①门控灯开关及其电路 ②车身高度控制电源电路 ③悬架 ECU
在车门打开时,点火开关 OFF 控制仍起作用	①门控灯开关及其电路 ②悬架 ECU
汽车驻车时车身高度很低	①管路有空气泄漏 ②气压缸或减振器
空气压缩机持续运转	①管路有空气泄漏 ②1 号车身高度控制继电器及其电路 ③压缩机电动机电路 ④悬架 ECU

(八) 电路检查

电子控制悬架系统发生故障后,通常都能够得到故障码。根据故障码对有故障的电路进行检查,可以确切地找出故障部位并迅速排除故障。如果故障码所指的故障电路各部件均正常,则一般应检修或更换悬架 ECU。应注意的是,在有故障码输出的情况下,悬架 ECU 就已中断了相应的悬架刚度、减振器阻尼或车身高度控制。因此,在不断开悬架 ECU 的情况下,试图通过控制开关使其执行器动作来判断故障是不可行的。

车身高度传感器电路和执行器电源电路的检查。

车身高度传感器电路

车身高度传感器电路如图 4-33 所示。

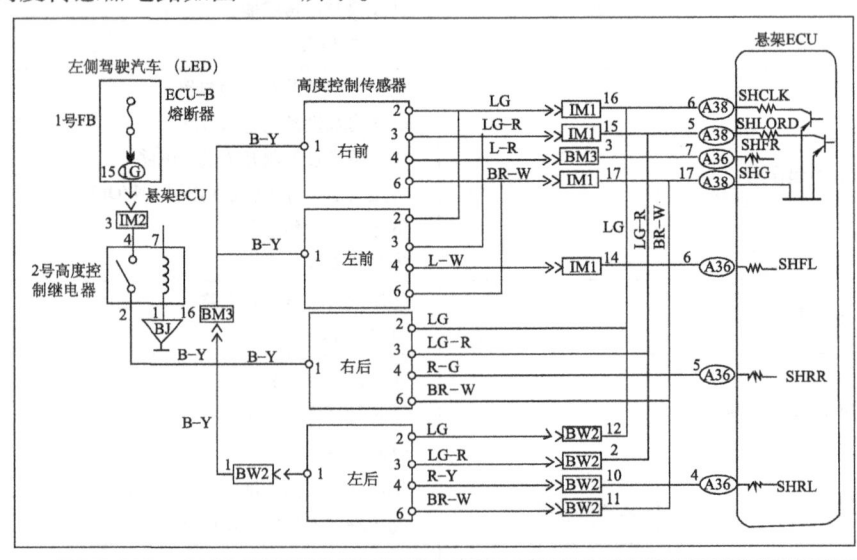

图 4-33 车身高度传感器电路图(左侧驾驶汽车)

(1) 相关故障码　当车身高度传感器电路有故障时，可以输出故障码 11、12、13 或 14，各故障码的含义如下。

故障码 11：前右车身高度传感器电路断路或短路。

故障码 12：前左车身高度传感器电路断路或短路。

故障码 13：后右车身高度传感器电路断路或短路。

故障码 14：后左车身高度传感器电路断路或短路。

(2) 故障部位

① 悬架 ECU 与车身高度传感器之间的线路或插接器。

② 车身高度传感器电源线路及 2 号高度控制继电器。

③ 悬架 ECU。

(3) 检查步骤

1) 检查车身高度传感器电源的电压。拆下前车轮(故障码 11、12)或拆下行李箱内饰盖板(故障码 13、14)；拔开车身高度传感器插接器；将点火开关转至 ON 位置；用电压表的正测试表笔与传感器插接器(线束侧)1 号端子相接，负测试表笔搭铁(图 4-34)，测其电压，正常电压应为蓄电池电压。如果电压不正常，则检查和修理 2 号高度控制继电器与车身高度传感器之间的线路或插接器。如果电压正常，则进行下一步检查。

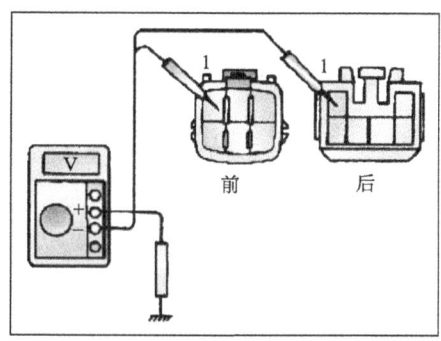

图 4-34　车身高度传感器电源电压的检查

2) 检查悬架 ECU 与车身高度传感器之间的线路和插接器。检查各线束插接器有无松动；拔开各线束插接器，检查其端子有无锈蚀；用万用表检测有导线连接的两端子之间的导通情况：如果不正常，则修理或更换导线或插接器；如果正常，则进行下一步检查。

3) 检查车身高度传感器功能。更换上一只性能良好的车身高度传感器，检查故障症状是否消除。如果能消除，则更换车身高度传感器；如果仍不能消除，则检查或更换悬架 ECU。

4) 悬架控制执行器电源电路的检查。首先了解相关电路，如图 4-35 所示。当悬架控制执行器电源电路发生故障时，可以输出故障码 72，如果悬架 ECU 存储器中存入故障码 72，则在 ECU 插接器的+B 端子上施加蓄电池电压之前，系统不执行减振力和弹簧刚度控制。

根据故障码提供的信息确定故障部位。

① AIR SUS 熔断器。

② 悬架 ECU 与发动机控制单元主继电器之间的线路或插接器。

③ 悬架 ECU。

检查步骤：

① 拆下行李箱右侧盖。

② 打开点火开关，用直流电压表测量悬架 ECU 插接器+B 端子与车身搭铁之间的电压，正常电压应为蓄电池电压。如果电压不正常，则应检查 AIR SUS 熔断器及悬架 ECU 与发动机控制单元主继电器之间的线路或插接器；如果电压正常，则应检查或更换悬架 ECU。

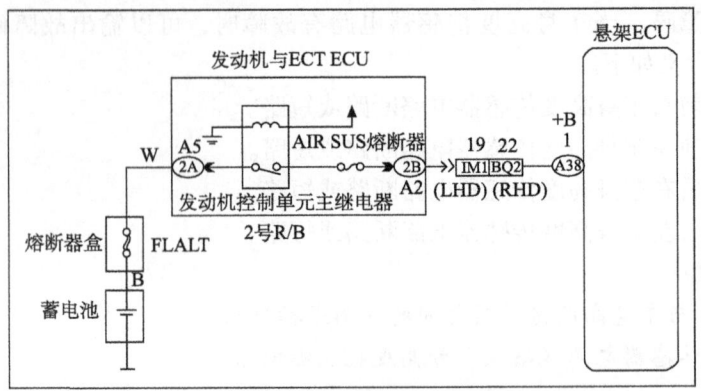

图 4-35 悬架控制执行器电源电路

第五章

电子控制动力转向系统

动力转向系统可以利用较小的转向盘操纵力使车辆转弯。电子控制动力转向系统就是能够使车辆在低速状态,尤其是在停放车辆时转向轻便,而当车速较高时,电子控制使系统的液压助力作用减弱,转向操纵力增加,以便驾驶人在高速行驶时对转向盘能够更好地控制。在电子控制动力转向系统中,通过控制车速电磁阀改变动力转向系统中的油压控制回路,低速时减小转向力,提高转向操纵性,中高速行驶时转向力与手操作时相适应,提高操作稳定性。

电子控制动力转向系统可分为电子控制液压式转向系统和电子控制电动式转向系统两种。

第一节 电子控制电动式动力转向系统

电动式动力转向系统(EPS)是一种直接依靠电动机提供辅助转矩的电动助力转向系统,使转向系统结构更为紧凑。

一、电动式动力转向系统的组成

电动式动力转向系统的基本组成如图5-1所示,EPS主要由车速传感器、转向转矩传感器、转向角传感器、电子控制器ECU、电动机、电磁离合器及减速机构等组成。该系统广泛用于日产、三菱和铃木等汽车公司生产的许多车型。

二、电动式动力转向系统的工作原理

1. 转向转矩传感器

当驾驶人操纵转向盘时,转向转矩传感器根据输入力的大小,产生相应的电压信号,由此电动转向系统就可以检测出操纵力的大小,同时根据车速传感器产生的脉冲信号又可测出车速,再控制电动机的电流,形成适当的转向助力。

转向转矩传感器具有检测转向盘的操纵方向和操纵力的功能。在任何情况下,利用仪表即可检测出该传感器的信号,转向转矩传感器如图5-2所示。

转向转矩传感器的检测 转向转矩传感器的好坏,可通过检测传感器线圈的电阻和传感器的电压来判断,下面以三菱 Minica 微型车为例。

1)转向转矩传感器线圈的检测。从转向器上拔开转向转矩传感器插接器,其端子排列如图5-3所示,用万用表电阻(R)档测3号与5号、8号与10号端子间电阻值,若所测值不符合原厂标准值,则转向转矩传感器损坏。

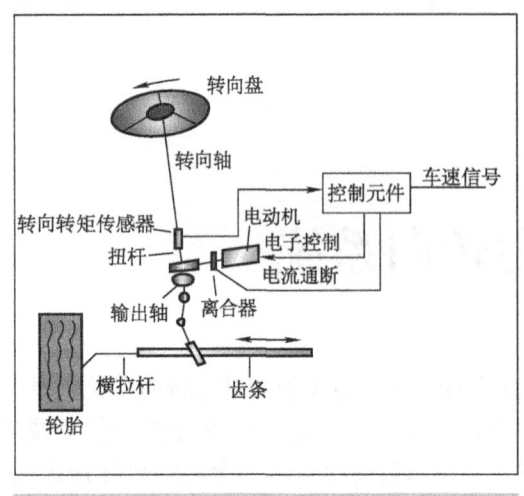

图 5-1 电动式转向系统组成

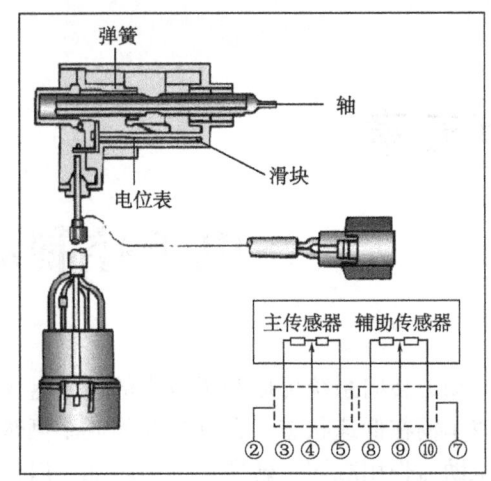

图 5-2 转向转矩传感器

2) 转向转矩传感器电压的检测。用万用表电压(U)档对上述各端子之间电压测试时,需将转向盘位于中间位置,正常电压值应为 2.5V,若电压值在 4.7V 以上则为断路,0.3V 以下则为短路。

2. 电动机

电动式转向系统所用的电动机是将汽车用电动机加以改进的。有的电动机转子外缘表面开有斜槽,有的则改变定子磁铁的中心处或端部的厚度。电动机工作有一定速率范围,若超出规定速率范围,则由离合器使电动机停转并消除电动机惯性的影响。同时,当转向系统发生故障时,离合器分离,此时恢复手动控制转向,保证汽车正常行驶。

电动机的检测　以三菱 Minica 微型车为例,从转向器上断开电动机插接器,其端子排列如图 5-3 所示,给电动机加上蓄电池电压(12V),此时,电动机应有转动声音,若没有声音则更换电动机总成。

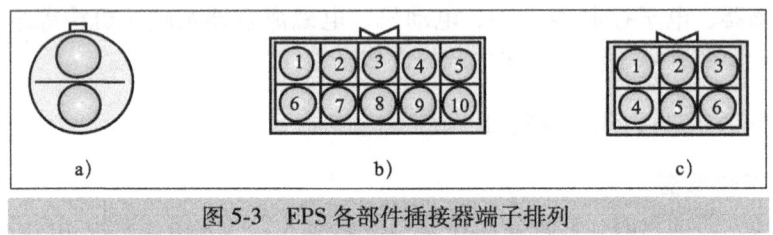

图 5-3　EPS 各部件插接器端子排列

a) 电动机插接器　b) 转向转矩传感器与电磁离合器　c) 车速传感器

3. 电磁离合器

图 5-4 所示是一种电磁离合器的结构示意图,主要由电磁线圈、主动轮、从动轮和压板等组成。

工作时,电流通过集电环进入电磁线圈,主动轮便产生电磁吸力,带花键的压板就被吸引,并与主动轮压紧。于是电动机的输出转矩便经过输出轴→主动轮→压板→花键→从动轴传递给执行机构(蜗杆减速机构)。

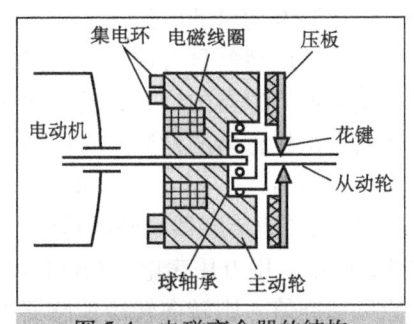

图 5-4　电磁离合器的结构

第五章 电子控制动力转向系统

电磁离合器的主要功用是保证电动助力只有在预定的车速范围内起作用。当汽车行驶速度超过系统限定的最大值时，电磁离合器便切断电动机的电源，使电动机停转。离合器分离，不起传递转向助力的作用。另外，在不助力的情况下，离合器还能消除电动机的惯性对转向的影响；当该动力转向系统发生故障时，离合器还会自动分离，此时又恢复为手动控制转向。

电磁离合器的检测　以三菱 Minica 微型车为例，从转向器上断开电磁离合器，插接器如图 5-3a 所示，需将蓄电池正极接在 1 号端子，当负极与 6 号端子接通或断开的瞬间，此时，电磁离合器有工作声响，若没有声响则电磁离合器有故障，应更换电磁离合器总成。

4. 减速机构

如图 5-5 所示，减速机构主要由蜗轮和蜗杆构成，蜗杆的动力来自于电磁离合器和电动机，经蜗杆减速机构减速增矩后，传送给转向轴，然后再通过其他部件传送给转向轮，以实现转向助力。

5. 电子控制（ECU）

EPS 电子控制器（ECU）的基本组成如图 5-6 所示。

工作时，转向转矩和转向角信号经过 A/D 转换器被输入到中央处理器（CPU），中央处理器根据这些信号和车速计算出最优化的助力转矩。ECU 把已计算出来的参数值作为电流命令值送到 D/A 转换器并转换为模拟量，再将其输入到电流控制电路。电流控制电路把来自中央处理器的电流命令值同电动机电流的实际值进行比较，产生一个差值信号。该差值信号被送到驱动电路，该电路可驱动动力装置并向电动机提供控制电流。也即当转矩传感器和转向角传感器的信号经 A/D 转换器处理后，中央处理器就在其内存中寻找与该信号相匹配的电动机电流值，然后将此值输送给 D/A 转换器进行数字模拟转换，处理后的模拟信

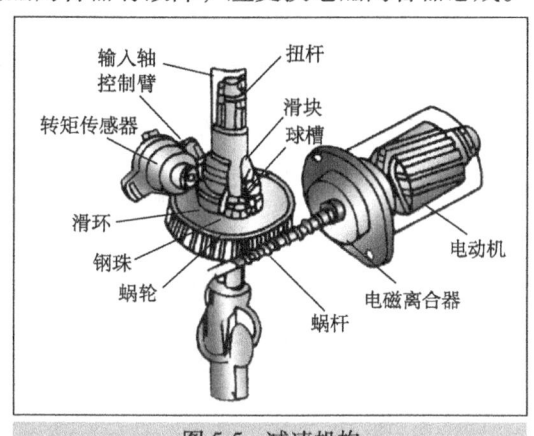

图 5-5　减速机构

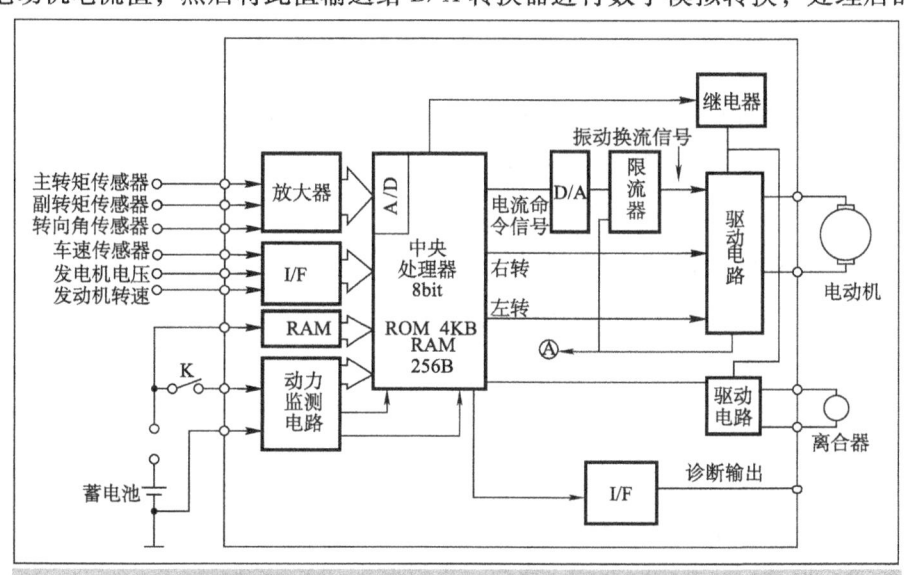

图 5-6　电动式动力转向 ECU 及其控制系统

号再送给限流器,由限流器来决定电动机驱动电路电流值的大小。中央处理器同时给电动机驱动电路输出另一个信号,即决定电动机(左转或右转)的转动方向。

控制元件(ECU)的检测　控制元件(ECU)具有故障自我诊断功能,当发生异响时,能停止助力。同时,ECU 可以记忆异常内容,并将其用脉冲个数显示出来,见表5-1。

表 5-1　诊断显示(Mira 牌车)

序号	测试灯亮灭次数	诊断项目	诊断内容
1	1次	正常	—
2	2次	转向转矩传感器信号系统	转向转矩传感器本身异常,转向转矩传感器的信号线开路或短路
3	3次	计算机组件电动机的信号线开路或短路	—
4	4次	车速传感器信号	车速传感器信号本身不正常 车速信号线开路或短路
5	5次	电动机	温度传感器开路或短路以及有异常信号,到电动机的信号线开路或短路
6	6次	继电器	继电器本身不正常 整车线束有开路或短路
7	7次	电源系统	蓄电池电能耗尽 发电机故障
8	8次	制动器信号系统	制动信号线开路或短路
9	9次	点火脉冲信号系统	点火线圈束的信号线开路或短路

当出现异响时,一般是将电动机停止供电,在装有离合器的电动转向系统中,将离合器脱开,恢复手动控制转向,使汽车正常行驶。

第二节　电子控制液压式动力转向系统

电子控制液压式动力转向系统又称连续型动力转向系统(PPS),PPS 是按照车速的变化由电子控制油压反力调整动力转向器,从而使汽车在各种行驶条件下转向盘上所需的转向操纵力达到最佳状态,所以,有时也把这种 PPS 称为反力式电子控制力转向系统。

一、电子控制液压式动力转向系统的基本构成

电子控制液压式动力转向系统结构原理如图5-7所示,主要由车速传感器、电子控制器 ECU、电磁阀、分流阀、储油罐、转阀和动力缸等组成。

在 PPS 的齿轮箱中,除了旧式动力转向装置用控制加力的主控制阀之外,又增设了反力油压控制阀和油压反力室,结构如图5-8所示。经反力油压控制阀调整后的油压加到油压反力室内,扭力杆与转向轴相连,当 PPS 根据油压反力的大小改变转向扭力杆的扭曲量时,就可以控制转向时所要加的力。动力转向用的计算机安装在电子控制器 ECU 内,计算机根据车速传感器的信号控制电磁阀的输入电流,电磁阀设在反力控制阀上。

第五章 电子控制动力转向系统

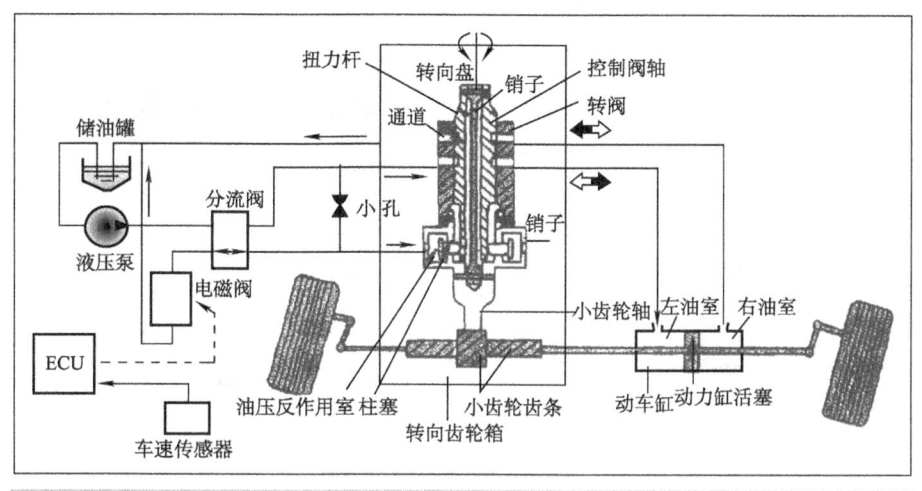

图 5-7 （反力控制式）电子控制液压式动力转向系统结构原理图

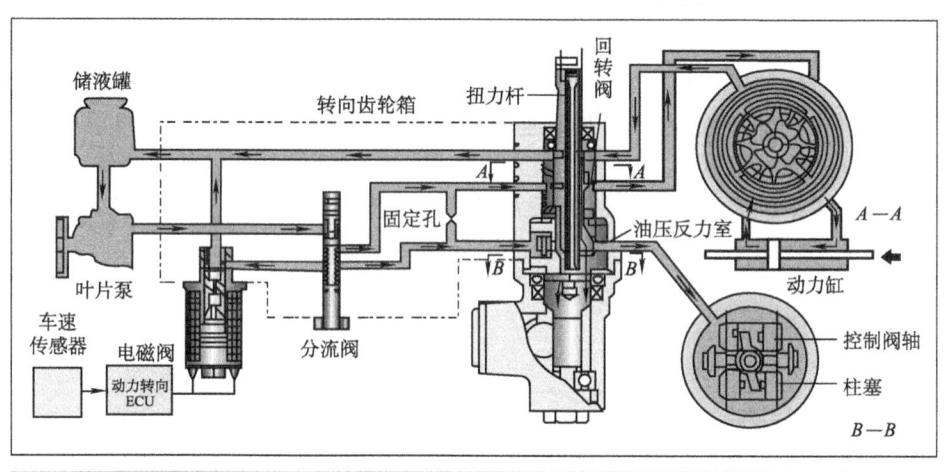

图 5-8 电子控制的整体转阀式液压动力转向系统结构原理图

输入到电磁阀中的信号是通断的脉冲信号，改变导通（ON）时间所占的比例就可以控制电流值的大小。当车速升高时，受输出电流特性的限制，输入到电磁阀中的电流减小，电磁阀的开度也小，这样，根据车速的高低就可以调整油压反力，从而得到最佳的转向操纵力。

二、电子控制液压式动力转向系统的工作原理

1. 汽车静止或低速行驶时的转向

其工作情况如图5-9所示。汽车在低速范围内运行时，ECU输出一个大电流，使电磁阀开度增加，从分流阀分出的液流流过电磁阀回到储油罐中的液流增加。因此，油压反力室压力减小，作用于柱塞的背压减小，于是柱塞推动控制阀杆的力减小。利用转向盘的转向力来增大扭杆扭力。转阀按照扭杆的扭转角作相对的旋转，使油泵油压作用于转向动力缸的右室，活塞向左方运动，从而增强了转向力，此时，驾驶人仅需提供一个较小的操纵力就可以产生一个较大的助力，使转向轻便、灵活。

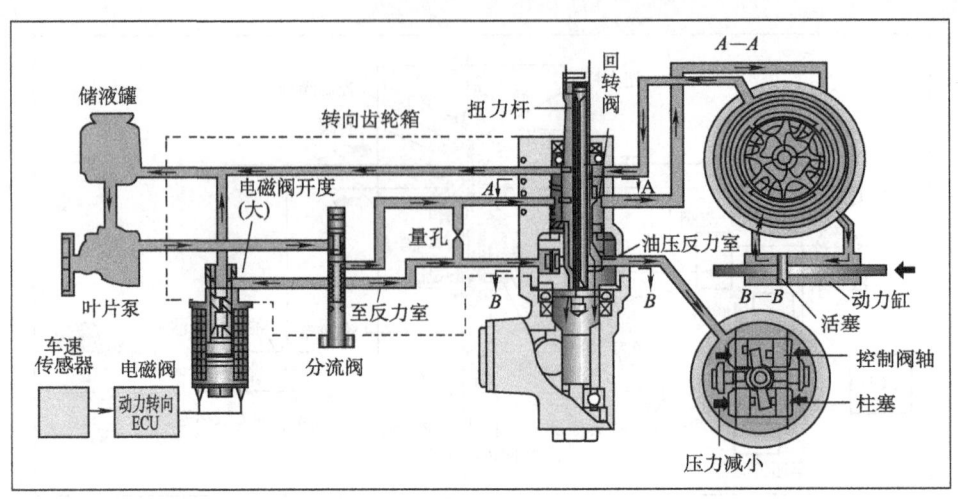

图 5-9　PPS 在停车或低速行驶时的转向作用

2. 汽车在中、高速行驶时的转向

在此工况下，系统的工作情况如图 5-10 所示。汽车转向盘在中、高速直行微量转动时，控制阀杆根据扭力杆的扭转角度而转动，转阀的开度减小，转阀里面的压力增加，流向电磁阀和油压反力室中的液流量增加。当车速增加时，ECU 输出电流减小，电磁阀开度减小，流入油压反力室中的液流量增加，反力增大，使得柱塞推动控制阀杆的力变大。液流环从量孔流进油压反力室中，这也增大了油压反力室中的液体压力，故转向盘的转动角度增加时，将要求一个更大的转向操纵力，从而获得稳定且直接的手感。

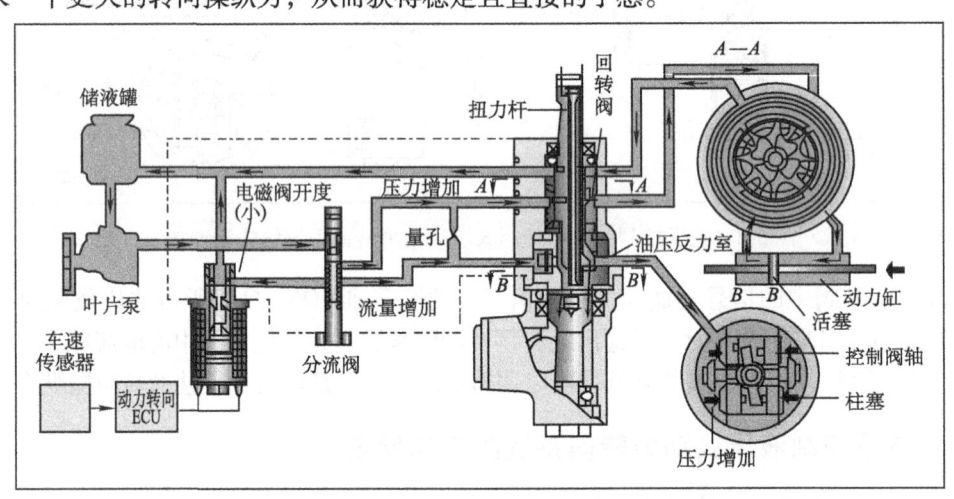

图 5-10　PPS 在中、高速行驶时的转向作用

第三节　电控动力转向系统电路的检修

雷克萨斯 LS400 流量式电控液压动力转向系统电控电路如图 5-11 所示。使用中常见故障有怠速、低速行驶时，动力转向系统助力不足、操纵费力；汽车高速行驶时，转向过于灵

敏等。

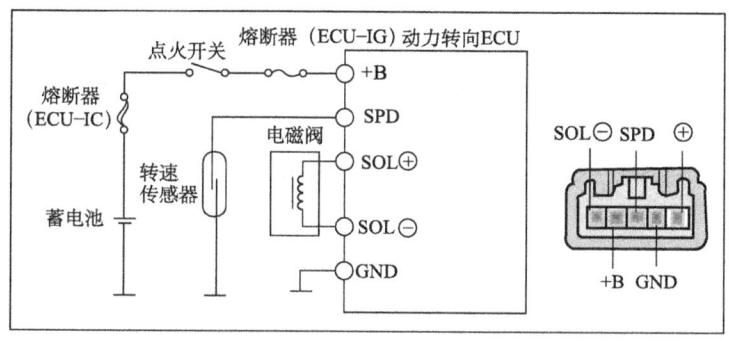

图 5-11 雷克萨斯 LS400 电控转向系统电路

在对电控转向系统的检修过程中，首先要排除液压转向装置的故障，例如：液压油不足、液压压力低，液压系统中有空气；其次检查转向机构是否润滑良好，杆件是否有变形，轮胎气压是否正常等。最后检查电控系统是否正常。

(一) 一般电路检修

检测步骤如图 5-12 所示。

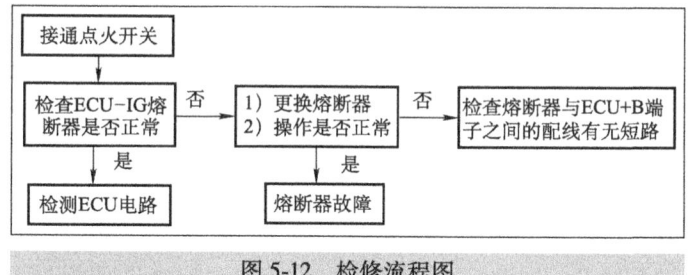

图 5-12 检修流程图

(二) ECU 电路的检修

1. ECU 搭铁电路的检测

检测 ECU+B 端子与车身搭铁之间的电压，如果是蓄电池电压，则搭铁电路正常，否则熔断器与 ECU+B 端子之间的配线断路。

2. ECU GND 端子与车身搭铁之间电路检查

检测 ECU GND 端子与车身搭铁之间是否导通，如果导通则电路正常，否则是 ECU GND 端子与车身搭铁间配线断路或车身搭铁不良。

3. ECU SPD 端子与车速传感器电路的检测

用千斤顶顶起一侧后车轮，把电压表接到 ECU 的 SPD 端子和 GND 端子上，转动后轮，对于 UCF10 系列的车型，表的读数应是 0V→5V→0V；对于 UCF20 系列的车型，表的读数应是 0V→无穷大→0V。如果不符合上述要求，则为 SPD 端子与转速传感器之间的配线存在断路或短路以及车速传感器故障。应进行线路检修或更换传感器。

4. 端子 SOL+ 与 SOL- 以及 GND 的检查

用万用表检测端子 SOL+ 或 SOL- 与 GND 之间是否导通，如导通则是端子 SOL+ 与 SOL- 之间配线短路或电磁阀故障。

用万用表检测端子 SOL+ 与 SOL- 之间的电阻值，表的读数应在 6.0~11.0Ω，否则是端子 SOL+ 与 SOL- 之间的配线断路或电磁阀故障。应进行线路的检修或更换电磁阀。

如果以上检测最后确定是 ECU 故障，则应更换 ECU。

第六章

电子控制四轮转向系统

第一节 四轮转向的功能

四轮转向的功能主要是确保车辆良好的操纵性与稳定性,即有效控制车辆横向运动的特性,以充分保证车辆的操纵稳定性。当车辆转弯时,惯性使汽车向前行驶,而转向输入却要改变行驶方向。由于汽车对转向的瞬时抵抗,便产生了轮胎的侧偏角,如图6-1所示。一般两轮转向汽车的车身横向侧偏角比较大。

当汽车低速转弯时发生内轮差,导致后轮转向拖滞与转向半径增加,而且当超过一定速度转向时,为了与离心力平衡,在轮胎处产生横向偏离角,从而也使车身横向偏离角发生变化。转向性能随车速、转向角以及路面状态的变化而变化,车速越高,操纵稳定性越差。四轮转向可以显著提高车辆转向性能,即横向运动性能。

如果一辆常规的前轮转向的汽车停在人行道旁两辆车之间,那么这辆车驶出停车位置时,前轮尽量向左转,就不会撞到前面的车,如图6-2a所示。若同一辆车装有四轮转向装置而在驶出停车位置时后轮沿与前轮相同的方向低速行驶,那么它将会撞到前面的车,如图6-2b所示。

若这辆有四轮转向装置的车停在同样位置,而在驶出停车位置时后轮沿与前轮相反的方向低速行驶,那么这辆车会与前面的车之间有足够的距离而不会撞上(图6-2c),但后轮会驶向人行道。这样如果这辆车与路边停靠的

图6-1 装有四轮转向系统(4WS)的轿车

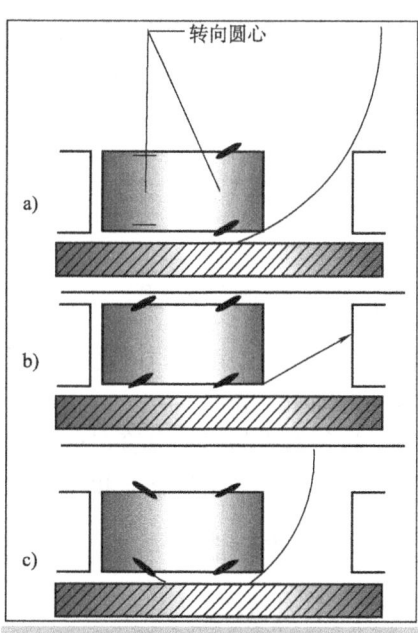

图6-2 带有常规前轮转向系和四轮转向系汽车的平行驻车方式

a) 前轮转向车辆驶离停车位置 b) 四轮转向车辆与前面的车相碰 c) 四轮转向车辆与墙面或人行道相碰

位置太近，将会使右后轮碰到人行道凸边。为避免这个问题，后轮转向最大角必需大大小于前轮转向最大角。四轮转向的汽车与常规前轮转向的汽车相比有一个较小的转向半径或转向圆，这会改善驻车时的机动性。

四轮转向系统中的后轮转向可以根据车辆速度或者转向盘的转角来控制。在车速较低或转向盘转角很大时，后轮的转向与前轮相反。当车辆行驶速度较高或转向盘转角较小时，后轮的转向与前轮相同。

当车辆高速转弯时，离心力趋向使车辆后部向侧面移动，这样会使后轮在路面上发生侧向滑动。这个过程称为侧滑。车速和转向的急剧程度决定了侧滑的大小。如果侧滑过大，会使汽车发生横向旋转，从而使驾驶人失去对车辆的控制。在高速时四轮转向系统使后轮转动方向与前轮相同，侧滑将会减轻，稳定性得到改善。高速行驶时前后轮转向相同时的转向角要比低速转向相反时的角度小得多。

第二节　电子控制四轮转向系统的组成及工作原理

电子控制式四轮转向系统主要由后轮转向执行器和各种输入传感器组成。如图 6-3 所示。

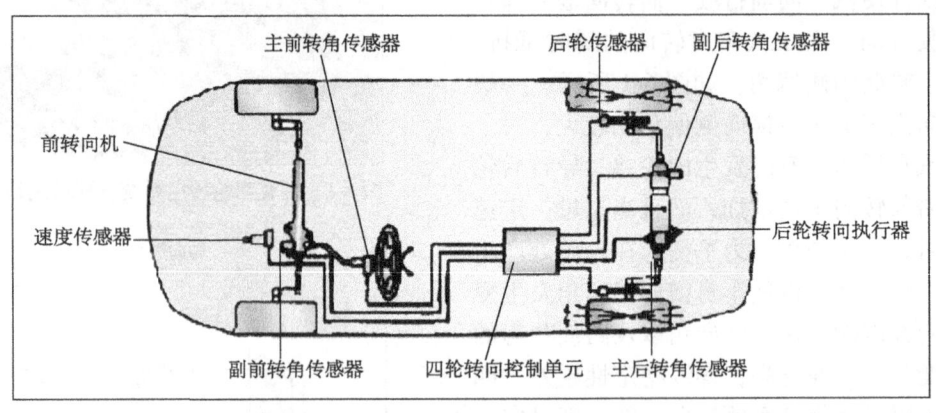

图 6-3　电子控制式四轮转向系统组成

一、后轮转向执行器

后轮转向执行器可以与电动转向器相对照。这个执行器包含一个通过球螺杆机构驱动转向齿条的电动机，如图 6-4 所示。常规的转向横拉杆是从转向执行器连接到后轮转向臂和转向节处。执行器内的回位弹簧在点火开关关闭时或四轮转向系统失效时将后轮推回直线行驶位置。一个主后轮转角传感器和一个副后轮转角传感器安装在后轮转向执行器的顶端。

二、输入传感器

1. 主后转角传感器

主后转角传感器位于后轮转向执行器的左侧。这只传感器含有一个随循环球螺杆旋转的脉冲环。一只电子传感器直接安装在脉冲环上部，如图 6-5 所示。当循环球螺杆与脉冲环旋转时，这个传感器向控制单元发出数字电压信号，显示后轮转角。

第六章　电子控制四轮转向系统

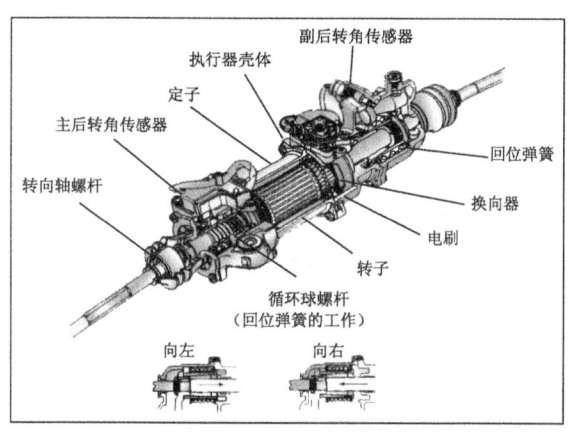

图 6-4　后轮转向执行器构造

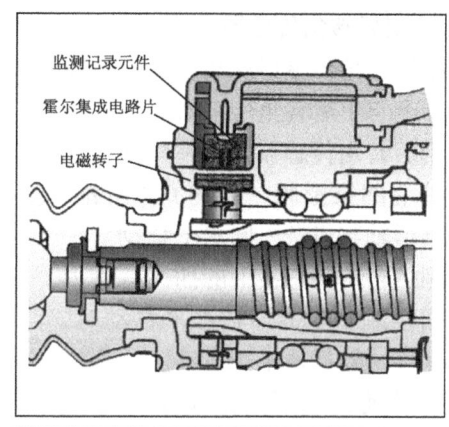

图 6-5　安装在后轮转向执行器上的主后轮转角传感器

对于主后转角传感器的检查，可按表 6-1 所示的步骤进行。

表 6-1　主后转角传感器的检查步骤

步骤	检　查　方　法
1	松开驻车制动器，确认驻车制动警告灯熄灭，使 4WS 控制单元进入对后转向传感器检查的状态
2	从后轮转向执行器处拆下盖螺栓及密封垫圈，然后装上后轮转向中心锁销至其充分伸入执行器内，如图 6-6 所示
3	将前轮置于直线行驶位置，以防止在发动机误开动时后轮转向
4	打开点火开关，用手将左后轮转向最左方，再用手将左后轮转向最右方，并让一位助手观察 4WS 指示灯（图 6-7），4WS 指示灯应在左后轮左转动一点时，开始以 0.2s 的间隔闪烁，如果 4WS 指示灯不闪烁，将副后转角传感器重新调节
5	在打开点火开关时，用手将左后轮转向最左方，再慢慢转向右，4WS 指示灯应在左后轮开始向右转时，点亮的时间在 2s 以上，如图 6-8 所示。如果 4WS 指示灯没有亮，拆下主后转角传感器并检查是否有损坏
6	关闭点火开关
7	拆下后轮转向中心锁销，并装上盖螺栓及垫圈，将螺栓拧紧至规定力矩
8	从维修检查接头上拆下搭桥线
9	装上后轮转向执行器罩

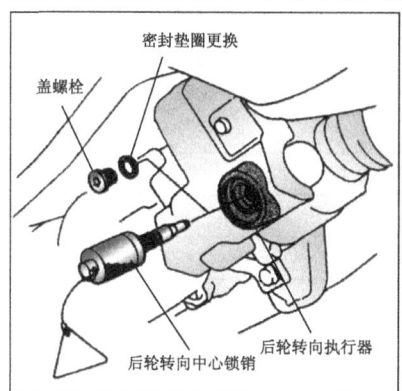

图 6-6　拆下后部盖螺栓及密封垫圈以及安装后轮转向中心锁销

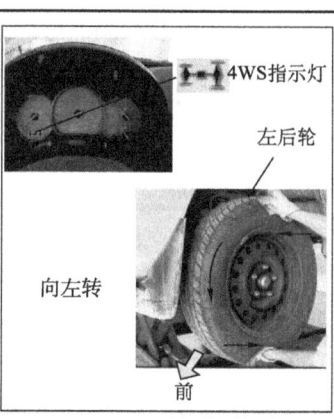

图 6-7　在左后轮推向左时，若副后转角传感器调整正确，4WS 指示灯应闪烁

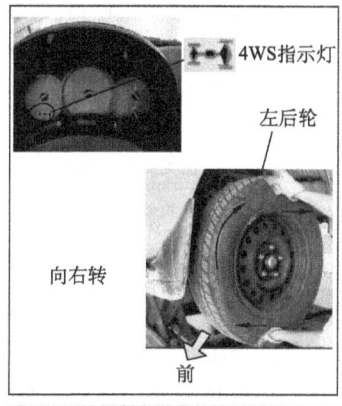

图 6-8　将左后轮推向右，观察 4WS 指示灯，以便检查主后转角传感器

2. 副后转角传感器

副后转角传感器安装在后轮转向执行器上与主后转角传感器相反的一端。副后转角传感器含有一只连接在齿条轴上的锥形轴，如图 6-9 所示。这只锥形轴与齿条一同水平移动。一根在副后转角传感器上的插棒与锥形轴锥面接触。当锥形轴水平移动时，锥面使传感器插棒来回运动。这根插棒的运动使传感器产生模拟电压信号，将转角信息传送到控制单元。

副后转角传感器的调节可按表 6-2 所示的步骤进行。

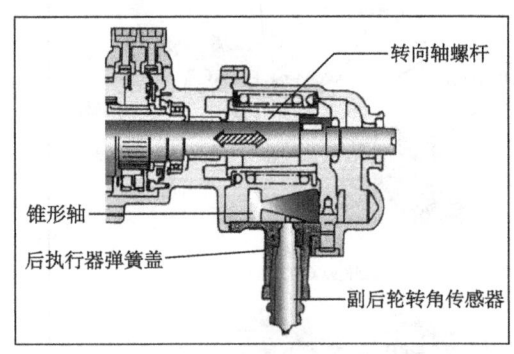

图 6-9 安装在后轮转向执行器上的副后轮转角传感器

表 6-2 副后转角传感器的检查步骤

步骤	检 查 方 法
1	用千斤顶抬高前后悬架，并将千斤顶架支在底盘下制造厂建议的适当的位置，四只车轮必须都离开地面
2	将搭桥线接在四轮转向系统检修接线柱处，并要保证所有的故障码都能得到显示
3	松开驻车制动器，并打开点火开关，确认驻车制动警告灯熄灭
4	关闭点火开关
5	拆下盖螺母和垫圈，并装上后转向中心锁销
6	从线夹上拆下副后转角传感器导线，并断开线路接头
7	松开副后转角传感器锁紧螺母，首先用手将此螺母拧紧，然后再向回转大约半圈
8	接上副后转角传感器接头，并将前轮置在直线行驶位置
9	打开点火开关
10	用手将左后轮转向左极限，然后再将它向右转，直至 4WS 指示灯变亮，这样做使得主后转角传感器处在电子中性位置
11	慢慢地逆时针转动副后转角传感器，直至 4WS 指示灯熄灭，并记下传感器相对于壳体的位置
12	再将此传感器顺时针转动至 4WS 指示灯开始闪烁，并记下传感器相对于壳体的位置。将传感器置在指示灯熄灭及开始闪烁的位置中间(图 6-10)，将传感器定在这个位置上，并将锁紧螺母拧紧至规定力矩
13	关闭点火开关
14	如果副后转角传感器电线被扭，拆开线接头，理顺线路并重新将接头接好
15	从检修接线柱上拆下搭桥线
16	拆下后轮转向中心销，并装上盖螺栓及垫圈，将盖螺栓拧紧至规定力矩
17	装上后轮转向执行器罩

3. 主转向角度传感器

转向角度传感器也称转向盘转动传感器。主转向角度传感器安装在组合开关下方的转向柱上。转动速度传感器和转向盘方向传感器安装在主转向角度传感器内。转动角度传感器包含一排在传感器下方转动的、变换极性的磁铁，如图 6-11 所示。当转向盘转动时，转向盘转动传感器向控制单元发送与转向盘转速和前轮转角相关的信号。

第六章 电子控制四轮转向系统

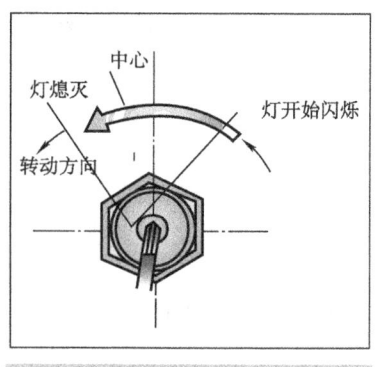

图 6-10 调节副后转角传感器

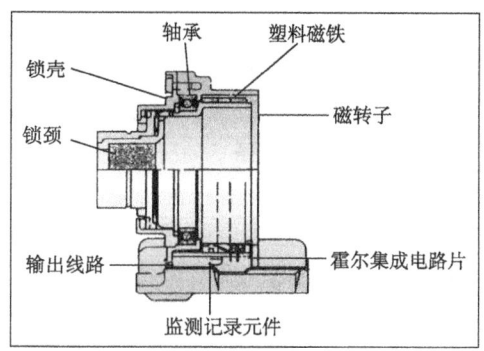

图 6-11 含有转动速度传感器和方向传感器的主转向角度传感器

转动方向传感器包含一只绕转向柱的环形磁铁。控制单元利用方向传感器传来的信号确定转向盘的转动方向。

按如下过程调节主前转角传感器。

① 将车置于维修台,使两只车轮都在转向半径测量转盘上,将转盘向最右端再向最左端转,并记下由最右端向最左端全程转动的圈数。

② 将转向盘向右转回全程圈数的一半,这样就使前转向齿条处在中央位置,而转向盘轮辐相对中央位置偏向角度应在制造厂规范之内,否则,应该对主前转角传感器及轮辐重新调节。

③ 将转向盘设置在中央位置,并拆下转向盘安装螺母,用转向盘拆卸器将转向盘拆下。如图 6-12 所示。

④ 查看主前转角传感器上的标记号是否朝下,如图 6-13 所示。如果朝下,那么主前转角传感器处在电子中性位置。

⑤ 如果主前转角传感器上的标记号不是朝下的,暂时将转向盘装上,并使轮辐处在水平位置,转动转向盘至黄色漆记号口朝下。

⑥ 将转向盘转回水平位置,并拆下转向盘。

⑦ 装上转向盘,用花键定位,使轮辐的位置与中央位置最近。应确保转向盘孔与安全气囊电缆卷上销钉配合,如图 6-14 所示。不要用力向下推转向盘使花键及电缆卷对正。当花键与螺旋电缆销子正确定位后,将转向盘向下压到位并装上安全螺母。

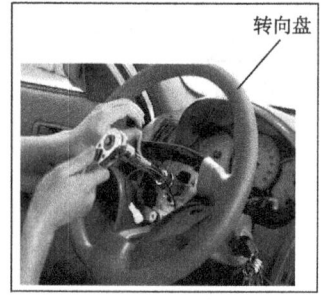

图 6-12 拆卸转向盘

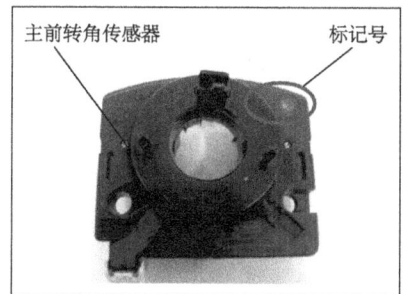

图 6-13 在主前转角传感器上的标记号表明电子中性传感器位置

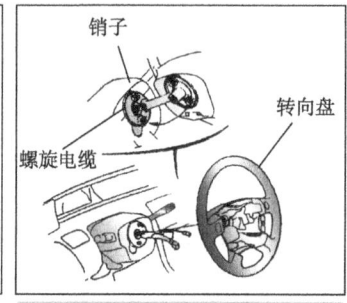

图 6-14 转向盘孔与螺旋电缆销子的正确定位

注：螺旋电缆含有一只导电带，将转向盘顶部的安全气囊模块与其电气系统连接起来，而又能允许转向盘转动。

⑧ 扶住转向盘，将安装螺母拧紧至规定力矩。

4. 副前转角传感器

副前转角传感器安装在前齿轮齿条转向器内。这个传感器含有一个与副后转角传感器十分相似的锥形轴。这个副前转角传感器向控制单元发送与前转向角相关的信号。

副前转角传感器的调节可按下面的步骤进行。

① 用千斤顶提升起前后悬架，并将千斤顶支架放在底盘下方制造厂指定的位置，四个车轮必须都离开地面。

② 将转向盘定在直线行驶的位置上。

③ 将搭桥线接在 4WS 系统检修接线柱处。

④ 将驻车制动完全拉紧，打开点火开关，注意驻车制动警告灯是点亮的。

⑤ 关上点火开关。

⑥ 切断副前转角传感器盖上的绑带，并拆下这只盖子，如图6-15所示。

⑦ 从线夹上拆下导线来，并断开线束接头。

⑧ 松开副前转角传感器锁紧螺母，并用手拧紧此螺母，再将此螺母向后拧 3/4 圈，并接上头。

⑨ 确保前轮处在直线行驶位置，并转动转向盘至4WS指示灯变亮，将转向盘保持在这个位置上。

⑩ 慢慢将前转角传感器顺时针转动至4WS指示灯熄灭，记下传感器相对于壳体的位置。

⑪ 慢慢地将副前转角传感器逆时针转动至4WS指示灯开始闪烁，并记下传感器相对于壳体的位置，如图6-16所示。将副前转向角传感器调节至指示灯变熄灭和开始闪烁的中间位置并记住。然后将锁紧螺母拧紧至规定力矩值。

⑫ 关闭点火开关。如果前转角传感器的线束扭绞，拔出插头并将线束弄直，装上线束夹并装上传感器盖，用新的绑带将盖子封紧。

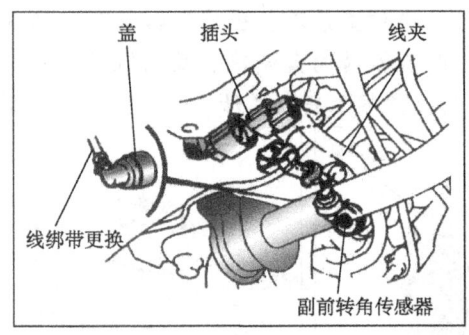

图6-15 切断绑带并拆下副前转角传感器

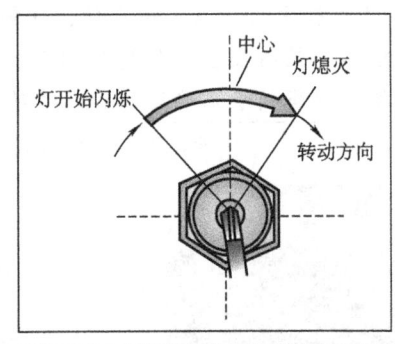

图6-16 调节副转角传感器

5. 后轮速度传感器

后轮速度传感器安装在每只后轮上。这些传感器与防抱死制动系统(ABS)控制单元以及四轮转向控制系统相连接。每一只后轮毂上安有一只带槽的环，轮速传感器就直接安装在这些带槽的环的上方。这些传感器包括一只绕有线圈的永久磁铁。当后轮转动时，带槽的环上的齿经过传感器，这样就在传感器内产生电压。以 Hz 为单位的电压频率经计算机处理以确定轮速，如图 6-17 所示。

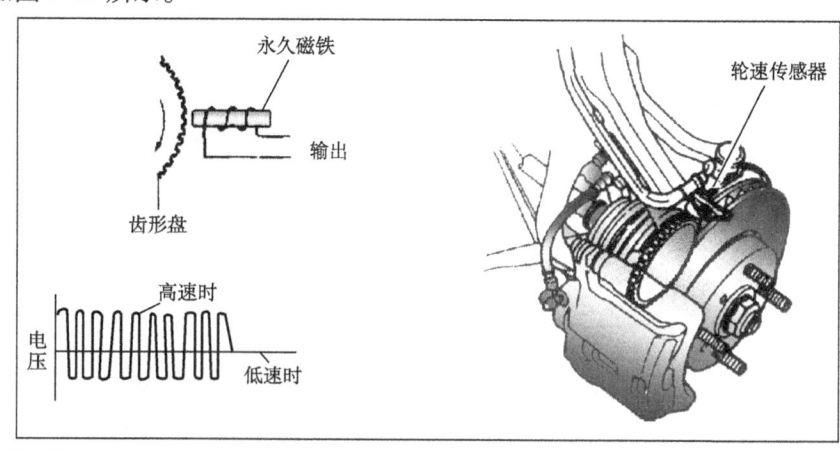

图 6-17　从后轮速度传感器发出的与轮速成正比的电压频率信号

6. 车辆速度传感器

车辆速度传感器将与车辆速度相关的电压信号送到四轮转向系统控制单元。这个车辆速度信息也被送到自动变速器控制单元。

三、后轮转向执行器的维修

1. 后轮转向执行器的拆卸

注意：许多转向系统维修、诊断过程需要在后轮转向执行器安装中心锁销以将它锁定在中央位置。

按如下步骤将后轮转向执行器拆下。

① 用起动机将车辆抬高或用千斤顶将车辆后部抬高，并用千斤顶支架在制造厂指定的位置支住底盘。

② 从每只转向横拉杆接头处，拆下开口销及螺母。

③ 将一只 12mm 螺母装到转向横拉杆接头处，直至球头销末端与螺栓平齐。

④ 将专用工具装到转向横拉杆接头上，使其两臂平行。将工具上螺母拧紧以松开转向横拉杆接头，如图 6-18 所示。在两只转向横拉杆接头处做同样的操作。

专用工具：横拉杆接头拆卸工具。

⑤ 从转向横拉杆上拆下螺母，并从转向臂处拆下转向横拉杆。

⑥ 拆下后轮转向执行器的罩，如图 6-19 所示。

⑦ 拆下盖螺栓及垫圈，并装上后轮转向中心锁销，如图 6-20 所示。

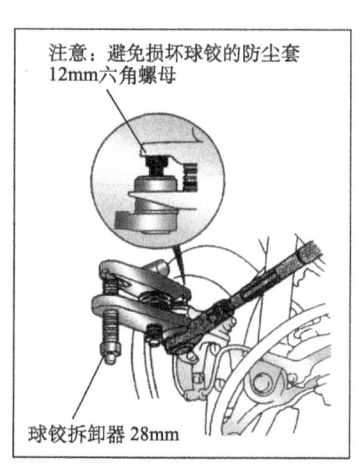

图 6-18　用专用工具拆卸转向横拉杆接头

⑧ 拆下后轮转向执行器的接地电缆接头及所有电气配线接头，如图6-21所示。

⑨ 拆下四只安装螺母及托架，并拆下后轮转向执行器，如图6-22所示。

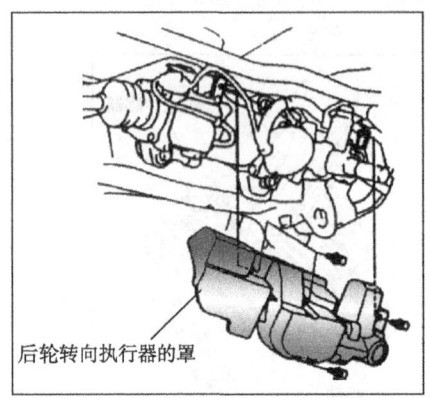

图6-19 拆卸后轮转向执行器的罩

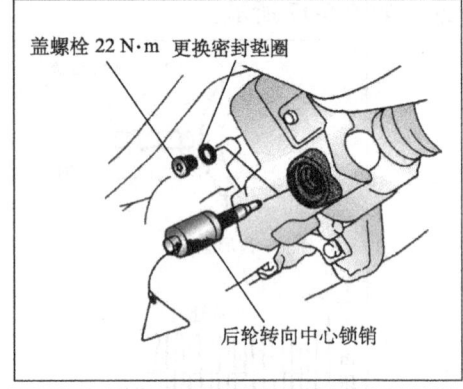

图6-20 拆下盖螺栓和垫圈，并安装后轮转向中心锁销

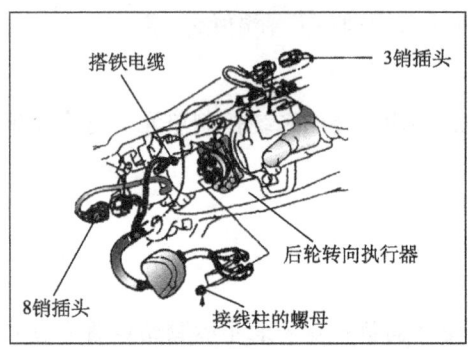

图6-21 在后轮转向执行器上拆下接地电缆接头和所有的电线插头

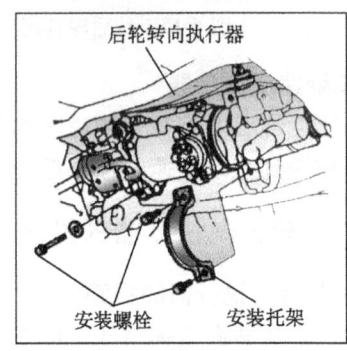

图6-22 拆下四个安装螺栓，托架和后轮转向执行器

2. 转向横拉杆及其接头的拆卸

① 用蜡笔做记号以标记转向横拉杆接头、锁紧螺母以及转向横拉杆的相对位置。

② 用扳手卡住转向横拉杆接头，并松开锁紧螺母，如图6-23所示。

③ 拆下转向横拉杆接头。

④ 从转向横拉杆内接头上，拆下防尘套夹箍及夹子，如图6-24所示。

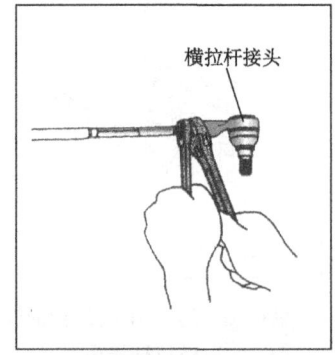

图6-23 松开横拉杆锁紧螺母

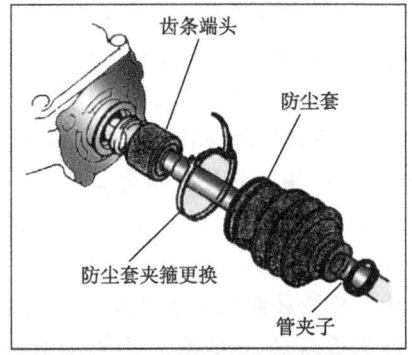

图6-24 从横拉杆内接头上拆下防尘套夹箍及夹子

第六章 电子控制四轮转向系统

⑤ 将专用的齿条夹持工具平的一面朝向执行器壳体，并用软钢锤将它在调节器壳体及垫圈之间来回扳动，如图6-25所示。

⑥ 将转向横拉杆上锁紧垫圈的弯起处弄平。

维修要点：在松开转向横拉杆时握紧夹持工具，以免将转动力作用到执行器轴的螺纹上。

⑦ 用专用工具夹住执行器轴螺纹处，并用扳手松开转向横拉杆，如图6-26所示。

⑧ 沿轴的螺纹扭下转向横拉杆，随后在每只转向横拉杆接头进行同样的操作。

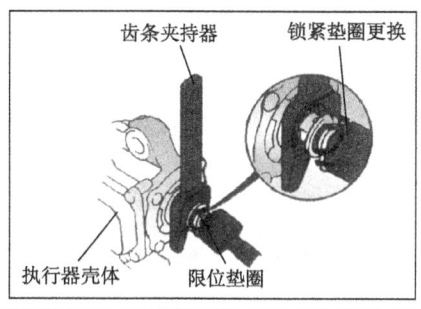

图6-25 在执行器壳体和锁紧垫圈之间安放齿条夹持器

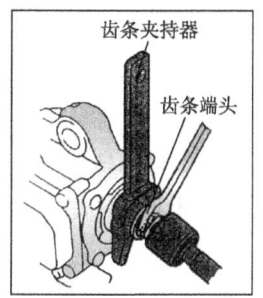

图6-26 在后转后执行器的轴螺纹上拆下转向横拉杆

3. 转向拉杆接头防尘套的拆卸与更换

转向横拉杆接头防尘套筒如果裂开、松动或老化，必须更换，依如下步骤拆卸并更换接头防尘套。

注意：a. 不要在横拉杆接头、防尘套的安装轴肩和球头销锥面处涂润滑脂。

b. 不要使灰尘或异物进入转向横拉杆接头球铰或防尘套。

① 用一只大的旋具将旧的防尘套从转向横拉杆接头上卸下来。

② 向新的防尘套内加注制造厂推荐的润滑脂，并在口部涂上较薄的一层。

③ 用抹布将润滑脂从球头销的滑动表面上擦去，并在球头销下表面及球头销体处加润滑脂，如图6-27所示。

④ 用专用的工具将新防尘套装入转向横拉杆接头，如图6-28所示。

⑤ 用抹布将球头销圆锥面上的润滑脂擦去，并在防尘套下端及转向横拉杆体处涂抹密封液。

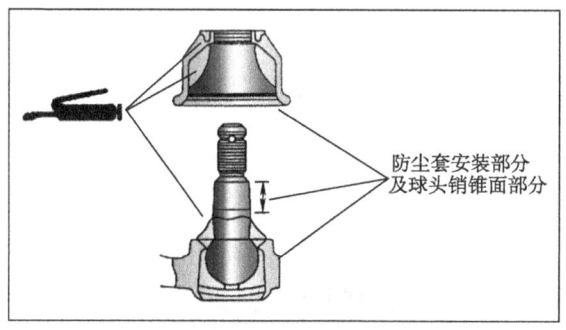

图6-27 用润滑脂充入防尘套及横拉杆接头

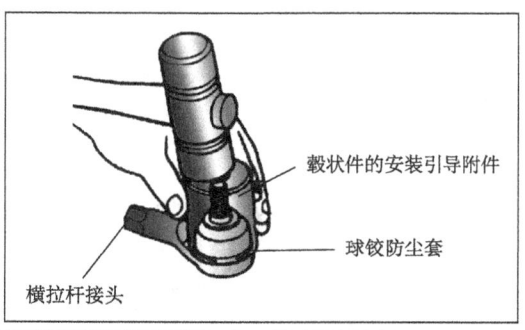

图6-28 用专用的安装工具将防尘套装在横拉杆接头上

4. 转向横拉杆及其接头的安装

注意：千万不要使后转向执行器轴的螺纹承受轴间冲击或转动力，任何一种情况都将导致执行器内部损坏。

转向横拉杆内接头防尘套如果出现开裂、老化或损坏的情况则必须更换。按以下步骤安装转向横拉杆及其接头。

① 装上转向横拉杆接头，并使转向横拉杆接头、螺母及转向横拉杆上的记号对齐，拧紧转向横拉杆螺母至规定力矩值。

② 拧上每只内转向横拉杆并固定锁紧垫圈，使其小凸起在转向横拉杆接头内端。限位垫圈装在轴螺纹上时，要使有倒角的一面向外，如图 6-29 所示。

③ 用软钢锤轻敲执行器壳体与限位垫圈之间的专用夹持工具，如图 6-30 所示。

④ 用夹持工具夹住轴的螺纹，并将横拉杆接头拧紧至规定力矩值。

⑤ 将锁紧垫圈小凸起翻向转向横拉杆内接头平面。

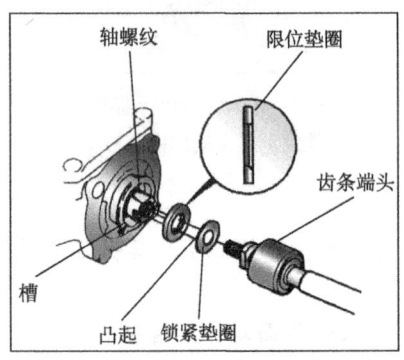

图 6-29　在轴的螺纹上安装横位杆内接头

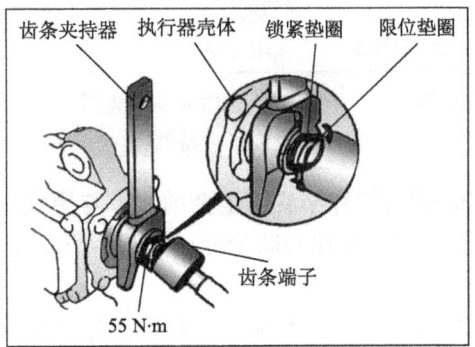

图 6-30　在拧紧横拉杆内接头时安放专用工具以卡住轴

⑥ 取下专用夹持工具，在转向横拉杆的滑动表面涂上硅润滑脂，如图 6-31 所示，在转向横拉杆防尘套内壁涂上较薄的一层硅润滑脂。

⑦ 在内转向横拉杆接头壳体的周围，涂上制造厂推荐用的润滑脂。

⑧ 将防尘套装到执行器壳体上，并将防尘套夹箍和垫圈装在相对于执行器壳体的正确位置，如图 6-32 所示。

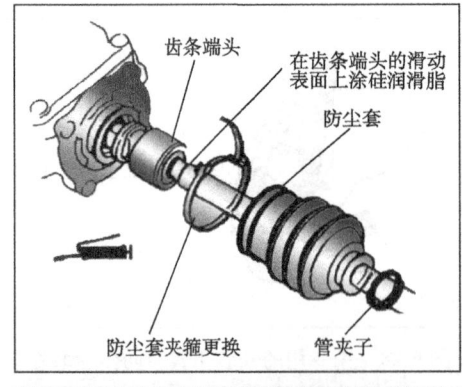

图 6-31　横拉杆内端连接壳体的润滑

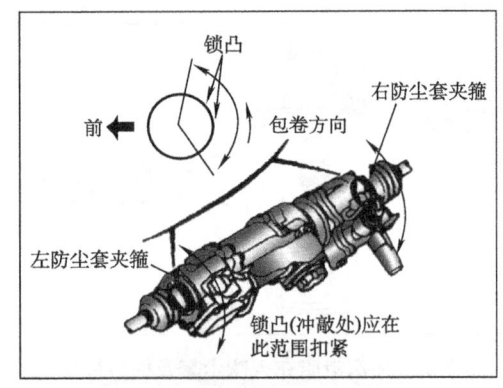

图 6-32　防尘套夹箍相对于执行器壳体的正确位置

第六章 电子控制四轮转向系统

注意：将防尘套夹箍敲紧时，注意不要损坏内转向横拉杆防尘套。

⑨ 夹紧防尘套夹箍，并将两对锁凸扣在箍上，如图6-33所示。轻敲防尘套夹箍重叠的部分，使其贴合并压紧。

5. 拆卸并更换后轮转向执行器的传感器

按以下步骤拆卸并更换主副后转角传感器。

① 松开副后转角传感器锁紧螺母，并将传感器沿螺纹从壳体中旋出，如图6-34所示。丢弃传感器O形圈。

② 拆下两只主后转角传感器的安装螺栓，并将传感器从执行器壳体中取出，如图6-35所示。注意定位销的位置，并丢弃O形圈。

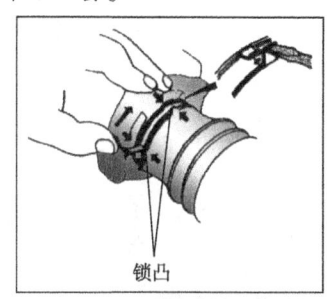

图 6-33 夹紧和冲敲横位杆内防尘套夹箍

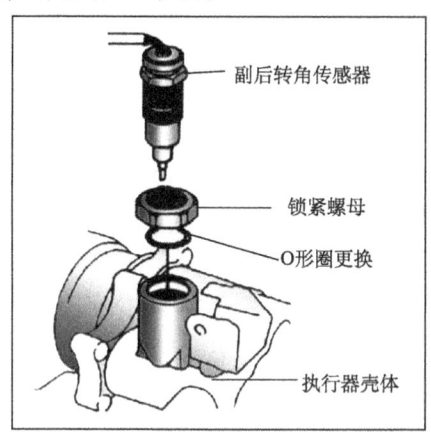

图 6-34 拆卸副后转角传感器

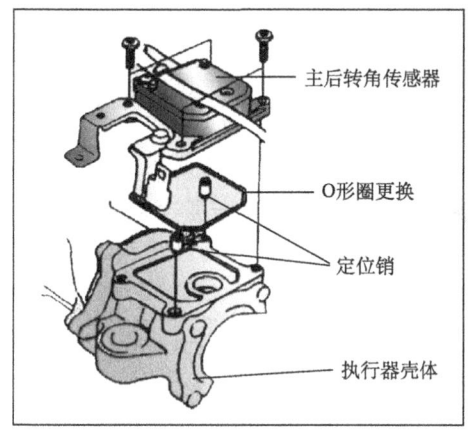

图 6-35 拆卸主后转角传感器

注意：用封口腔带或其他的物品盖住主副后转角传感器开口，以防止灰尘或异物进入。

③ 在副后转角传感器上，安装锁紧螺母及新的O形圈。

④ 在O形圈上涂一层较薄的润滑脂，并将传感器装到执行器壳体里。

⑤ 转动传感器直至它触到锥形轴，再反向旋出半圈，用手指拧紧锁紧螺母。副后转角传感器的最终调整是在执行器装到车上时完成的。

⑥ 在主后转角传感器O形圈表面上涂一层润滑脂，并将它装到传感器上。

⑦ 将主后转角传感器及密封圈装到执行器壳体内，注意定位销的位置，并拧紧安装螺母至规定力矩值。

6. 安装后轮转向执行器

按下述步骤安装后轮转向执行器。

① 装上后轮转向执行器及四只安装螺栓及托架，托架上的箭头指向上，如图6-36所示。

② 将后轮转向执行器安装螺栓拧紧至规定力矩。

注意：将转向横向杆接头上的槽顶螺母按规定力矩拧紧，并继续拧紧至螺母上的槽与转向横拉杆的销钉孔对齐，不要为了对齐而将螺母拧松。

③ 将转向臂与转向横拉杆接头重新连接起来，并将槽顶螺母拧紧至规定力矩。如有必要，再稍拧紧螺母以使它上面的槽与横拉杆销孔对齐。

109

④ 将开口销安装在螺母及转向横拉杆销钉开口处,并将开口销中一叉向下弯至螺母上,将其另一叉向上扳至转向横拉杆球头销顶部,如图 6-37 所示。

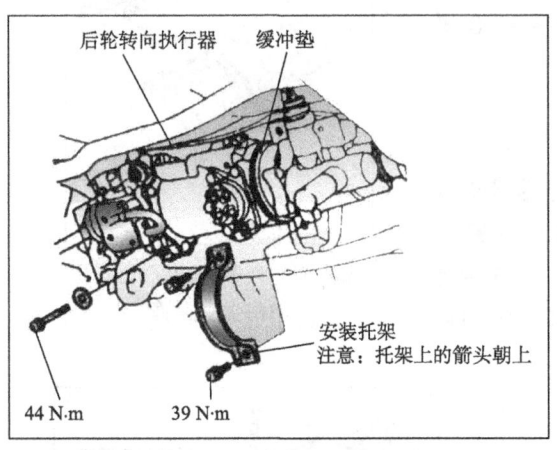

图 6-36 装上后轮转向执行器,安装螺栓及托架

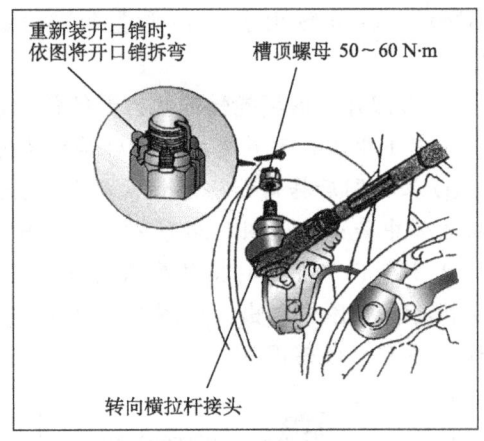

图 6-37 开口销在转向横拉杆接头上的正确安装

⑤ 检查所有线路接头是否有污染,并视需要进行清洁,安装后轮转向执行器上所有的线路接头并将接头螺母拧紧至规定力矩,如图 6-38 所示。

⑥ 安装主后转向传感器插头上的接线柱罩。拆下后轮转向锁销,并装上盖螺栓及垫圈。待到后轮转向执行器完成最终的调整后才安装转向执行器罩。

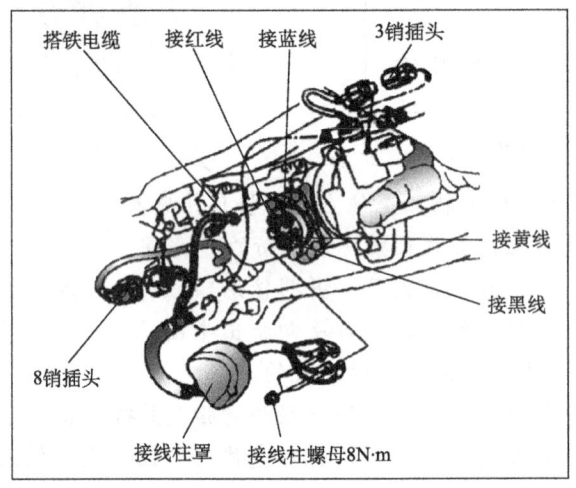

图 6-38 后轮转向执行器上电气插头的安装

四、电子控制四轮转向系统的工作特性

1. 四轮转向控制单元的工作情况

发动机工作时,四轮转向控制单元不断地从所有的输入传感器处收到信息。如果转向盘转动,四轮转向控制单元就会对车辆速度传感器、主转向盘角度传感器、副前转角传感器,主、副后转角传感器以及后轮速度传感器传来的信息进行分析,并计算适当的后轮转向角,然后将电池电压输出到后轮转向执行电动机使后轮转向。

第六章 电子控制四轮转向系统

电池电压通过两只大功率输出晶体管输送到后轮转向执行器电动机处。其中一只晶体管在右转弯时导通而另一只在左转弯时导通。主副后转角传感器将反馈信号送到四轮转向驱动控制单元以显示后轮转角已被执行。

2. 四轮转向工作特性

当车速低于 20km/h 时，如果转向盘转动，后轮会立即开始向与前轮相反的方向转动，如图 6-39 所示。在车速为 0 时，后轮最大转向角是 6°。后轮转向角减小的程度随车速变化，在 20km/h 时后轮转向角几乎是 0°。

当车速增至大于 29km/h 时，转向盘在最初 200°转角内后轮转向与前轮一致。在这个车速范围内，转向盘转角大于 200°时，后轮会转向相反的方向。当车速提高到 96km/h 并且转向盘转角是 100°时，那么后轮将会向与前轮相同的方向转动大约 1°。在这种车速下，如果转向盘转动 500°，后轮将会沿与前轮相反的方向转动大约 1°，如图 6-39 所示。

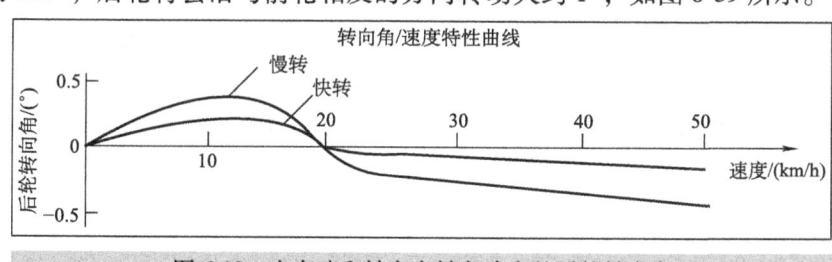

图 6-39 由车速和转向盘转角确定的后轮转向角

第三节 电子控制四轮转向系统的故障诊断

四轮转向控制系统在故障出现时，即使是暂时性的故障，将故障码进行存储并接通四轮转向指示灯，一定要向顾客问清导致指示灯亮的状况并在路试中重现。如果路试中四轮转向指示灯没有亮，系统的电子系统是完好的而不需进一步诊断，那么可从制造厂的维修手册中寻找问题来源，确保在诊断过程中发现问题。

一、在点火开关打开时故障码的显示

必须确切地遵照制造厂的维修手册上四轮转向系统的维修和诊断步骤。下面以本田序曲型轿车上典型操作步骤为例说明。

1）断开电池引线。
2）断开四轮转向控制单元插座。
3）从发动机舱盖下的熔丝/继电盒中取出 43 号时钟-收音机 10A 的熔丝。
以下步骤用于获得故障码：
1）拆下位于中央副仪表板之后的双电极维修检查插头，并将这插头上的两点电极用搭桥线连起来，如图 6-40 所示。
2）打开点火开关，但不要起动发动机。
3）观察四轮转向指示灯，读取故障码。3 次长的闪烁以及短暂停顿之后接着 1 次短的闪烁表示 31 号码。
4）记录故障码。

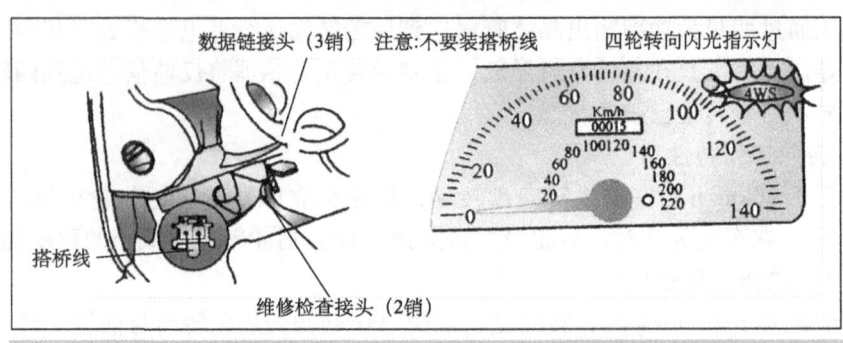

图 6-40 位于中央副仪表板之后的双电极维修检查接头

二、在发动机开动时的故障码显示

四轮转向控制单元实际含有两个处理单元,分别称为主处理单元和副处理单元。每只处理单元最多可存储 10 个故障码。如果在发动机运转时检查故障,故障码的显示表明其存储在主或副处理器中。如果维修插头电极由搭桥线连起来,而且发动机已经开动,四轮转向指示灯在主、副处理器中有故障信号的情况下,按如下顺序工作。

1) 点火开关打开时快速闪 1 次。
2) 停顿 3s。
3) 显示主处理器中存储的代码。
4) 停顿 1.6s。
5) 连续快速闪烁 3s,说明将主、副处理器的信号分开。
6) 停顿 1.6s。
7) 显示副处理器中存储的代码。
8) 停顿 3s,随后重复上述过程,如图 6-41 所示。

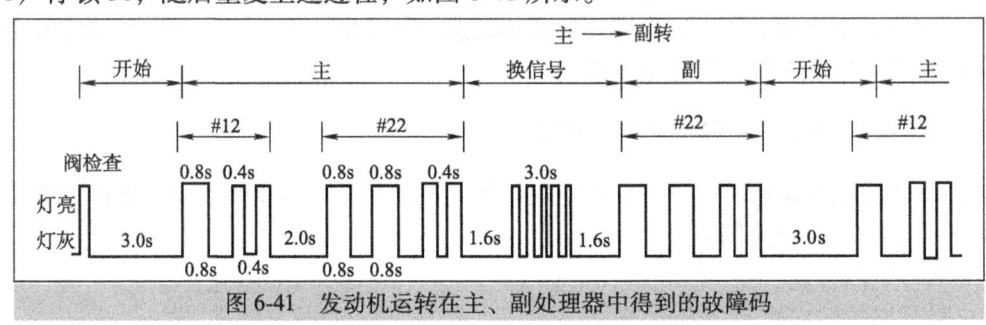

图 6-41 发动机运转在主、副处理器中得到的故障码

三、主转向角传感器故障码

如果在主转向角传感器系统中出现故障,时钟-收音机 10A 熔丝必须被切断,以取消四轮转向指示灯。如果电子控制四轮转向系统中其他部分出现故障,在点火开关断开时,四轮转向指示灯被取消。然而,在点火开关接通时,指示灯又会再亮起来,四轮转向控制单元再次感知故障。

四、代表瞬间行驶工况的故障码

故障码 70、71、73 以及 74 代表不正常的或粗暴的驾驶情况,见表 6-3。当四轮转向控制单元感知这些故障的某一个时刻,它并不使 4WS 指示灯亮,但在自诊断过程中,这些故障码会出现。

表 6-3 表示不正常或粗暴驾驶状况等问题的故障码

故障码	工 作 状 况	四轮转向指示灯
70	汽车行驶时点火开关从断开至接通	亮
71	驾驶人以及三个乘客在车上时汽车粗暴驾驶或者转动转向盘时后轮受到人行道凸边阻碍	—
73	蓄电池快速充电时起动发动机	—
74	驻车制动器起作用时开动汽车	诊察后点亮 5min

第七章

巡航控制系统

第一节 巡航控制系统的功能及使用

一、巡航控制系统的功能

巡航控制系统(Crusie Control System,CCS)是20世纪60年代发展起来的,又称恒速行驶系统。巡航控制系统工作时,ECU根据各种传感器输送来的信号判断汽车的运行工况,通过执行元件自动调节节气门的开度,使汽车的行驶速度与设定的车速保持一致。汽车在良好路面上长时间行驶时,驾驶人起动巡航控制系统并设定行驶速度,不需驾驶人操纵加速踏板,巡航控制系统即可自动保持汽车按设定的车速行驶,不仅减轻了驾驶人的劳动强度,同时利用先进的电子控制技术控制节气门的开度,比驾驶人操纵控制节气门开度更精确,提高汽车燃料的经济性、减少排放污染物等。

汽车进入巡航控制状态后,若车速过低(一般为40km/h)、汽车急减速(一般减速度超过 $2m/s^2$)或ECU检测到系统有故障时,ECU将自动解除巡航控制。

在进行巡航控制时,系统的主要功能见表7-1。

表7-1 巡航控制系统的主要功能

功能	说明
匀速控制功能	在巡航控制过程中,ECU对车速传感器的信号与设定的巡航控制车速进行比较,并根据比较结果反馈给控制执行元件,修正节气门开度,使汽车以设定的巡航控制车速匀速行驶
巡航控制车速设定功能	汽车在巡航控制车速范围(40~200km/h)内行驶时,通过操纵开关设定巡航控制车速,巡航控制ECU将设定时的车速存储于ECU存储器内,并使汽车保持这个速度行驶
滑行功能	当汽车以巡航控制模式行驶时,若接通设置和滑行(SET/COAST)开关后不松开,执行器就会关闭节气门,使汽车减速滑行。当松开设置和滑行开关时,ECU便将此时的车速存储,并保持此车速行驶
加速功能	当汽车以巡航控制模式行驶时,若接通设置和加速(SET/ACC)开关,执行器就会将节气门适当开启,使汽车加速行驶。当松开设置和加速开关时,ECU将此时的车速存储,并保持此车速行驶
恢复功能	只要行驶车速在40km/h以上,若用取消开关以手动的方法将巡航控制模式解除后,接通设置和加速(SET/ACC)开关,即可恢复设定车速。但若车速低于40km/h,存储器中的巡航控制车速就会被清除,原设定车速也就不能恢复
车速下限控制功能	车速下限是巡航控制所能设定的最低车速,约为40km/h,巡航控制不能低于这个速度。当汽车以巡航控制模式行驶时,若车速降至40km/h以下,巡航控制就会自动解除,设置在存储器内的车速也被清除

(续)

车速上限控制功能	车速上限是巡航控制所能设定的最高车速,约为 200km/h。即使操作加速(ACC)开关,也不能使车速超过 200km/h
手动解除功能	当汽车以巡航控制模式行驶时,若通过手动操作,使真空驱动执行器内的释放阀和控制阀同时关闭,或电动机驱动执行器关闭执行器内的电磁离合器,巡航控制就会解除
自动解除功能	当汽车以巡航控制模式行驶时,若出现伺服调速电动机或安全电磁阀晶体管驱动电流过大,伺服电动机始终朝节气门打开方向转动时,存储器中设置的车速被清除,安全电磁阀离合器断电,巡航控制自动解除,控制开关同时关闭 在汽车处于巡航控制行驶期间,若出现车速低于 40km/h,巡航控制系统的电源中断时间超过 5ms,巡航控制也会自动解除
自动变速器控制功能	在巡航控制模式下,汽车以超速档上坡行驶,当车速降至超速档切断速度(设定车速减去 4km/h)时,ECU 自动降档以增加驱动力,防止车速进一步降低。当车速升至超速档恢复速度(设定车速减去 2km/h)时,约 6s 后巡航控制 ECU 会自动恢复超速档行驶
快速修正巡航控制车速功能	当实际车速与设定车速相差约 5km/h 时,每次迅速(在 0.6s 以内)操纵 SET/COAST 开关,可将设定车速降低约 1.65km/h
自诊断功能	巡航控制 ECU 对系统进行监控,当发生故障时,ECU 接通组合仪表上故障指示灯电路,以提示驾驶人。同时,ECU 存储相应的故障码,故障码可通过故障指示灯读取。图 7-1 所示为大众宝来轿车巡航指示灯

二、巡航控制系统的使用方法

不同车型的巡航控制系统操纵开关设置的位置和类型也不同,巡航控制系统的使用方法也略有差异。以雷克萨斯 LS400 为例,巡航控制系统操纵开关如图 7-2 所示。

结构原理:巡航控制系统的操纵手柄有四个开关位置,手柄的端部为主开关按钮,按下主开关按钮时,仪表板上巡航控制系统的"CRUISE MAIN"指示灯亮,表示开启巡航控制模式;如再按一下主开关按钮,则按钮弹起,指示灯灭,表示关闭巡航控制模式。操纵手柄朝下扳动是巡航速度的设定开关,向上推则是解除巡航控制开关,朝转向盘方向扳起是恢复巡航控制开关。

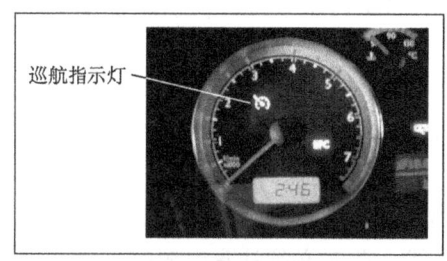

图 7-1 大众宝来轿车巡航指示灯

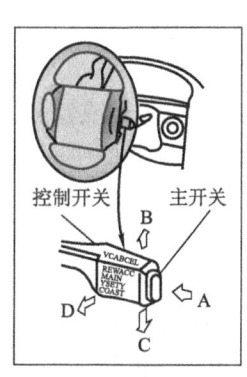

图 7-2 巡航控制系统操纵开关

巡航控制系统具体的使用方法

设定巡航速度

为确保行车安全，巡航控制系统的车速控制范围一般为 40~200km/h，即车速低于 40km/h 或高于 200km/h 时，汽车不能进入巡航控制模式。设定巡航速度的方法：开启巡航控制系统开关，按下 CRUISE ON-OFF 按钮，踩下加速踏板，使汽车加速；当车速达到设定值时，将巡航控制系统操纵手柄置于 SET/COAST 位置并放松，即进入自动行驶状态，驾驶人可将加速踏板松开，巡航控制系统会根据汽车行驶时阻力的变化，自动调节节气门的开度，使车速保持在设定车速行驶。如需超车时，只要踩下加速踏板即可，超车完毕后再放松加速踏板，汽车便会恢复到已设定的巡航速度行驶

解除巡航控制模式

解除巡航控制模式，有几种方法可供选择：第一，将巡航控制系统操纵手柄置于 CANCEL 位置并放松；第二，踩下制动踏板使汽车减速；第三，变速杆置于空档位置

提高巡航控制车速

将巡航控制系统操纵手柄置于 RES/ACC 位置并保持手柄不动，此时车速将逐渐加快，当车速达到要重新设定的巡航速度时放松手柄即可。这种加速方法与踩加速踏板加速相比，所用时间较长

降低巡航控制车速

将巡航控制系统的操纵手柄置于 SET/COAST 位置并保持手柄不动，此时汽车将减速行驶，当车速降至所要求的设定速度时释放操纵手柄即可。这种减速方法与踩制动踏板减速相比，减速度要小

三、巡航控制使用注意事项

1）当交通流量较大，在雨、冰及雪等湿滑路面上或遇上大风天气时行驶，不要使用巡航控制系统。

2）在解除巡航控制模式后，关闭巡航控制系统的控制开关，以免巡航控制系统误工作。

3）汽车在坡道较大或较多的道路上行驶时，使用巡航控制系统，会引起发动机转速变化过大，因此最好不要使用巡航控制系统。汽车下长坡时，应解除巡航控制模式，以便将变速器换入低档，利用发动机辅助制动使车速得到控制。

4）使用巡航控制系统要注意观察仪表板上的 CRUISE ON-OFF 指示灯是否闪亮。指示灯闪亮时，表明巡航控制系统有故障，应解除巡航控制模式，待排除故障后再使用巡航控制系统。

5）ECU 是巡航控制系统的中枢，对电磁环境、湿度及机械振动等有较高的要求。ECU 电源接插件一般不会插错，但在维修中有可能重新接线，此时必须注意电源的极性及电源线的位置。电源接插件应保持清洁，金属部分应保持无氧化、无变形和无油污。接插件应连接到位，有锁紧装置的必须锁紧。

第七章 巡航控制系统

第二节 巡航控制系统的组成及工作原理

巡航控制系统主要由操纵开关、安全开关、传感器、巡航控制 ECU 和执行元件等组成，如图 7-3 所示。

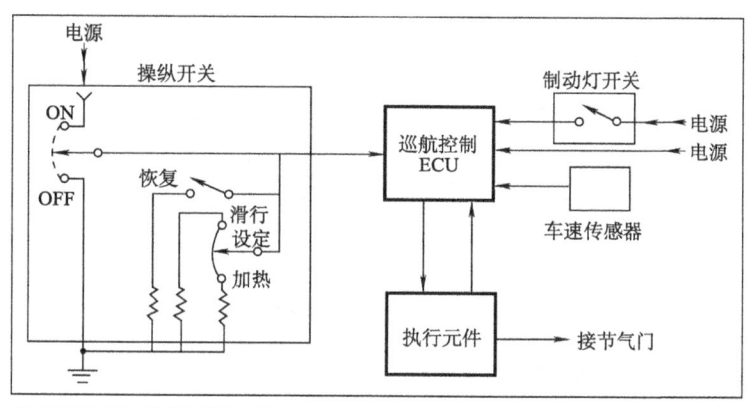

图 7-3 巡航控制系统的组成

工作原理：汽车处于巡航控制模式行驶时，ECU 根据各传感器的信号确定维持或解除巡航控制模式，如维持巡航控制模式，则根据相关传感器信号和设定的巡航控制车速，确定节气门的开度，并通过执行元件调节节气门开度，使汽车自动以设定的巡航控制车速行驶。

一、操纵开关

如图 7-4 所示，操纵开关安装在转向信号手柄上或转向盘上，驾驶人通过操纵开关给 ECU 输入巡航控制命令，主要用于选择巡航控制模式、设置或修改巡航控制车速等。

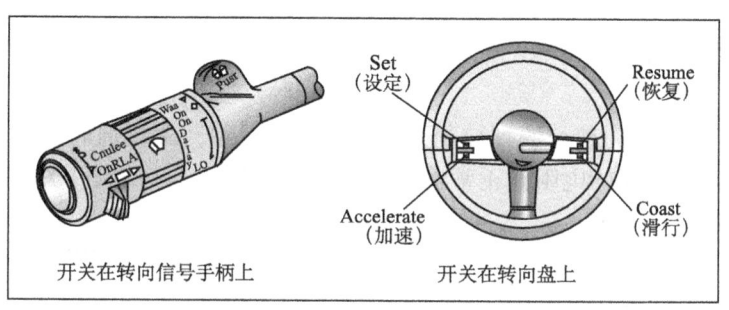

图 7-4 操纵开关

On-Off(或 MAIN)开关是巡航控制系统的主电源开关，安装在转向柱或转向盘等驾驶人容易操作的位置上，一般采用按键式，每次将其按下，该系统的电源就接通或关闭。主开关接通时，如将点火开关关闭，巡航控制系统的主电源开关也关闭，即使点火开关再次接通，此开关仍保持关闭。

Set/Coast(设置/滑行)开关用于设定巡航控制车速，或在巡航控制模式下使汽车减速滑行(降低巡航控制车速)。Resume/Accelerate(恢复/加速)开关用于恢复巡航控制模式，或在巡航控制模式下使汽车加速（提高巡航控制车速）。有些汽车上还设有 Cancel（取消）开关，用于手动解除巡航控制模式。

图 7-5 所示为雷克萨斯、凯美瑞操纵开关电路。

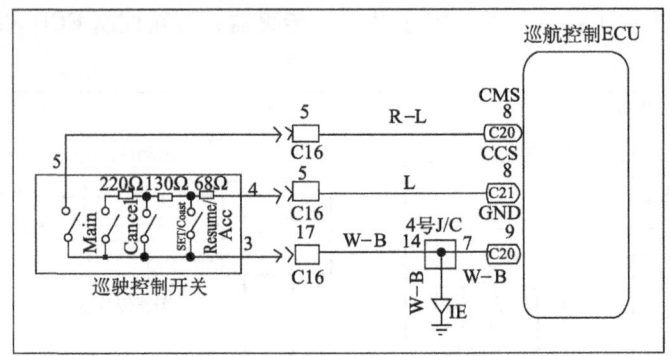

图 7-5 雷克萨斯、凯美瑞操纵开关电路

操纵开关电路故障检查与排除

故障诊断流程图如图 7-6 所示。

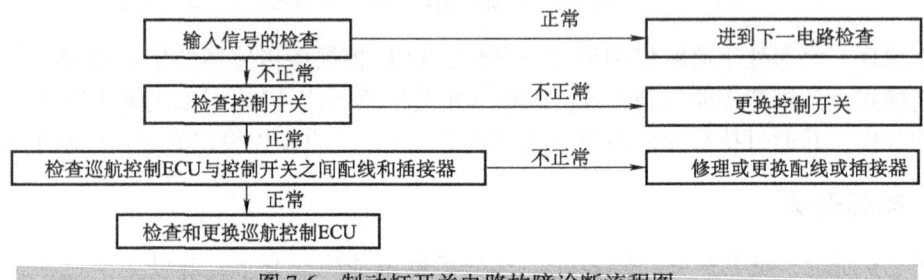

图 7-6 制动灯开关电路故障诊断流程图

1) 检查 Set/Coast、Resume/Accel 和 Cancel 分别接通时指示灯的工作状况。正常情况下，当每一开关接通时应按表 7-2 所示输出信号；当开关关闭时，信号应消失。若不正常，则进到下一步。

2) 拆下转向盘中心衬垫，脱开控制开关插接器，控制开关接通时，测量控制开关插接器的端子 3 与端子 4 之间的电阻。正常输出信号如表 7-2 所示。控制开关插接器的端子 3 与端子 4 之间的电阻见表 7-3。

表 7-2 输出信号

输入信号	指示灯闪烁形式
Cancel 开关	1 个脉冲
Set/Coast 开关	2 个脉冲
Resume/Accel 开关	3 个脉冲

表 7-3 控制开关插接器的端子 3 与端子 4 之间的电阻

开关位置	电阻/Ω
空档	∞（不导通）
Resume/Accel	约 70
Set/Coast	约 200
Cancel	约 420

备注：当显示诊断代码 34 时，应仔细检查空档位置，特别是 RES/ACC 和 SET/COAST

第七章 巡航控制系统

之间时的电阻总是为∞，若不正常，则更换控制开关。

3) 检查巡航控制 ECU 与控制开关之间的配线和插接器。若不正常，则修理或更换配线或插接器；若正常，则检查和更换巡航控制 ECU。

二、安全开关

安全开关的功用：向 ECU 提供解除巡航控制的信号，以免巡航控制系统的工作与驾驶人的操作目的发生冲突，导致系统损坏或发生事故。

如汽车在巡航控制模式行驶时，紧急情况下，驾驶人不可能先通过其他操作解除巡航控制模式，然后再踩制动踏板。为防止紧急制动时，巡航控制系统继续工作而导致系统损坏或发生事故，ECU 接收到制动开关信号时会自动解除巡航控制模式。

安全开关包括制动灯开关、驻车制动开关、离合器开关和空档起动开关。汽车在巡航控制模式下行驶时，如踩下制动踏板、拉起驻车制动操纵手柄、自动变速器挂入 P 位或 N 位、踩下离合器踏板（装用手动变速器的汽车），ECU 接到其中任一安全开关信号，都将自动解除巡航控制模式。此外，ECU 检测到系统发生故障时，也会自动解除巡航控制模式。

制动灯开关电路故障检查与排除

图 7-7 为雷克萨斯、凯美瑞制动灯开关电路图。

当制动踏板踩下时，制动灯开关向 ECU 输出信号。ECU 接到该信号后即消除巡航控制。由于设置了失效保护功能，即使制动灯信号电路发生故障，消除功能仍然正常。消除条件：① 在端子 STP- 处为蓄电池电压；② 在端子 STP+ 处为 0V。

制动时，蓄电池电压通过制动灯熔丝和制动灯开关加到 ECU 的端子 STP- 上，ECU 关闭巡航控制。若连接至端子 STP- 的配线断路，端子 STP- 仍为蓄电池电压，巡航控制会关闭。若制

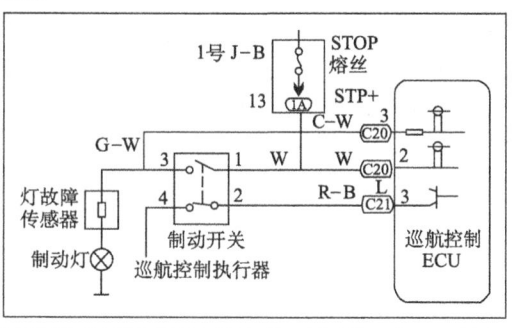

图 7-7 制动灯开关电路图

动灯熔丝断路，则当制动开关接通时，端子 STP+ 会接近 0V。于是 ECU 正常执行消除功能。同理，当制动开关接通时，电磁离合器电路被制动灯开关以机械方式切断，使巡航控制关闭。

故障诊断流程图如图 7-8 所示。

制动灯开关电路故障检查与排除步骤如下。

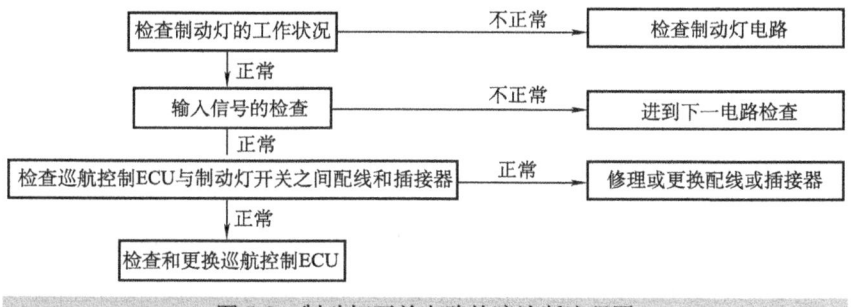

图 7-8 制动灯开关电路故障诊断流程图

1) 检查制动灯的工作状况。制动踏板踩下时停车灯应亮；制动踏板松开时应灭。若不

正常,则检查制动灯电路。

2)输入信号检查。检查制动踏板踩下时指示灯的状况,此时应输出 6 脉冲信号。

3)检查巡航控制 ECU 与制动灯开关之间的配线和插接器是否开路。若正常,则检查和更换巡航控制 ECU;若不正常,则修理或更换配线或插接器。

解除巡航控制的瞬间车速不低于 35km/h 时,此车速将存储于巡航控制 ECU 中,通过 Resume(恢复)开关,可自动恢复汽车以最后存储的车速进入巡航控制模式。

三、传感器

巡航控制系统工作时,除上述开关给 ECU 的输送信号外,还必须由车速传感器、节气门位置传感器以及执行元件位置传感器向 ECU 提供信号。

车速传感器和节气门位置传感器为发动机控制系统和自动变速器控制系统共用。执行元件位置传感器向 ECU 提供执行元件的位置反馈信号,目前采用较多的是电位计式,其结构和工作原理与节气门位置传感器基本相同。

图 7-9 所示为雷克萨斯、凯美瑞执行元件位置传感器电路,它用来检测执行器控制臂的转动位置,并将信号输给 ECU。

(1)执行元件位置传感器故障检查与排除 故障诊断流程如图 7-10 所示。

1)保持连接器不脱开,拆下巡航控制 ECU,将点火开关转到 ON,用手慢慢拨动控制板从减速侧到加速侧,同时并测量巡航控制 ECU 连接

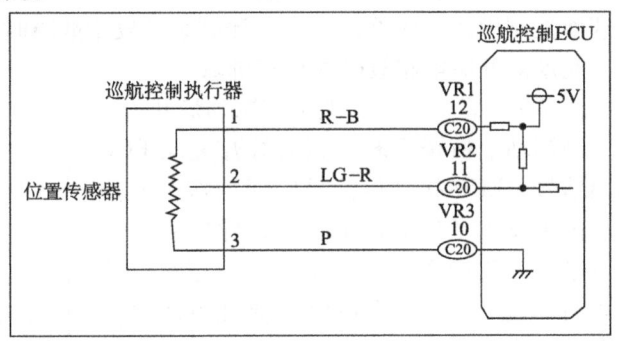

图 7-9 位置传感器电路图

器的端子 VR2 与 VR3 之间的电压。其正常电压在全关时约 1.1V,全开时约 4.2V;此外,当控制板转动时,电压应逐渐增加,不应有中断。

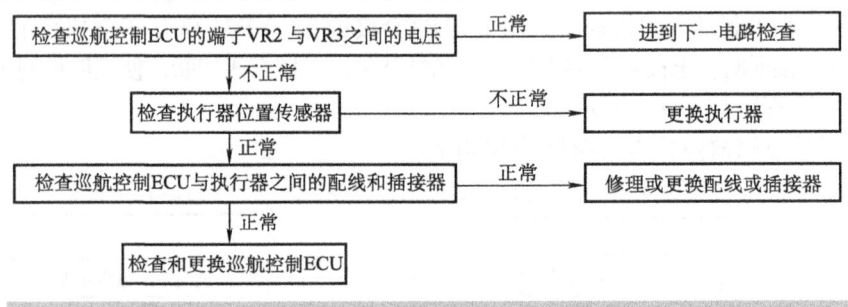

图 7-10 位置传感器电路故障诊断流程图

2)脱开执行器插接器,检查执行器位置传感器。首先,测量执行器端子 1 与端子 3 之间的电阻,其电阻应为 2kΩ;然后,再用手慢慢拨动控制板从减速侧到加速侧,并测量执行器插接器的端子 2 与 3 之间的电阻。其正常电阻值在全关时应为约 530Ω,全开时约为 1.8kΩ;此外,当控制板转动时,电阻应逐渐增加而不应有中断。若不正常,则更换执行器。

3)检查巡航控制 ECU 与执行器之间的配线和插接器。

若不正常，则修理或更换配线或插接器；正常，则检查和更换巡驶控制 ECU。

（2）车速传感器电路故障检查与排除　故障诊断流程如图 7-11 所示。

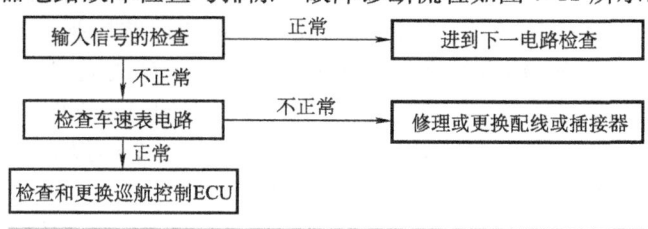

图 7-11　车速传感器电路故障诊断流程图

1）检查车速在 40km/h 以上和 40km/h 以下行驶时指示灯的工作情况。正常结果应为车速高于 40km/h 时，指示灯闪烁；车速低于 40km/h 时，指示灯一直亮。

2）检查车速表电路。若不正常，则修理或更换配线、插接器或组合仪表总成；若正常，则检查和更换巡航控制 ECU。

四、巡航控制 ECU

有些汽车的巡航控制 ECU 是专用的，有些则与发动机控制 ECU 或车身控制系统 ECU 等合为一体的。巡航控制 ECU 主要由稳压电源电路、D/A 转换电路、存储电路、低速限制电路、高速限制电路、保护电路、加速控制电路以及减速控制电路等组成。ECU 接收来自车速传感器、节气门位置传感器、执行元件位置传感器和各种开关的信号，按照存储的程序进行处理。当汽车在巡航控制车速范围(40~200km/h)内行驶时，ECU 接收到驾驶人通过操纵开关输入的 SET 设置信号后，存储此时的行驶车速信号并进入巡航控制模式，然后 ECU 便对车速传感器信号与设定的巡航车速进行比较，根据比较结果向执行元件发出指令信号，控制执行元件的动作，以调整节气门开度，使实际车速与设定车速相一致。

早期的巡航控制 ECU 一般都是采用模拟电子技术制造的，主要由四个不同功能的运算放大器组成，其工作原理如图 7-12 所示。

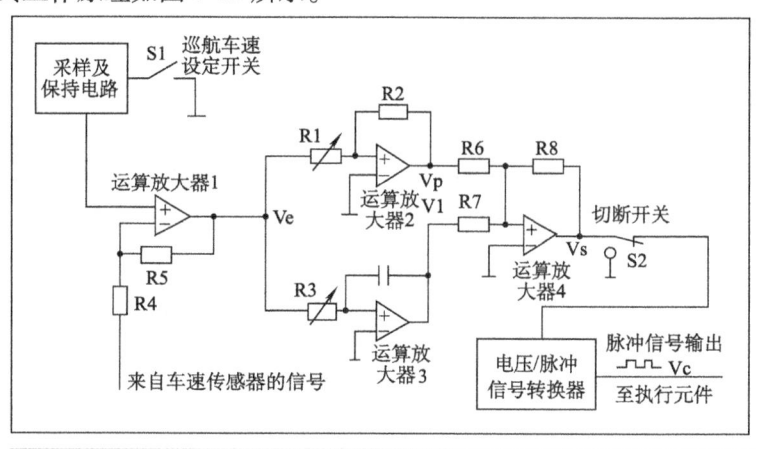

图 7-12　巡航控制 ECU 工作原理

工作原理：驾驶人通过设定开关 S1 设定巡航控制车速，它向采样保持电路发出信号，让其对已经选定的指令车速采样并记忆下来。切断开关 S2 安装在控制执行元件的执令信号输出电路中，汽车在巡航控制模式行驶时，如果车速下降到低于 40km/h、踩下制动踏板、拉起驻车制动操纵手柄、自动变速器挂入 P 位或 N 位时，或驾驶员通过操纵开关输入 Cancel 取消信号时，开关 S2 切断 ECU 向执行元件输送控制信号的电路，自动解除巡航控制模式。运算放大器 1 是一个比较器，它是对驾驶人设定的巡航控制车速与实际车速进行比较，并将得到的误差信号 Vc 输送给运算放大器 2 和 3。运算放大器 2 为线性运算放大器，运算放大器 3 为积分运算放大器，可变电阻 R1 和 R3 用来调节运算放大器 2 和运算放大器 3 的放大倍数。运算放大器 4 产生一模拟电压输出信号 Vs，这个模拟电压信号通过电压/脉冲信号转换器转换成脉冲信号 Vc，然后驱动节气门执行元件工作。

随着数字电子技术的发展，巡航控制系统已全部采用数字式微型计算机控制，其组成如图 7-13 所示。

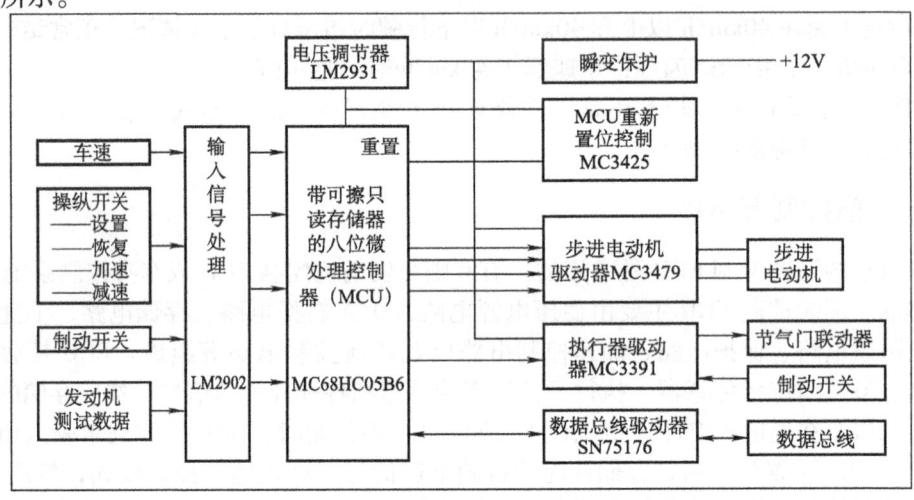

图 7-13　数字式计算机控制巡航控制系统

数字式计算机控制巡航控制系统的控制原理与模拟电路基本相同，区别主要在于所有输入信号均以数字信号直接存储和处理。带可擦除只读存储器的八位中央处理器，根据设定车速、实际车速以及其他输入信号按照给定程序完成所有的数据处理之后，产生一输出信号驱动步进式电动机执行元件工作。为确保安全，将制动开关与执行元件直接相连，当踩下制动踏板时，在断开巡航控制程序的同时，停止执行元件的工作，从而保证节气门完全关闭。

其他输入信号按照给定程序完成所有的数据处理之后，产生一输出信号驱动步进式电动机执行元件工作。为确保安全，将制动开关与执行元件直接相连，当踩下制动踏板时，在断开巡航控制程序的同时，停止执行元件的工作，从而保证节气门完全关闭。

控制电路的检查

① 检查熔丝是否烧坏。
② 如果熔丝完好，从真空调节器上拆下导线插接器。
③ 将线束中的接台导线和真空调节器上的保持线柱连接，使电流不经过下限速度开关。
④ 接通点火开关，发动机不起动，慢慢按压和松开车速控制开关，如能听到真空阀的吸合响声，且指示灯亮，说明真空管和有关电路良好。

五、执行元件

巡航控制系统的执行器由 ECU 控制，根据 ECU 的控制信号控制节气门的开度，以保持车速恒定。巡航控制系统执行器有真空驱动式和电动机驱动式两种。

1. 真空驱动式

真空驱动式执行器依靠真空力驱动节气门。

真空源有两种取得方式：一是仅从发动机进气歧管取得；二是从发动机进气歧管和真空泵两个真空源取得，如图7-14所示。当进气歧管真空度较低时，真空泵参与工作，提高真空度。真空驱动型执行器主要由控制阀、释放阀、两个电磁线圈、膜片、回位弹簧和空气滤清器等组成。

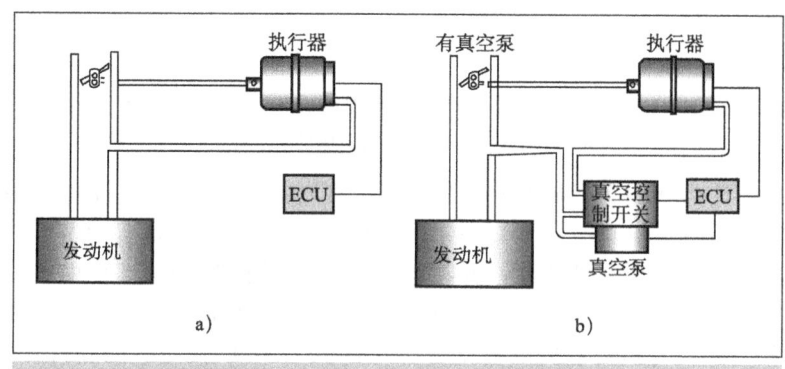

图7-14 真空驱动式执行器的控制方法

a) 从进气歧管取得真空源 b) 从进气歧管和真空泵取得真空源

（1）控制阀 控制阀用来控制膜片后方的真空度，以改变膜片的位置，从而控制节气门，如图7-15所示。当ECU给控制阀电磁线圈通电时，通大气的空气通道关闭，通进气歧管的真空通道打开，执行器内的真空度增加，膜片左移将弹簧压缩，与膜片相连的拉杆将节气门开度增大。当控制阀电磁线圈断电时，通进气歧管的真空通道关闭，通大气的空气通道打开，大气进入执行器，膜片右移，节气门开度减小。ECU通过占空比信号控制电磁线圈的通电与断电，通过改变占空比控制执行器内的真空度，从而控制节气门的开度。

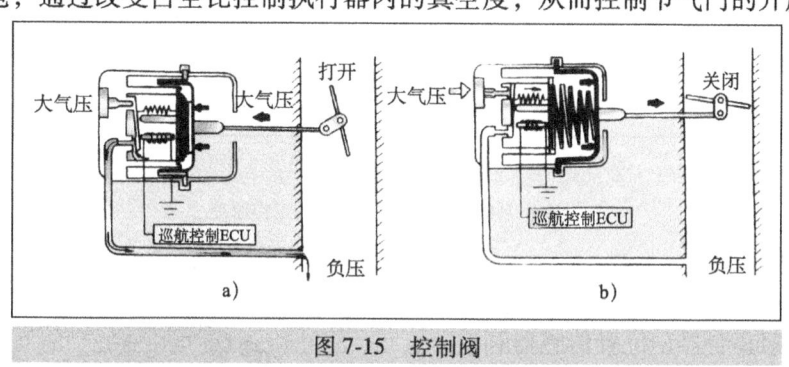

图7-15 控制阀

a) 控制线圈通电 b) 控制线圈断电

（2）释放阀 释放阀的作用是取消巡航控制时，使空气迅速进入执行器，将巡航控制立即取消。释放阀的工作原理如图7-16所示。巡航系统工作时，释放阀电磁线圈中有电流通过，与大气相通的空气通道关闭，由控制阀控制执行器内的真空度，从而控制节气门的开度，保持汽车等速行驶。取消巡航控制时，巡航控制ECU使控制阀电磁线圈断电，控制阀与大气相通的空气通道打开，释放阀电磁线圈也断电，与大气相通的空气通道也打开，让空气迅速进入执行器，取消巡航控制。

（3）真空泵 真空泵由电动机、连杆、膜片和三个单向阀等组成，如图7-17a所示。真空泵的作用是在进气歧管真空度较低时，为巡航系统执行器提供真空源。

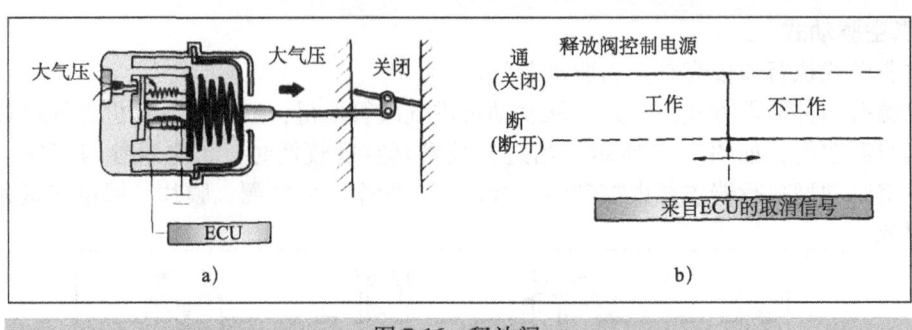

图 7-16 释放阀
a) 释放阀的结构 b) 释放阀的工作特性

真空泵的工作原理如图 7-17b 所示,当进气歧管真空度较高时,单向阀 A 被打开,由发动机进气歧管向执行器提供真空源,真空泵不工作。当进气歧管真空度较低时,真空控制开关检测到真空泵进气室的真空度变化,并将信号送至巡航控制 ECU,巡航控制 ECU 接通真空泵电源,真空泵电动机转动,带动膜片上下运动。当膜片向下运动时,膜片上方产生真空,将单向阀 B 打开,为执行器提供真空源,单向阀 A 和 C 关闭。当膜片向上运动时,单向阀 B 关闭,单向阀 C 打开,将空气排入大气。

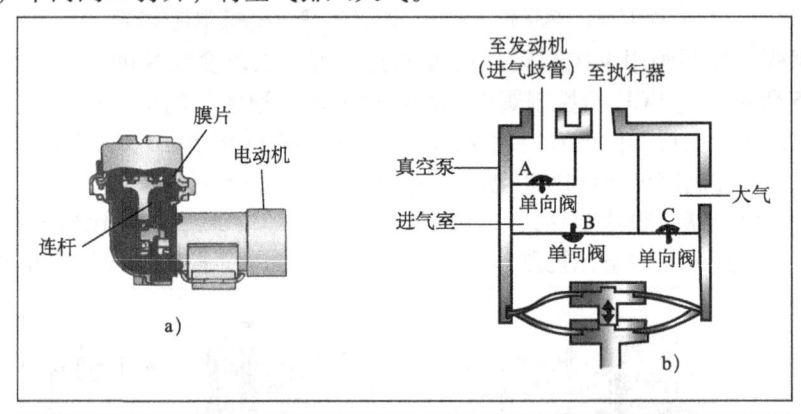

图 7-17 真空泵
a) 真空泵的结构 b) 真空泵的工作原理

2. 电动机驱动式

电动机驱动式巡航控制执行元件主要由电动机、电磁离合器、位置传感器和安全开关等组成,如图 7-18 所示。

结构原理:输出轴与电磁离合器主动件制成涡杆涡轮传动机构,电磁离合器的从动盘与减速齿轮制成一体,减速齿轮与输出轴上的扇齿轮,输出轴则通过控制臂与节气门(节气门拉线)连接。在汽车以巡航控制模式行驶时,电磁离合器处于结合状态,电动机驱动电磁离合器主动件、

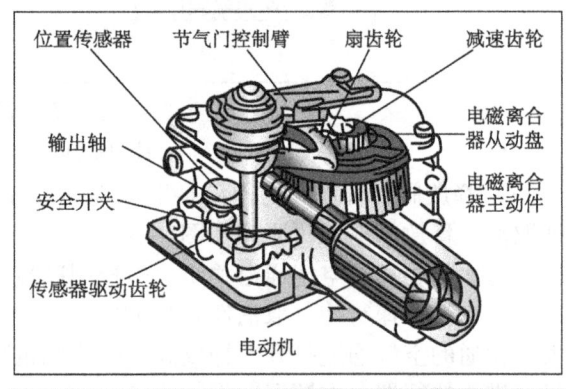

图 7-18 电动机驱动式巡航控制执行元件

从动盘、减速齿轮、扇齿轮和输出轴一起转动,再通过输出轴上的控制臂和节气门拉索控制

第七章 巡航控制系统

节气门的开度。电位计式位置传感器利用齿轮来驱动。

电动机为步进式,受巡航控制 ECU 控制,通过正反转控制节气门开度增大或减小,通过转动步数控制节气门开度的变化量。

电磁离合器控制电动机与节气门之间的动力传递。汽车在巡航控制模式行驶时,满足下列条件之一,巡航控制 ECU 将切断电磁离合器电路,使电磁离合器分离,解除巡航控制模式:驾驶人通过操纵开关输入 Cancel 信号;车速下降到低于 40km/h;踩下制动踏板;拉起驻车制动操纵手柄;变速杆置于 P 位或 N 位;踩下离合器踏板。

安全开关起保护作用:当节气门全开或全闭时,若步进式电动机继续转动,就会损坏。因此,在电动机电路中设有两个安全开关,开关由输出轴驱动,节气门处于全开或全闭位置时,安全开关断开,使电动机停止工作。

执行元件的检测,以雷克萨斯、佳美车系为例。巡航控制系统的整个执行元件的电路如图 7-19 所示。当巡航控制系统出现以下故障。

1) 车速控制系统不能设定。
2) 运作不良,如设定时车速有较大波动,或车速出现上升、下降。
3) 当按动加速按钮时,汽车不加速;处于滑行位时,汽车不减速。
4) 当按恢复按钮时,车速不能回复到原有的巡航车速。

此时,极有可能是巡航控制系统的执行元件出现故障造成的,应重点检查执行器的工作情况。

(1) 安全电磁离合器的检修

1) 检测电阻。4 脚与 5 脚间的电阻值应为 38Ω,即离合器线圈的直流电阻值。
2) 没有通电前,扳动离合器杆应能转动;当 5 脚接电源正极,4 脚搭铁时,离合器杆应至锁住位,此时不能人为地扳动离合器杆,如图 7-20 所示。

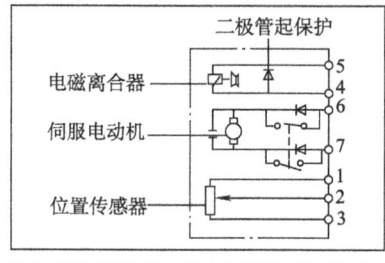

图 7-19 巡航控制系统执行器电路图

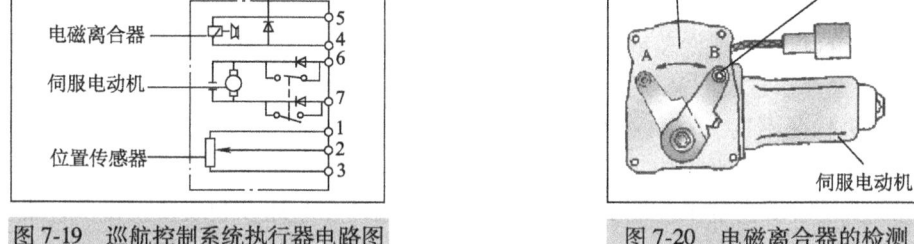

图 7-20 电磁离合器的检测

(2) 伺服电动机的检修 保持电磁离合器的通电状况,再按表 7-4 所示给伺服电动机通电,离合器杆应在两极限位置 A 与 B 范围内运动,如图 7-20 所示。

(3) 位置传感器的检修 如图 7-20 所示,不通电时检测 1 脚与 3 脚间的电阻值应为 2kΩ;当慢移离合器杆从 B 至 A 时,2、3 脚间的电阻值应平滑地由 0.5kΩ 增加到 18kΩ。

表 7-4 伺服电动机的通电检查

转动方向	电源		接线端	
	-		6	7
加速方向	○		○	
		○		○
减速方向		○	○	
	○			○

第三节 巡航控制系统的检修

一、常见的故障现象

电子巡航控制系统的故障可分为不动作、间歇性地动作和不接合三种情况。

1. 故障表现

巡航控制系统经常出现的问题：车速控制装置失灵；上坡或变速时失效；片制动器不能控制；接通加速开关时，不能加速；按滑行按钮时，车速不下降并保持一新速度。当然，最值得注意的问题还是电子线路出现故障。

2. 故障检修流程

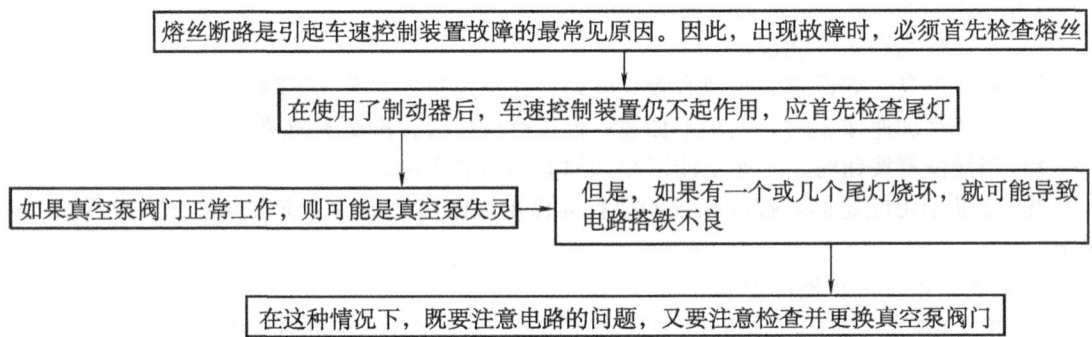

3. 引起故障的主要原因

（1）调整不当 制动器、离合器踏板或真空泵阀开关调整不准确，也会造成车速控制装置失灵，如果踏板不能完全复位，就会接通电路开关和真空泵阀门，从而切断车速控制。真空泵阀门开关的调整出现误差或装错，会引起阀门漏气，以致使行驶中的汽车逐渐减速或加速（当控制装置补偿过度时）。

（2）发动机状况不良 发动机的状况也会影响车速控制装置的正常运行。大多数车速控制装置都是采用真空伺服机构工作的。当多缸发动机点火正时不准确时，或凸轮存在时差时，就不能产生足够的真空来控制节气门操纵杆。因此，在车速控制装置工作前，必须调整好发动机。

（3）真空度下降 在长坡或陡坡行驶时，许多车速控制装置不能稳定地控制车速的另一个原因是真空度逐渐下降。在汽车爬坡时，即使装有分离式的真空存储筒，但节气门位置的变化，也会使真空度下降。在这种情况下，只能由驾驶人来踏节气门踏板。

（4）伺服机构控制杆调节不当 在所有的车速控制装置中，都可能出现由于伺服机构控制杆调节不当而引起的油门调节范围不够的问题，常表现为两种形式：

1）节气门操纵杆把节气门开得过大，引起严重怠速；

2）操纵杆过于松动，以致不能为伺服机构提供充分的节气门调节范围，导致负载时的速度不稳定。对传动软轴的调整，一般是在节气门装置的端部安装一个夹子。

（5）真空部件不良 如果车速控制装置不能连续工作，特别是对温度反应敏感时，可检查湿度或真空管路上的结冰情况。真空部件的完好性的最佳检查方法是用一个手动真空泵联接所有元件(断开被检查部件)进行检查,对不能恢复原速、加速及滑行的车速控制装置,必须按电路图检查电路是否完好。

二、自诊断

大多数制造厂都在它们的巡航控制系统配备有自诊断,提供出某些获取故障码的手段,帮助技师查找系统故障。

对任何车都要进行系统的目测检查,检查真空管有无断裂、夹住及接头松动等。检查所有的线束是否紧固好,连接点是否清洁,还要查看导线绝缘是否良好及走向是否妥当。检查熔丝有无断路并根据需要进行更换。必要时检查并调整连杆拉线或链条。某些制造厂还要求在进入诊断前增加预备检查。另外,应按照维修手册进行道路试验(或模拟道路试验)以便证实故障。这里以雷克萨斯、凯美瑞汽车为例,介绍自诊断系统。

1. 指示器检查

1)将点火开关转动到 ON 位置。

2)检查当巡航控制主开关接通时,巡航(CRUISE MAIN)指示灯亮;主开关断开时,指示灯灭。

若指示器检查结果不正常,应进到组合仪表部分的故障排除。

2. 故障码

若在巡航控制驾驶期间车速传感器或执行器灯发生故障,ECU 会执行巡航控制的自动消除(AUTO CANCEL),并闪烁 CRUISE MAIN 指示灯 5 次以便告诉驾驶人出现了故障,与此同时,故障存入存储器作为诊断代码,诊断代码见表 7-5。

表 7-5 故障码表

故障码	CRUISE MAIN 指示灯闪烁形式	诊 断
	亮/灭 (连续均匀闪烁)	正常
11	亮/灭	电动机电路或安全电磁离合器电路不正常
12	亮/灭	安全电磁离合器电路不正常
13	亮/灭	电动机电路或位置传感器电路不正常
21	亮/灭	转速传感器电路不正常
23	亮/灭	汽车实际行使速度低于设定速度 16km/h

(续)

故障码	CRUISE MAIN 指示灯闪烁形式	诊 断
31	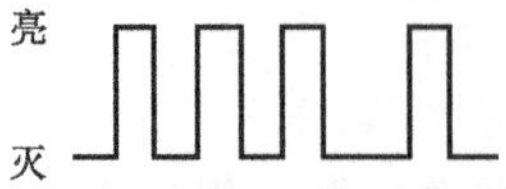	控制开关电路不正常
32		控制开关电路不正常
34	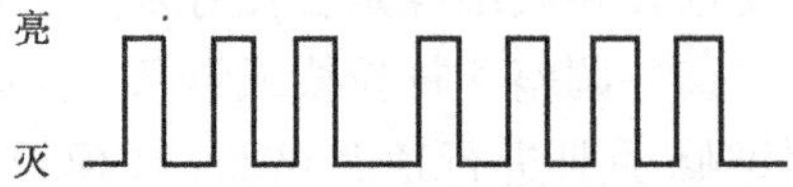	控制开关电路不正常

注：当显示两个或更多故障码时，最小编号的故障码先显示。

当汽车在上坡段行使速度降低时，车速可重新设定，行使继续（这不属于故障）。

三、无故障码设置系统的诊断

对没有提供故障码诊断的系统，怎样进行检测，取决于状况。下面是查找各种类型系统故障的操作步骤。

不工作故障得到验证后，第一步要检查所有的熔丝，然后目测检查系统有无任何明显的问题。如果目测检查没有找出毛病，进行下列步骤。

踩住制动踏板，观察制动灯。如果制动灯不亮，则检查制动灯开关及电路

如果汽车装备的是手动变速器，检查确认离合器解除开关的工作是否正常。用万用表或电压表检测它的工作情况

检查执行器操纵杆和节气门拉索动作是否正常

断开止回阀和伺服机构之间的真空管（在伺服机构侧边的止回阀），在管子的开口端施加真空来检测止回阀。止回阀应能保持住真空，否则须更换它

检查真空泄放阀工作是否正常

按一定的操作规程来检测控制开关和电路，检查时可使用电路图和开关连通图表帮助检测

检测伺服机构的工作情况

检测车速传感器的工作情况

如果所有检测表明工作正常，但系统还不能运行，须更换放大器（控制器）。专用工具：数字万用表、真空泵

第七章 巡航控制系统

四、车速不稳的诊断

如果在设置好巡航控制后,车速却忽高忽低,可按下列步骤查找故障。

1) 检查执行器连杆机构操纵是否平稳。
2) 检查车速表软轴走向是否适当并确认软轴上没有扭结。
3) 检测伺服机构。
4) 检查车速传感器。
5) 检查真空释放阀的动作。
6) 检查所有的电气连接。
7) 如果在这些检测中没有查到任何故障,则必须更换放大器(控制器)。

五、间歇性动作的诊断

间歇性动作通常由电气连接或真空松动引起。如果目测检查不能查出故障,那么就在进行汽车行驶检测并在出现故障时进行辨别。如果在正常巡航中出现故障,则从第一步开始;如果在控制键操作时或打转向盘时出现故障,则从第三步开始。

1) 把真空表连接到伺服机构的入口管,至少有 2.5in(1in=0.0254m)的真空。
2) 检测伺服机构总成。
3) 根据开关连通性图表和系统原理图检测开关的动作,转动转向盘到最大角度的同时检测开关。

按住 Set/Accel 键并检查读数是否在 $646\sim7141\Omega$ 之间。

按住 Coast 键,万用表读数应在 $114\sim126\Omega$ 之间。

当按住 Resume 键时,读数应在 $2090\sim2310\Omega$ 之间。

如果转向盘转动时阻值有增减,可能性最大的原因是集电环变脏。拆下转向盘,清洁电刷,用合格的润滑剂在电刷上涂一薄层润滑剂。如果阻值超出技术要求值,检查开关和搭铁回路。

如果行驶检测(或道路检测)不能识别故障时,则进行模拟道路试验的同时晃动电气和真空连接。

专用工具:真空表、万用表。

六、常见故障诊断

巡航控制系统是汽车整个控制系统的一部分,它和其他控制系统共用了几种传感器,如速度传感器和节气门传感器,如果传感器出现故障,不但巡航控制系统不能工作,而且自动变速器会先出问题,因此巡航控制系统的故障大部分最终归到执行机构和 ECU 问题上。

巡航控制系统的故障可以分为两类,一类是巡航控制系统不能工作;二是巡航控制安全保持系统的故障。

万一巡航控制系统在使用过程中出现了故障,可以按表 7-6 作检查。

表7-6 巡航系统故障及其检修方法

故障类型	故障现象	检修方法
巡航控制操作不能调整	巡航控制速度超出设置要求	检查伺服机构是否有故障
		检查控制器是否失效
		检查车速传感器是否失效
巡航控制系统不工作	巡航控制开关故障	检查巡航控制开关的状态及其线路是否断路
	节气门传感器没有信号	检查节气门传感器及其线束
	速度传感器没有信号	检查速度传感器及其线束
	执行机构不工作	首先检查执行机构动力源的供电情况,其次检查真空泵或步进式电动机的工作状况,最后检查真空电动机的橡胶是否老化或有机械损伤
	自由拉杆和节气门拉索卡死	检查自由拉杆或拉索
	安全系统不复位	见安全系统故障分析
	ECU工作不正常	更换ECU
巡航控制间歇性工作	巡航控制在有些时候无法设置	检查开关
		检查伺服机构
		检查控制器是否失效
		检查搭铁连接情况
		检查控制电路的连接情况
		检查继电器
		检查车速传感器

第八章

汽车视听与车载导航

第一节 汽车视听系统概述

随着数字音响技术的不断发展和人们对舒适性要求的不断提高,汽车车载视听已成为汽车的必选装置,激光唱机取代磁带播放机,成为中高档轿车音响的主流,而更方便的 MD 和 MP3 也开始成为汽车音响的选装配置。大中型旅行客车和长途客车上基本都装上了带卡拉 OK 功能的车载 VCD 视听系统,而一些高档轿车更是装用了车载 DVD 视听系统。

一、汽车视听系统的组成

汽车视听系统是在传统的汽车音响的基础上增加了视频信号源(AV 功能),即 VCD 或 DVD,同时增加了显示器。汽车视听系统分为四大部分:信号源、放大器、扬声器和显示器。

(一) 信号源

信号源是汽车视听系统的节目源,包括汽车收音机(调谐器)、磁带放音机、CD 机、车用 VCD 机或 DVD 机等。目前,普通中低档车用视听系统的信号源主要是车用收放音机和 VCD 机,高档汽车视听系统的信号源主要是收放音机、车用 DVD 机,还可以选装 MP3 和 MD 机。

1. CD 机

CD(Compact Disc)机即激光唱机,是用来播放激光唱片的设备。

2. VCD 机

VCD(Video Compact Disc)机是用来播放采用 MPEG-1 标准压缩编码的激光影碟的设备。VCD 机激光拾音器工作方式同 CD 机一样,机芯是通用的。VCD 机与 CD 机唯一的不同是增加了数字化音视信号解压缩功能,并分别经数模变换后输出模拟的声音和图像信号。VCD 机兼容了 CD 机的功能。

3. DVD 机

DVD(Digital Video Disc)即是数字影碟,采用的是 MPEG-2 标准压缩编码。DVD 机解决了 VCD 图像清晰度不够高的问题,是更高级的激光影碟机。

4. MD 机

MD 即是指 Mini Disc,它是由 SONY 公司于 1992 年正式投放市场的一种音乐储存媒体。MD 所采用的压缩算法是 ATRAC 技术(压缩比是 1∶5)。MD 又分可录型 MD(有磁头和激光头两个头)和单放型 MD(只有激光头),是集磁、光、电和机于一体的高科技产品。它既具有 CD 的音质和长期保存性,又具有卡带的可录和可抹性。

MD 碟可以储存 74min(立体声)或 148min(单声道)的音乐节目。

由于 MD 唱机体积小、可以反复擦录以及具有强大的编辑功能,同时具有媲美 CD 唱机的音质和功能,使得 MD 唱机成为现代汽车视听系统的选装配置。目前车用 MD 主要有索尼、健伍等品牌。

5. MP3 机

MP3 是 MPEG-1 Layer 3 压缩格式(1:10)的缩写,是数码技术和网络化的产物,同时 MP3 是一种计算机音频文件格式。它的特点是生成的声音文件音质接近 CD,而文件大小却只有其十分之一。汽车上一般不单独装用 MP3 机,而是在 CD 机内集成了 MP3 播放功能,用于播放 MP3 节目。

(二) 放大器

放大器简称功放,其主要作用是将各种节目信号进行电压放大和功率放大,然后推动扬声器发出声音。按功能不同又分为前置放大器、功率放大器和环绕声放大器等类型。

(三) 扬声器

扬声器是汽车视听系统的终端,决定着车内音响性能。扬声器的数量、口径和安装位置根据汽车舒适性的要求而定,但是为了能欣赏立体声,车内至少需要装用两只扬声器。实物如图 8-1 所示。

图 8-1 扬声器实物图

扬声器的主要功能 把音频信号还原成声音传达出来,而其不同的声音,需要大小不同的扬声器来执行。一般而言,扬声器的体积愈大,其声音愈低沉;体积愈小,声音愈高。扬声器大体可分为全音域、同轴式和组合式三大类。全音域就是以一只扬声器涵盖大部分频率的声音范围;同轴式的构成是在低音扬声器的轴心上,再加上一个高音或者中音扬声器,形成所谓的同轴二音路或同轴三音路扬声器,在汽车上应用较多;组合式扬声器则是通过几个大小不同的扬声器单体,再配合上电容器、电阻以及电感等电子元件形成的被动分音器,来分配不同频率范围,让大小不同的扬声器发出不同频率的声音。

(四) 显示器

车载显示器是视听系统必不可少的组成之一,目前轿车 VCD 或 DVD 使用的显示器一般均为液晶超薄显示器,而大型客车一般使用的是电视机,如图 8-2 所示。

二、汽车视听系统的特点

1. 具有防振系统的 CD/VCD/DVD

目前采用的减振装置主要是防振悬架系统和电子减振系统。防振悬架包括拉簧、气囊(或橡胶阻尼)及硅油减振器等,具有衰减振动的功能。电子减振的原

图 8-2 DVD 实物图

第八章 汽车视听与车载导航

理是使用了大容量的缓冲存储器预读数据。

例如：当播放 CD 音频数据时，经过 CD-ROM 解码器或者 DSP 的数据首先预读到缓冲存储器中，然后在 CPU 控制下再送入 DSP，这样当激光头因振动停止读数据时，还可以从缓冲存储器中读取数据供给解码或者 DSP，以产生连续的音乐。

2. 具有防盗功能的控制面板

许多高档汽车音响的控制面板具有熄火隐藏或可拆装功能。对于可隐藏式面板，当点火开关关闭时，原先色彩斑斓的液晶显示控制面板便会变成黑色（与仪表板同色），以避免引起窃贼注意。而装用可拆式面板的音响，当驾驶人离开汽车时，可以取下音响系统的控制面板，这样盗贼就是拿走了音响装置也无法使用。

3. 电话减音功能

当使用车载电话时，此功能会自动调低系统的声音或使系统处于静音状态。当电话挂断后音响会自动恢复原来音量。

4. 驾驶座声场模拟系统

驾驶座声场模拟系统可根据驾驶人的选择，把左方、右方扬声器发出的声音延迟若干秒，模拟出一个驾驶座在中央的声场，使音质定位达到完美的境界。

5. DSP（数码信号处理器）

由于各种汽车的音响环境、声场都不够完美，需要用 DSP 进行声场校正。

6. 先进的防盗系统

现代汽车音响具有高技术的防盗系统，可以使用密码和其他高新技术，使汽车音响被盗后无法使用。

7. 智能语音识别系统

一些高档音响装备有语音识别系统，能根据人的语音进行操作。驾驶人驾驶车辆时，能通过语音命令直接进行视听音响系统的操作。

8. 与导航系统兼容的 DVD/VCD 系统

现代高档轿车的 DVD/VCD 视听系统同时也是车载卫星导航系统的一部分，当放入数字地图光盘后，在显示器上将显示出数字地图，配合导航系统，实时指引汽车的行驶路线。

9. 可伸缩的液晶显示屏

汽车视听系统的液晶显示屏为了不占据仪表板的位置，一般都设计成内藏式。当需要使用显示屏时，显示屏可以自动伸出，然后翻转到合适的角度以便于观看。

10. 具有安全功能的 DVD

高档轿车的 DVD 系统，当车辆处于行驶状态时，驾驶人仪表板处的显示屏将不会播放视频信号，以免影响驾驶人的安全行车。

第二节 车用 CD 机原理与维修

一、车用 CD 机的组成与工作原理

CD 机由光学系统、机械系统和电信号处理系统三大部分组成。光学系统用来拾取 CD 唱片上的各种信号，机械系统用来完成 CD 唱片的运转及激光拾音器的循迹运动，电信号处

理系统用来处理各种电信号。图 8-3 为 CD 机结构框图，图 8-4 为 CD 机的实物图。

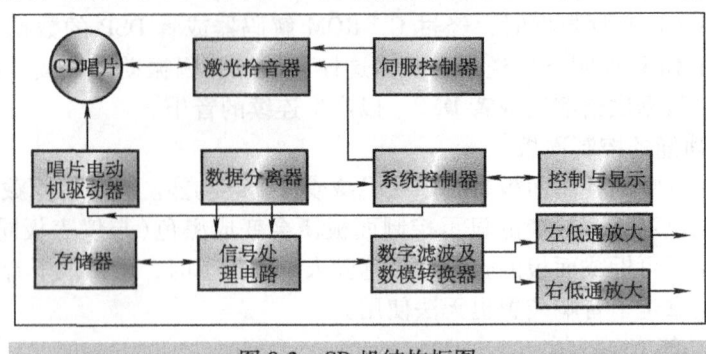

图 8-3　CD 机结构框图

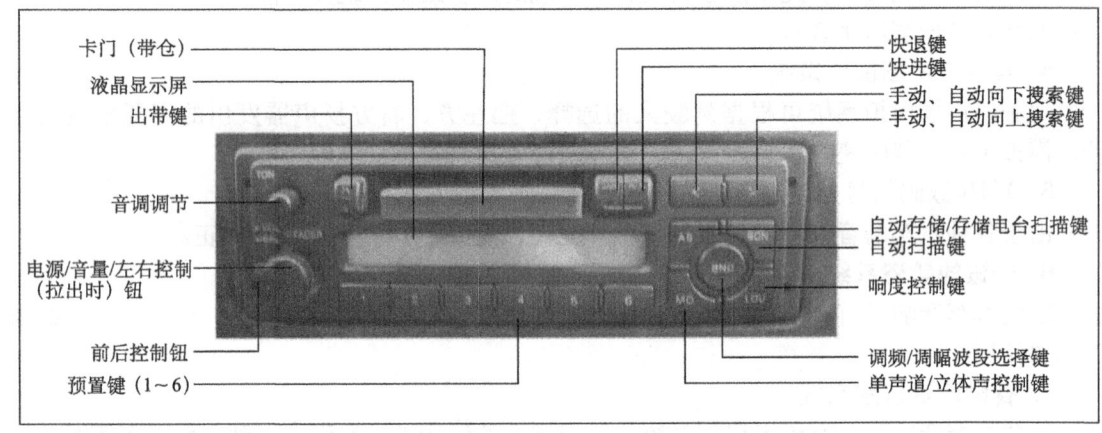

图 8-4　CD 机实物图

（一）激光拾音器

激光拾音器简称激光头，它是激光唱机的关键部件，主要是发射激光和接收由 CD 唱片表面反射回来的光信号并进行光电转换。

（二）转盘电动机驱动器

CD 唱片上记录的信号从里向外呈螺旋状分布。重放时，拾音器以 1.2m/s 恒定线速度进行循迹扫描。当拾音器在唱片的里圈循迹时，唱片的转速很快。随着播放的进行，唱片的转速均匀变慢。这就要求驱动电动机的转速逐渐减小。这项工作由控制电路通过电动机驱动器来完成。

（三）数据分离器

激光拾音器输出的电信号经前置放大后，送入数据分离器。数据分离器能正确地识别变化的几种信号的长度和彼此的间隔，从而分离出各种信号代码，并产生时钟信号。

（四）数字信号处理及数模（D/A）转换器

数字信号处理电路的作用是将代表音频信号的数字信号进行解码，变成音频信号。

（五）伺服系统

激光唱机中的伺服系统主要是聚焦伺服、循迹伺服和进给伺服。

1. 聚焦伺服

聚焦伺服是利用从反射光中检测出的误差信号，驱动聚焦物镜沿光轴方向移动，跟踪唱片的上下波动，使激光束准确聚焦。

聚焦伺服电路主要由聚焦误差检测、相位补偿及驱动电路组成，如图8-5所示。

聚焦伺服的原理是在反射光路径中的柱面透镜使光束形成图像，图像的形状随唱片的上下波动而改变，再由四分割光敏二极管组成的光检测器测定光量分布的变化情况。当聚焦准确时，四分割光敏二极管上的成像为圆形。这时，各光敏二极管接收的光量相同，聚焦误差为零，聚焦伺服电路使拾音器的物镜保持不动。如果光束聚焦不正确，形成的检测光点将变为椭圆，使四个光敏二极管受光量不相等。这时，光检测器将产生大小和极性不同的聚焦误差信号，聚焦误差信号经放大处理后，控制聚焦线移动，调节拾音器物镜在垂直方向的位置，使其聚焦准确。

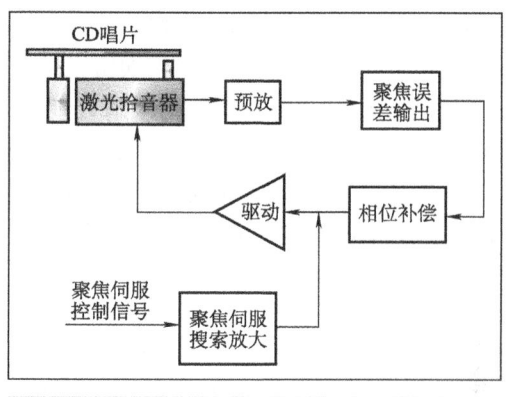

图8-5 聚焦伺服电路

2. 循迹伺服

循迹伺服原理类似于聚焦伺服，也是从反射光中提取误差信号，用来控制光点沿径向的移动，以准确跟踪坑点轨迹的移动。循迹伺服电路主要由循迹误差检测、相位补偿和驱动等电路组成，如图8-6所示。图中的循迹伺服控制信号是用于开机后的快速自由选曲，让整个激光唱头沿唱片径向作大幅度的移动，以便移到唱片上的选定部分播放。进给伺服控制信号是根据用户在唱机面板上的按键输入信息，由中央处理器发出的，其驱动输出送往进给伺服电动机，通过滑动或摆动臂机构实现对激光唱头的进给控制。当选曲结束，激光唱头进入选定的循迹跟踪范围时，由中央处理器发出循迹跟踪伺服控制信号接通循迹跟踪伺服环路，进入循迹跟踪伺服。循迹误差检测提供物镜偏离纹迹中心的方向和大小的信息，经相位补偿和驱动电路后变成物镜致动器中循迹跟踪线圈的电流，产生磁场作用力使激光唱头物镜沿径向移动，从而实现精确的纹迹跟踪。

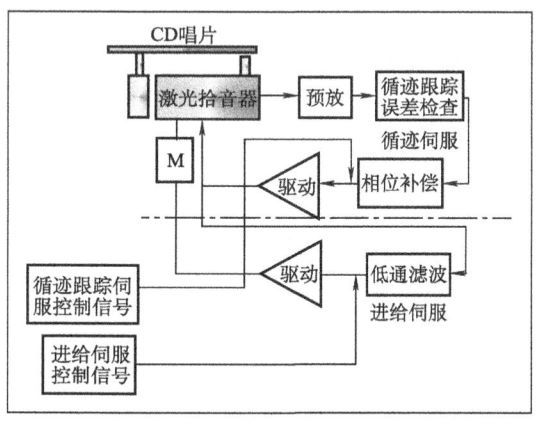

图8-6 循迹和进给伺服电路原理

（六）信息存储和控制显示系统

激光唱机的信息存储和控制显示系统是为了便于操作和显示放唱时间、曲目等信息而设立。它有放音、快进、快退、停止、暂停、记时和音量指示等多种功能。信息存储系统由中央处理器组成，它可以事先编排节目次序进行存储，然后按存储内容进行播放。

二、车用 CD 机的检修

（一）汽车激光视听装置的检修注意事项

检修 CD 机等激光视听设备，要特别注意以下几个问题。

1）拆卸、检查和安装中要特别注意保护镜头和精密机械部件，手不要触及镜头透镜，清洗镜头时注意不要让棉纱和尘埃留在镜头上。

2）在检修时，绝对不能用眼睛直视激光光路的方法来确定激光是否接通。眼睛应尽可能保持远离激光拾音器 30cm 以上，以免造成对眼睛的伤害。

3）注意防静电。人体通常都带有静电，一般情况没有什么危害。但激光音视设备中的 IC 均采用 CMOS 技术，其输入阻抗很高，人手上的静电碰上 CMOS 电极会产生较高的电压击穿电极，造成 IC 的损坏。对静电最敏感的部件是激光拾音器，它更容易受人体静电作用而损坏。

4）不要随便调整电路板上电位器。在打开机盖后，除非绝对必要，不应随手调整电路主板上的调整电位器；因为这些调整电位器是在机器出厂时严格校对好的。

5）在拆卸时要切断电源，同时应防止振动和用力过大而使内部器件损坏。

（二）车用 CD 机常见故障的检修步骤

一般故障检修步骤如图 8-7 所示。

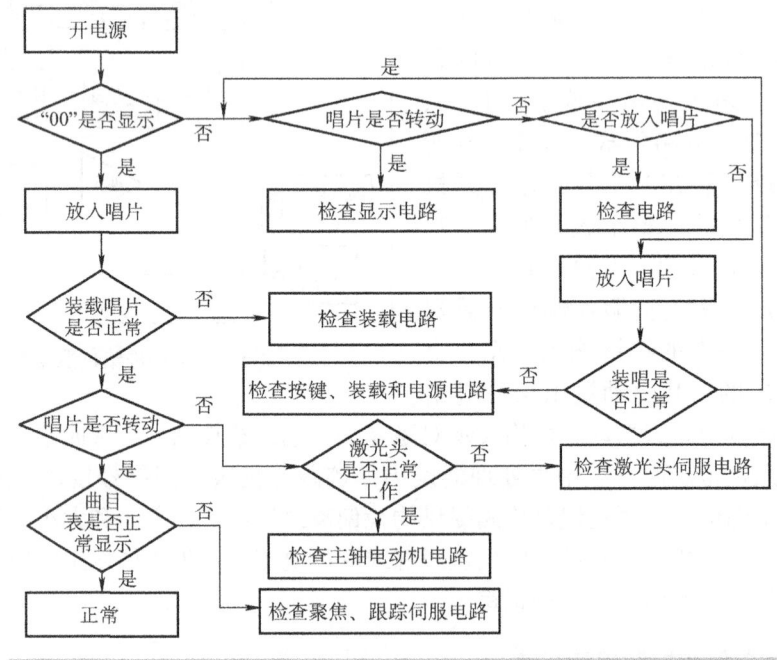

图 8-7　车用 CD 机检修步骤

（三）车用 CD 机常见故障及检修要点

车用 CD 机常见的故障有托盘不能开启、激光二极管无输出、唱片目录不能正确读出、激光拾音器聚焦不正确、激光拾音器跟踪轨迹有误、转盘（唱机）电动机转动不正常及信号处理电路失常等，下面以日本索尼机型为例，介绍车用 CD 机的检修要点。

1. 托盘不能开启

主要原因：托盘电动机故障、断线；按键接触不良或电路不良；中央处理器或加载驱动电路故障。

首先检查托盘开启电路，如图 8-8 所示。正常时托盘的开启是由中央处理器发出的 OPEN/CLOSE 命令控制的，因此，遇此故障应先检查 IC301 的 20 脚连接到面板上的 OPEN/CLOSE 开关 S318 是否接触良好。IC202 的 12 脚接示波器，观察每按一下 S318 是否有信号输出，再观察 IC301 的 34、33 脚在 S318 每次按下时有无反相的波形输出，若无，一般为 IC301 损坏；若有波形输出，但 IC202 的 12 脚无信号输出，则 IC202 损坏。若托盘未全开，查控制开关 S02：由右拨向左时，IC301 的 48 脚应为高电位；若托盘全开，加载电动机不停，多为 S02 接触不良（尽管 IC301 失效）；若托盘能闭合，但不全闭，说明夹头或卡盘不能控制转盘上的唱片，一般为控制开关 S03 接触不良；若托盘能全闭，但加载电动机不停，在 S03 良好的情况下，问题多在 IC301 上。

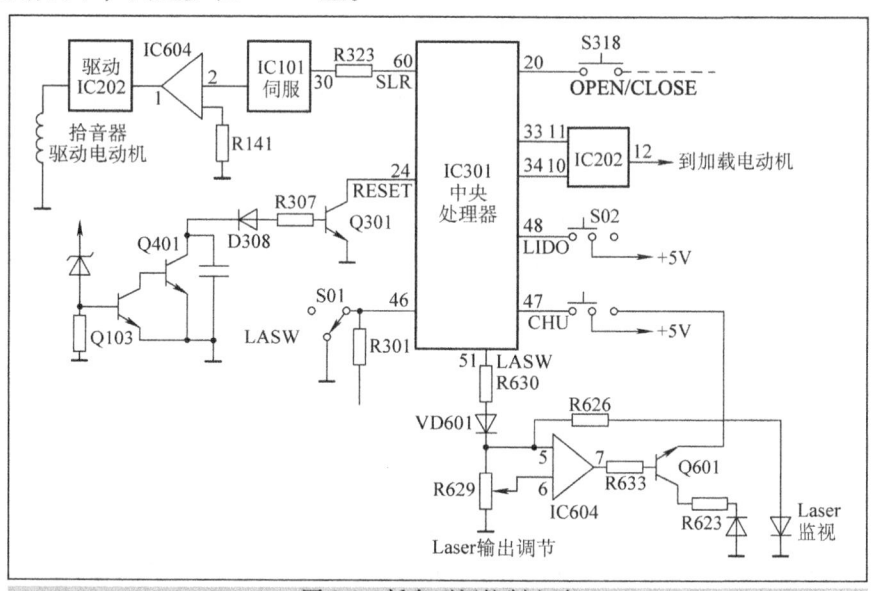

图 8-8 托盘开闭控制电路

2. 放入唱片后，显示 NO DISC 不能读出总曲目表

主要原因如下：

1）CD 唱片严重划伤。
2）激光拾音器聚焦不良。
3）伺服电路 IC 故障。
4）激光拾音器被卡住。

接通电源时，激光拾音器应向内部限制开关处运动，同时微处理器提供目录 SLR（反

转)信号到拾音器伺服电路。Q103、Q401 和 Q301 构成开机复位电路,使 IC301 在接通电源瞬间复位。IC301(60)脚输出的 SLR 信号经 IC101、IC604 和 IC202 加到激光拾音器驱动电动机,使激光拾音器向内部限制开关 S01 处运动。若此时唱片目录不能正常读出(整个放音期间,显示屏上不显示唱片节目序号等),应先调整电动机飘移。若激光拾音器不动,测 IC301 的(60)脚是否有 SLR 信号,若无,测 IC301 的(24)脚,在接通电源瞬间是否有复位脉冲,若无复位脉冲,则查 Q103、Q401、Q301 及有关元件;IC301(24)脚若有复位脉冲,但(60)脚无 SLR 信号,应查 IC202、IC101、IC604 及驱动电动机本身。可测 IC202 输出端是否有电压以及电动机本身的好坏。电动机转动,而激光拾音器不动则应观察激光拾音器是否被卡住。若激光拾音器运动,但不能到达内部限制开关 S01,应先调一下激光拾音器的电动机飘移调节电路,再查 S01。S01 工作时应接地,IC301(46)脚为零电位。若激光拾音器能到达内部限制开关,但电动机不停,一般为 S01 或 IC301 有问题。

3. 开机放入唱片后,激光拾音器不动作

主要原因如下:

1) 激光二极管受损或位移。
2) 聚焦线圈故障。
3) 线路 IC 损坏。
4) 机械部分故障。

当出现激光拾音器不能聚焦或聚焦不良引起唱机不能放音的故障时,首先应采用观察法来判定此故障是否确实因聚焦伺服系统引起。具体方法:打开后盖,装入唱片试放,观察激光拾音器开机后是否立即上下移动两三次作聚焦搜索,然后停止在一个位置上。如果激光拾音器毫无动作或动作不正常,则可能是聚焦系统有问题。这时先查聚焦线圈,用万用表 R×1Ω 档测聚焦线圈,正常阻值为 20Ω 左右(跟踪线圈为 4Ω 左右),若阻值过大或过小,说明线圈有问题。在有些唱机中,测聚焦线圈阻值时,会看见传动机构稍稍运动。

若聚焦线圈正常则按下列步骤检查。

按下 PLAY 键时,如图 8-9 所示,测 IC301 的 50 脚是否有 FUD(脉冲)信号,IC301 的 35、36 脚,IC102 的 6、7 脚有无脉冲信号

↓

检测 IC101 的 34 脚、IC301 的 13 脚及 IC601 的 8 脚有无 FOK 信号,若均无 FOK 信号,则为 IC301 有问题;若 IC301 的 8 脚无 FOK 信号,一般为 IC601 及激光二极管有问题

↓

检测 IC601 的 6、7 脚的 FER 信号,若 6 脚有信号而 7 脚无信号,则查 IC102 及外围元件;若 6 脚无信号,查 IC601 及四支光电二极管。是否为四支光电二极管的问题,可测 TIP13 的 EFM 信号波形,若波形正常则 IC601 损坏

在确定故障出在聚焦系统,当排除元器件故障原因后,可对聚焦系统的各调整部位进行检查、校正及调整。

(四) 车用 CD 机的调整

1. 机械调整

当更换或拆卸光盘旋转机构、光头组件及进给传动机构部件时,通常应进行如下机

第八章 汽车视听与车载导航

械调整。

(1) 光盘旋转平台高度调整 为使激光拾音器聚焦透镜与光盘间距不超出聚焦伺服调节机构的调节范围，可采用如图8-10所示方式调节。

(2) 激光拾音器座倾斜调整 为使激光拾音器系统的光轴垂直于光盘，可调整光头座切相/径向倾斜调整螺钉，使检测波形达到最佳。

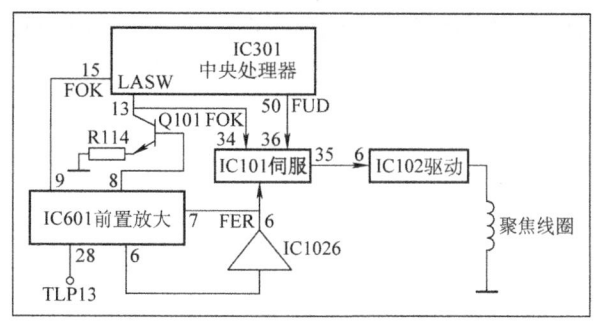

图8-9 激光拾音器聚焦

2. 光学、电路部分调整

(1) 激光二极管工作电流的调整 在维修激光唱机时，若不更换激光二极管，一般不用调节。若激光二极管损坏并更换后，则需对新换激光二极管的工作电流进行调整。在各类激光唱机中，一般激光二极管的工作电流为40～70mA，高者达到100mA，最高不应超过150mA，否则容易影响其使用寿命，甚至造成损坏。调整应以激光二极管能发出足够强的光，而又不能使工作电流太大为原则。具体调整方法如图8-11所示。

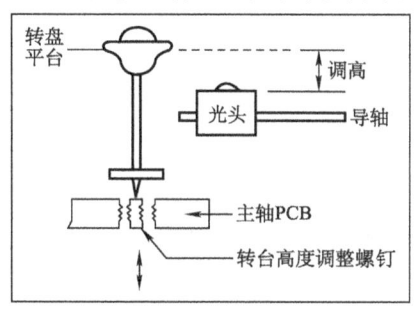

图8-10 高度调整图

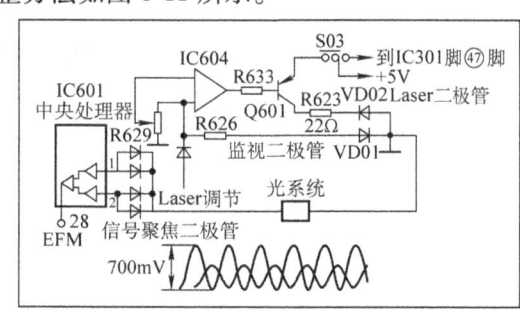

图8-11 激光二极管工作电流的调整

初测激光二极管的工作电流，最简单的方法是测R623上的电压，测得电压应为0.88～1.54V，则电流为〔(0.88～1.54)/22〕40～70mA。若测得的电压偏离较大，则稍调R629使之达到上述电压值。

另外，有条件的可用示波器进行监测调整。具体调节方法：首先把R629调至最小，放入CD光盘，按下PLAY键，然后用示波器测IC601(28)脚输出的EFM信号波形，再慢慢调节R629，使EFM信号为700mVP-P。

(2) 激光拾音器电动机飘移的调整 激光拾音器的驱动电动机发生飘移会引起节目信号不能正确拾取，故此必须进行调整。具体方法如下：放入唱片，如图8-12所示，测IC301的(11)脚电压应为0V；停放唱片约10s后测IC101的(20)脚输出的SLM电平，并调R107，使读数为0V，若升高，再调R107，直至稳定为0V为止。

(3) 轨迹伺服飘移的调整 轨迹伺服飘移的调整方法如图8-13所示。

跟踪误差大小可用示波器监测TIP13点的EFM信号，最大时为跟踪误差最小。在播放CD唱片时，调R603，使EFM信号幅度最大即可。

(4) 聚焦伺服飘移的调整 聚焦伺服飘移的调整方法也如图8-13所示。聚焦正确时，EFM信号最大，调法同上，调R116，使EFM信号在原基础上再次升到最大。注意，有些激光唱机，测 TIP13 时会飘移不定，且无音频信号时进入静音状态，这时可先按下 STOP 键，然后再重按 PLAY 键放唱片，即可测试。

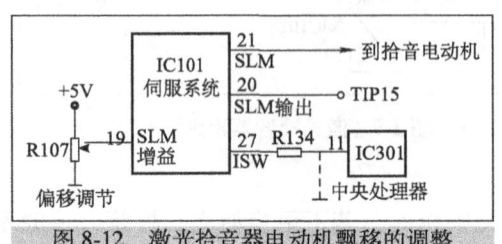

图 8-12　激光拾音器电动机飘移的调整

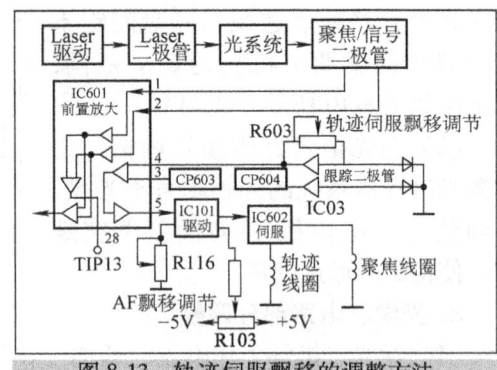

图 8-13　轨迹伺服飘移的调整方法

第三节　车用 VCD 机原理与维修

一、车用 VCD 机的组成及工作过程

（一）车用 VCD 机的组成

车用 VCD 机是构成汽车视听系统的重要组成，是移动影院的视频信号源。目前中、大型的长途客车和旅游客车上普遍装用了车用 VCD 系统，而且为了使用方便，一般都还配有多片式自动换片机。

VCD 机主要由 CD 机芯、伺服电路、系统控制电路、MPEG-1 解码电路、PAL/NTSC 编码器、音频电路和 RF 变换器等构成，如图 8-14 所示。

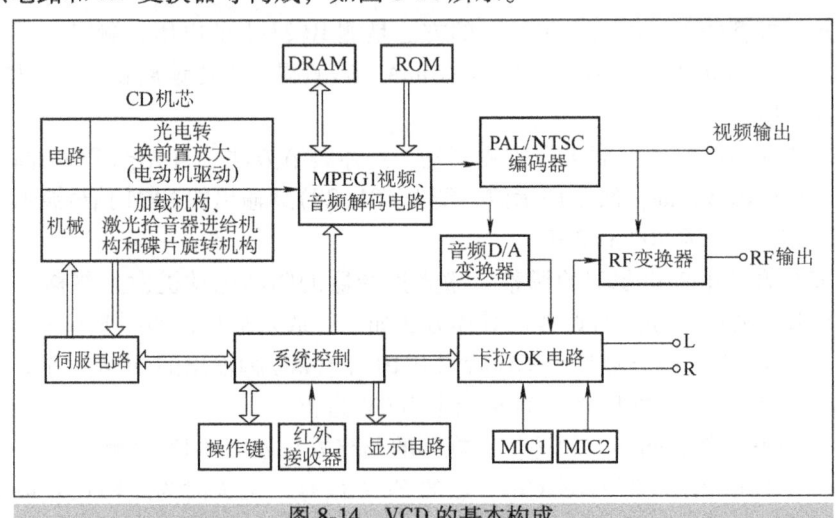

图 8-14　VCD 的基本构成

1. CD 机芯

这部分与 CD 机相同，主要由电路部分和机械部分组成。电路部分主要包括光电转换电

路、前置放大电路和驱动电路。机械部分主要由光盘加载部分、激光拾音器进给机构和碟片旋转机构组成。

2. 伺服电路

伺服电路用于保证激光拾音器从光盘上准确地拾取信息。伺服电路主要由以下几部分组成。

（1）聚焦伺服电路　通过聚焦线圈控制激光拾音器的上下移动，以保证激光聚焦在光盘上的信息轨迹面上。

（2）循迹伺服电路　通过循迹线圈控制激光拾音器的水平微动，以保证激光焦点沿着光盘上的信息轨迹移动。

（3）进给伺服电路　通过进给电动机驱动电路驱动进给电动机，以便带动激光拾音器沿着光盘上的信息轨迹从最内圈移动到最外圈，或使激光拾音器进行跳跃式移动。

3. 系统控制电路

系统控制电路用于控制 VCD 机按用户的要求进入各种工作方式，操作电路设置在操作板上，操作板上还有红外接收器和显示器，接收遥控操作指令，显示 VCD 的工作方式、播放节目和时间。

4. MPEG-1 视、音频解码电路

这是 VCD 的核心部分，主要用于将压缩的视频和音频信号还原成未经压缩的视频和音频信号。

5. PAL/NTSC 编码器

通过用户对系统控制电路操作，按用户的要求，把 MPEG 解码出的视频信号编排成 PAL 或 NTSC 的电视制式信号，与彩电工作原理一样。

6. 音频电路

音频 D/A 变换器：将 MPEG-1 解码电路输出的数字音频信号还原成模拟音频信号。

7. RF 变换器

RF 变换器主要用于把视频信号和音频信号变换成电视广播的频道信号。

（二）车用 VCD 机的工作过程

VCD 机的工作顺序是在系统的计算机指令控制之下有序进行的，如图 8-15 所示。

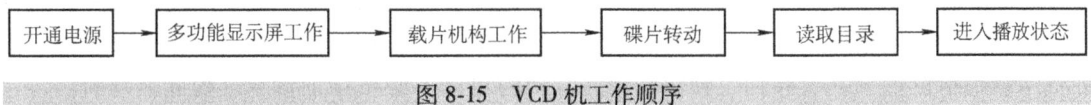

图 8-15　VCD 机工作顺序

二、车用 VCD 机的检修

（一）故障检修步骤

VCD 机的大部分组成系统与 CD 机相仿，因而在检修时，可借鉴检修 CD 机的方法。

当 VCD 机出现故障时，如无声无像、声像不稳等。如图 8-16 所示，首先应判断是否 CD 部分出了故障，因为它是声像的公共通道，判断的方法是播放一张 CD 音乐碟片，若能

正常播放，显示稳定均匀，则故障不在 CD 部分；若 CD 碟片也不能正常播放，则首先应检修 CD 部分。

当故障在 VCD 部分时，应根据图像和声音的有无，进行故障部位划分。当出现声像全无时，应检查 CD-ROM 解码器和 MPEG-1 解码器。因为这是数据的公共通道。而且由于声像解码互锁的关系，无论是音频解码或视频解码部分故障，都会引起解码停止。对于 CL480 系列单片解码芯片，无论是音频解码还是视频解码损坏，都必须更换 CL480 系列芯片。

检修声像全无的故障，思路应扩大到解码芯片和外围电路，如电源电路，时钟电路，DRAM 电路和 EPROM 电路。若所有硬件和接线都没有查出问题，可将同型机的 EPROM 更换试一试，看是否是 EPROM 内部软件有误。

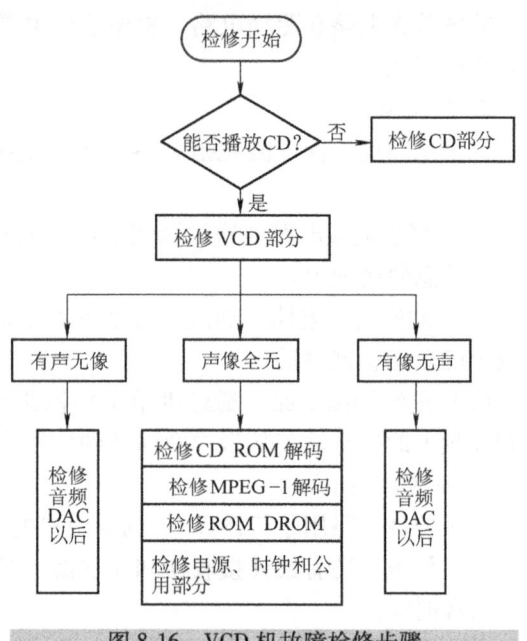

图 8-16　VCD 机故障检修步骤

当声音和图像只出现其一时，问题必然在解码输出以后，包括解码器至 DAC 电路的引线、DAC 电路、时钟信号电路、同步信号电路以及参考电压电路等，还有 DAC 以后的电制式编码电路和复合同步信号电路、彩色副载波信号电路、电源电路以及输出放大电路。应逐级孤立检查、判断和排除故障。

（二）车用 VCD 机的检修方法

1. 碟片不旋转

初步诊断：初步诊断中主要观察的部件是激光拾音器组件和主轴电动机。要求观察的各项动作均对应着与此动作相配合的工作电路或执行部件，如果察觉出某项动作过程不正常，就可以加快诊断进程，有利于正确迅速排除故障。初步诊断主要观察三个动作过程，它们分别对应着滑动控制、聚焦搜索和激光控制系统。激光头进入内圈时，聚焦物镜应做上下搜索动作，同时激光管点亮呈暗红色。还要判断主轴电动机的旋转趋势，如果存在这种趋势，则可将检修判断位置一下子移到主轴驱动单元，暂时可以不必按详细诊断过程逐节判断。

详细诊断：FOK（聚焦正确）信号是关键检查信号，它对主轴电动机是否旋转有直接影响。在无 FOK 信号的情况下，应该弄明白 FOK 信号的形成与哪些系统有关，在此列出三个有待检查的系统，其中有的系统是否需要检查可以结合初步诊断的结果而行事。碟片不旋转的详细诊断程序如图 8-17 所示。

2. 无法读取目录信号

初步诊断：观察激光组件滑动机构，在主轴电动机旋转起动时，激光组件离开原来静止的起始位置，朝外运行，以便光头读取目录，如果在观察中发现在主轴电动机旋转后，激光器组件很快由内向外滑行，说明跟踪伺服系统存在故障的可能比较大，则可进一步检查滑动机构是否存在卡死、传动不良等情况。另外，多功能显示屏工作状况以及主轴电动机的起转速度均属观察之列。

详细诊断：观察的关键信号是眼图，如图8-18所示。眼图幅度必须符合一定范围要求，一般在维修手册上均提供该项数值。其次注意眼图菱形孔的清晰程度。如果眼图无法正常出现或幅值偏小的话，应该检查跟踪伺服系统，包括跟踪线圈和跟踪激光传感器。另外，RF信号系统内的激光接收、RF信号放大的异常都会引起眼图幅度下降。在观察到眼图比较正常的情况下，可以考虑数字信号处理内的锁相环频率是否正确，若频率偏移过多，使锁相失锁，会影响同步信号的提取。目录信号读取显示与子码译码和传输均有关联，在排除故障时应逐一检查判断。检查流程如图8-19所示。

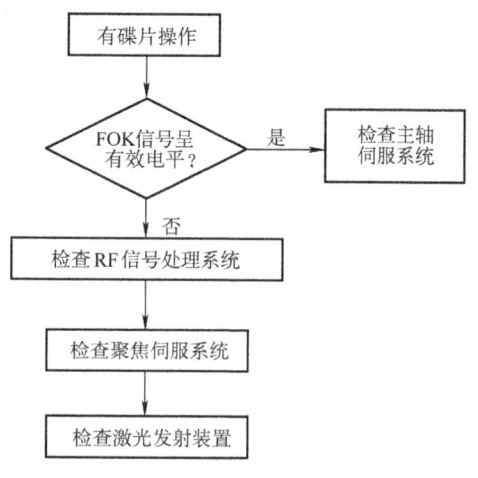

图8-17 碟片不旋转详细诊断

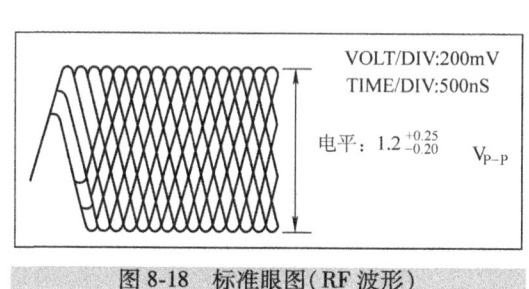

图8-18 标准眼图（RF波形）

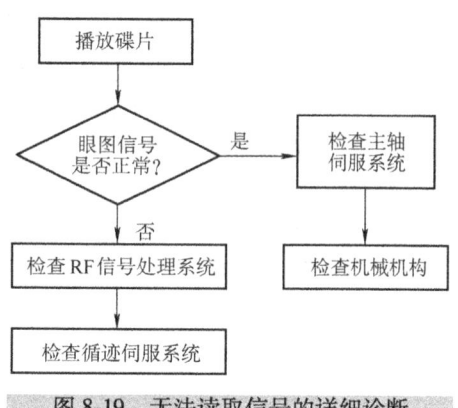

图8-19 无法读取信号的详细诊断

第四节 车用DVD机原理与维修

DVD采用先进的信号调制和纠错方式，生产工艺与CD、VCD有所不同。DVD可以兼容已有的CD-DA、CD-ROM、CD-R、CD-RW、CD-I、Photo CD以及VCD等多种格式的光盘，即DVD机上可以读取CD、VCD等光盘数据信息，但VCD、CD机不能读取DVD光盘数据。

一、车用DVD机的组成与工作原理

DVD机的组成与VCD机相似，也是由机芯、机芯电路、解码系统和控制系统组成。但由于DVD的碟片结构与VCD不同，因此，DVD机芯、伺服电路也与VCD机的不同，如图8-20所示。

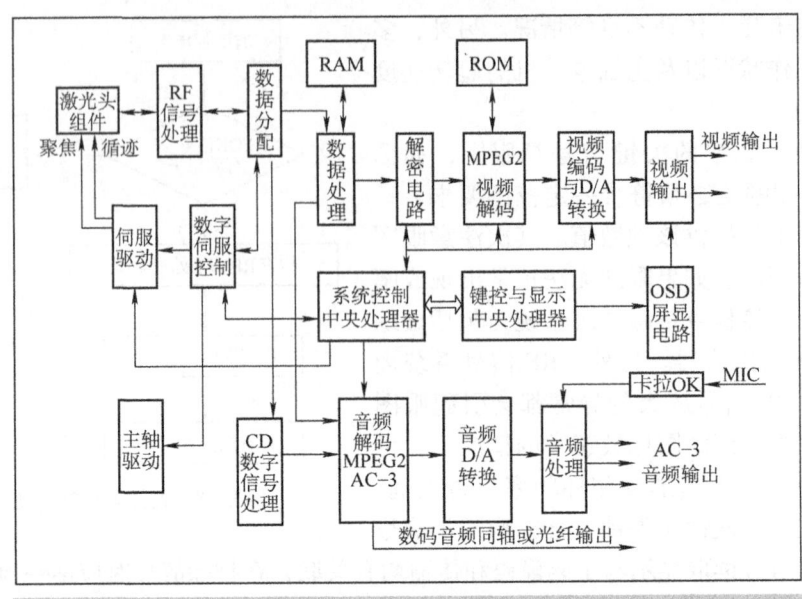

图 8-20 DVD 机的基本构成

1. 机芯

包括激光拾音器、RF 前置放大电路和数字伺服控制电路几个部分。

DVD 机芯激光拾音器上的激光二极管的激光波长为 650mm/635mm（CD/VCD 的激光波长为 780mm），其目的是为了兼容播放 DVD 和 VCD、CD 碟片。

2. 数字信号处理器

包括 EFM 解码、RS-PC 纠错、输出 MPEG-2 数据流等电路。

3. MPEG-2 解码器

包括 AC-3 数据流的分离，MPEG-2 视频解压，视频 D/A 变换输出亮度 Y 和色度 C 信号、复合同步信号，有的机型具有电视制式编码器，将 Y 和 C 信号加上色度副载波信号、色同步信号，变换为 NTSC 制或 PAL 制全电视信号输出。

4. AC-3 解码器

将 AC-3 数码流解码，音频 D/A 变换，输出 5.1 声道模拟音频信号，或将 5.1 声道合并为双声道立体声输出，也可以不进行 AC-3 解码，直接将 AC-3 数据流通过光导数字音频输出端输出或通过同轴插座输出。

5. 控制系统

整个系统的工作都是在 CPU 控制下，在 ROM 和 DRAM 的配合下完成快进、快退以及搜索等功能。

二、车用 DVD 机的检修

DVD 机和 VCD 机同为激光数字音视设备，除了激光拾音器、MPEG-2 视频解压缩电路、AC-3 或 MPEG-2 音频解压缩电路以及电源电路大多采用开关电源，与 VCD 机有所不同外，其他工作原理和机械结构基本相同。所以在修理 DVD 机时可参考 VCD 机的检修。修理 VCD 机的注意事项和检修方法，在修理 DVD 机时完全适用，可参照处理。

此外，修理 DVD 机还应注意以下几个问题。

第八章 汽车视听与车载导航

1) DVD 碟片是双面结构,DVD 影碟机机芯上装有 U 形导轨,以便 DVD 激光拾音器读碟时从 A 面转到 B 面,或从 B 面转到 A 面用。U 形导轨润滑不足或有异物阻挡都会使激光拾音器不能转换到位,出现播放故障。

2) DVD 机电源大多采用开关电源,而 VCD 机大多采用直流串联稳压电源。开关电源容易出现振荡管或振荡集成电路停振,无电压输出,而使 DVD 机不能工作。电源电路是 DVD 机排除故障的重点检查部位。

3) DVD 机可向下兼容播放 CD 和 VCD 碟片,有些机型是采用另设一个激光拾音器来完成该项工作的。该激光拾音器出现故障,机械运行不到位,就会造成 DVD 激光拾音器无法到位拾信号,出现播放故障。

4) DVD 机大多加有地区密码,不是该地区的 DVD 碟片不能在该地区 DVD 机上播放,修理时需辨别清楚,以免误认为是 DVD 机的故障。

5) DVD、VCD 和 CD 信号均送入数据处理集成电路进行数据同步识别,再分别送 CD-DA 数据处理集成电路和 CD-ROM、DVD-ROM 数据解压集成电路进行数据处理。所以可以通过先播放 CD 唱片,再播放 VCD 碟片,最后播放 DVD 碟片的方法来分离故障部位。CD 唱片能正常播放,而 VCD、DVD 碟片不能播放,则故障必定在数据处理集成电路以后。

6) 音频经 AC-3 解码集成电路解码后,输出 5.1 声道数字信号送音频输出接口电路。音频接口电路经 DAC 变换后分别输出前左、右声道信号,后左、右声道信号,中央声道信号和超重低音信号。若只有一路信号无输出,则不会是 AC-3 解码电路的故障,而可能是相应接口电路的故障,只有各路都无输出才可能是 AC-3 解码器的故障。大部分机型提供 AC-3 的 5.1 声道数据流信号输出,若音频无输出,也可试从该端口输出,若是 AC-3 解码器故障,该端口也无输出。

第五节 汽车音响系统防盗解码

一、音响防盗系统的功用

汽车中、高档音响视听系统都具备多种防盗功能,一旦出现音响视听系统被盗或在使用和维修过程中拆下蓄电池电缆、蓄电池严重亏电、音响熔断器烧断等使系统非正常断电的现象,音响视听系统就会锁止。必须按照正确步骤输入正确密码后,系统才能正常工作。如果多次输入错误密码,将会导致音响被永久锁止。所以一旦音响被锁,首先要找到音响密码,然后按正确的方法输入密码。

二、常用解码方法

1) 输入防盗密码。按照要求,人工输入正确的防盗密码,使系统恢复正常工作。

2) 更换防盗系统集成块。更换音响系统防盗集成块,重新设定新的防盗密码。

3) 消除音响系统防盗功能。采取使防盗系统集成块失效的方法消除防盗功能,此方法可能会造成系统损坏。

4) 输入通用密码。当音响系统电源接通后,输入车型音响系统的通用防盗密码。例如雷克萨斯 LS400 的通用密码有 180-824、241-239、279-239 以及 283-689 等十几组可供选用。

5) 用解码器解码仪。用电脑解码仪获得防盗密码。

三、汽车音响系统解码举例

奔驰车系音响解码方法

音响电路具有防盗功能，如果在维修过程中，拆卸过蓄电池或者拆卸过音响系统的电路，那么在修理完毕后，必须按照正确步骤输入音响密码，音响系统才能正常工作。

车主使用手册上贴有两张卡片，一张是白色的，大小和名片相同。正面主要有两个号码：一个是该车的密码，它是由 5 位数组成，且每位数都在 1 到 6 之间；另一个是音响系统的批号，如 F21127929A。卡片反面写着"当你输入密码时，若听到'嘟嘟'声，应立即停止并重新由第一位开始输入密码"；另一张是黄色的方形卡片，正中间有一钥匙形状的符号，指明如果音响系统显示 CODE 时应输入密码号才能工作。

正确输入如下。

1) 拔出点火钥匙后，在音响系统的面板左侧，标有 ANTI-THEFT 字样的旁边有一红色防盗指示灯将连续闪烁，用户应仔细注意这一特征。

2) 钥匙拔下后，只要触摸音响系统按键，报警的办法是在报警期间接通点火开关。

3) 只要使音响系统电源电压低于 5V，如蓄电池亏电、拆蓄电池、电子设备修理或拆音响系统等操作，音响系统将不能工作。当电源电压恢复正常后，CODE 出现在显示屏下，要求用户输入该音响系统的密码。

4) 当音响系统接通时，如显示 CODE 字符，你应该按白色卡片提供的密码号顺序输入。如果连续三次输入正确的密码，音响系统仍不接受的话，应耐心等待 1h 之后再输入，在此期间音响系统不接受任何指令，所以一切操作都是徒劳的。输入 5 位数字的密码号时，必须按照顺序逐一输入。例如：密码号为 12345，你输入 125，再接着输入 34，虽然一样是 5 位数，音响系统也将不会正常工作。当输入密码的第 5 位数字时，如果听到"嘟嘟"声音就应立即停止。重新输入密码时，应从密码的第 1 位开始输入。

第六节 汽车导航系统

车载卫星导航系统是 20 世纪 90 年代以后开始在汽车上逐渐装用的智能系统，是全球定位技术(GPS)、地理信息技术(GIS)和移动无线通信技术等在汽车上的综合应用，是汽车技术由电子化转变为智能化的标志，也是未来智能运输系统(ITS)中的重要技术，在发达国家已经开始进入实用阶段。由于车载导航系统的电子地图显示系统与车载视听系统共用 DVD 或 VCD 机和液晶显示器，所以我们把它归在汽车视听系统中介绍。

一、车载导航系统的构成

一般的导航系统如图 8-21 所示。

导航系统是由地图文件装置构成的地图信息系统、由导航传感器和计算机组成的位置标定系统以及由显示部、操纵部、计算机构成的人机接口系统构成。当从外界接收交通信息

第八章 汽车视听与车载导航

时，还要增加由天线、接收装置组成的外部信息系统，其元件在车上的位置如图 8-22 所示。

二、车载导航系统的功能

GPS 车载导航系统具有 GPS 卫星导航定位、电子地图浏览查询、智能路线规划以及全程语音提示等功能，具体介绍如下：

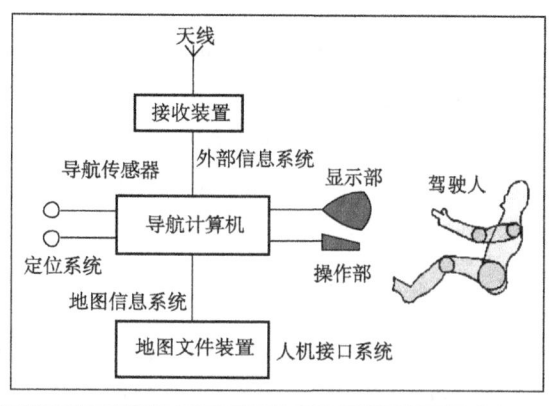

图 8-21 导航系统的基本构造

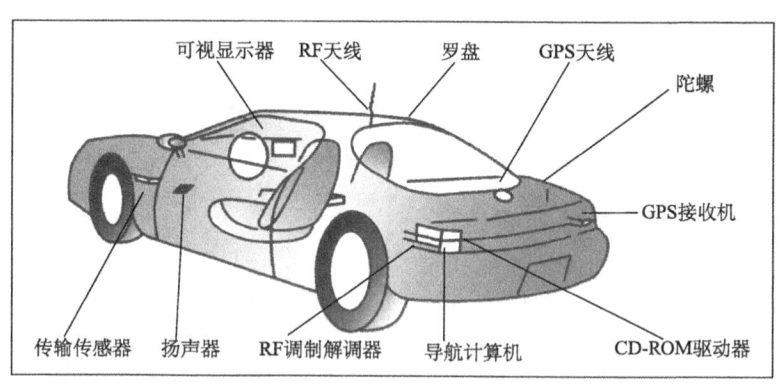

图 8-22 汽车电子导航系统元件的车上位置

1. 导航功能

使用者在车载 GPS 导航系统上任意标注两点后，导航系统便会自动根据当前的位置，为车主设计最佳路线。有些系统还有修改功能，假如用户因为不小心错过路口，没有走车载 GPS 导航系统推荐的最佳线路，车辆位置偏离最佳线路轨迹 200m 以上，车载 GPS 导航系统会根据车辆所处的新位置，重新为用户设计一条回到主航线路，或是为用户设计一条从新位置到终点的最佳线路。

2. 电子地图

车载系统都配备了电子地图，一般覆盖全国的各大省会城市，功能强大的地图系统包含了中小城市，城市数目达到了近 400 个。可以随时查看目的城市的交通、建筑等情况。

3. 转向语音提示功能

如果前方遇到路口或者转弯，系统具有转向语音提示功能。这样可以避免车主走弯路。此外，可以查阅街道及其周围建筑物，甚至可能具有一些城市交通中的单行线、禁左、禁右等路况信息供查阅。

4. 定位功能

GPS 通过接收卫星信号，准确地定出其所在的位置，位置误差小于 10m。如果机器里带地图的话，就可以在地图上相应的位置用一个记号标记出来。同时，GPS 还可以显示方向、海拔等信息。

5. 测速功能

通过 GPS 对卫星信号的接收计算，可以测算出行驶的具体速度。

6. 显示航迹

如果去一个陌生的地方，GPS 带有航迹记录功能，可以记录下用户车辆行驶经过的路线，小于 10m 的精度，甚至能显示两个车道的区别。回来时，用户可以启动它的返程功能，让它领着你顺着来时的路线顺利返回。

三、汽车导航原理

汽车上使用的车载导航系统主要应用的是 GPS 卫星导航和惯性自律导航。

GPS(Global Positioning System)全称为全球定位系统。GPS 主要由 24 颗导航卫星组成，可以 24h 不间断、全天候地提供全球范围内高精度定位和导航信号，在军事和民用(军用和民用的精度不同)的许多领域都有广泛的应用。当 GPS 接收机同时接收到 4 颗以上的卫星发出的信号时，经过计算处理后，就可报出 GPS 接收机(目标)的位置(经度、纬度、高度)、时间和运动状态(速度、航向)等。车驶入地下隧道、高层楼群中暂时接收不到卫星信号时，GPS 自动导入自律惯性导航模式，由车速传感器检测出汽车的行进速度，通过中央处理器进行数据处理，从速度和时间中直接算出前进的距离，陀螺传感器直接检测出前进的方向，引导车辆行驶。

当车载导航系统和电子地图系统配合使用时，就可以在电子地图上显示出车辆的实时位置和行驶路线、方向以及速度等参数。同时车载导航系统还能对汽车行驶的路线与电子地图上道路的误差进行实时相关匹配，并做自动修正，得到汽车在电子地图上的正确位置，以指示出正确行驶路线。汽车电子导航系统控制关系如图 8-23 所示，原理如图 8-24 所示。

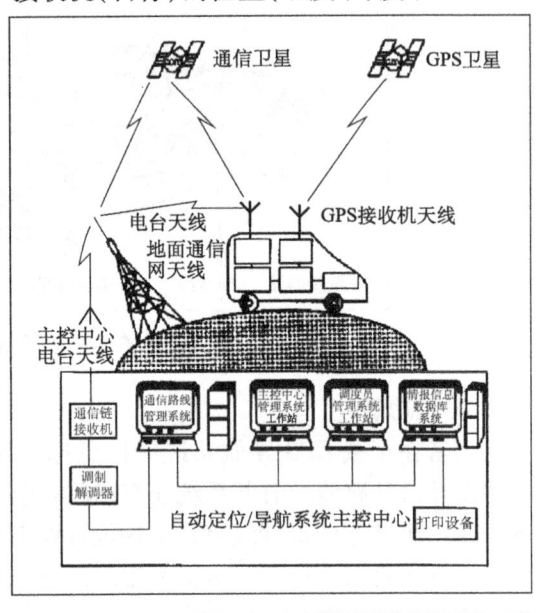

图 8-23　汽车电子导航系统控制关系

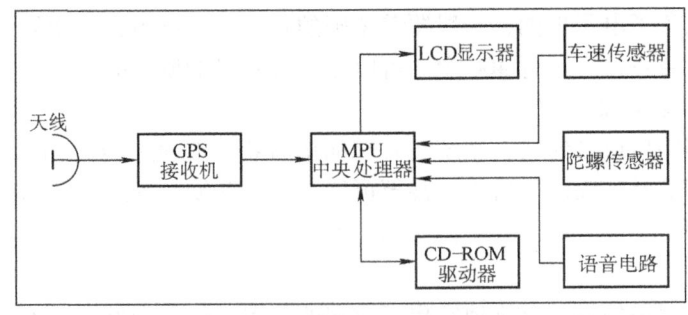

图 8-24　汽车电子导航系统原理

第九章

车载网络系统

第一节 车载网络系统的结构及功能

汽车网络系统结合了最先进的通信、计算机和汽车技术，使未来的汽车不仅仅是交通工具，而且也能成为办公、娱乐的场所和开发产品的工具。

一、网络车辆的优点

网络车辆的创建综合了现有的硬件和软件技术，包括语音识别、无线通信、全球卫星定位、平视显示、Java 技术、神经网络技术、夜视技术、中央处理器、网络访问与协作以及国际互联网（Internet）和局域网（Intranet）技术。

1）功能先进。具有的功能包括卫星电视、国际互联网访问、游戏、虚拟导航、远程诊断与车辆控制、移动办公功能、汽车网址功能以及顾客实时股票报价与体育新闻等。

2）能进行远程监控。通过运用 Java 技术，许多车辆系统甚至直接与 Internet 相连，从而能在紧急情况下进行远程监控。

3）在车与离车都能进行有效通信。

4）人车界面独一无二。可重构的彩色平视显示器（HUD）和仪表板显示器（HDD）、转向盘控制、语音识别、文本声音转换以及活动点阵液晶显示（LCD）触摸屏等。

5）使用简单、安全，不影响驾驶。因为有了语音识别技术，所以驾驶人和乘客能口头请求电子邮件信息（或听大声朗读的电子邮件信息）、确定饭店或宾馆的位置、导航帮助以及听音乐或体育新闻；利用投射到风窗玻璃上的平视显示器，驾驶人无需让眼睛离开前方路面就能到达导航目的地和检查车辆运行状态。

网络车辆许多先进功能的实现都依靠一个集成的平面天线（多功能卫星接收天线）和一个顾客服务网络。尤其是顾客服务网络，虽只有一个接口与网络结构相连，但是它能使每一位乘客旁的音频、视频以及国际互联网独立操作。

网络车辆还包括以下一些系统：一个集成的便携式电话、用于网络浏览和收发电子邮件的通信软件、一个可移动的个人数字助理及一个能提供给驾驶人潜在用户的车辆网址。

二、网络车辆的网络系统结构

网络车辆的网络系统结构以在车与离车通信网络为基础。在车网络结构，如图 9-1 所示。处于在车网络系统核心的是一个用于连接无数个子网的网络计算机，包括一个二级总线

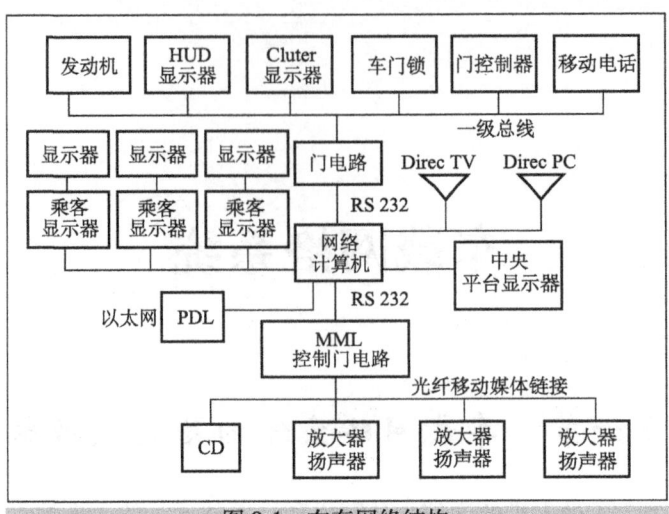

图 9-1 在车网络结构

（用于连接发动机、平视与仪表板显示器、门锁与门控制、RFID 和便携式电话）、一个以太网（用于乘客计算机和显示器）及一个移动媒体链接（用于扬声器和播放机）。因为所有这些子网都具有不同的时钟速度和功能，所以门电路用于确保有效隔离与协调工作。

三、支持网络车辆的技术

1. 车内的电子设备

网络车辆集成了高速光纤移动媒体连接、平视显示器、主处理器、音频与视频设备、多级控制/数据总线和液晶触摸显示屏。触摸屏中央平台显示器可控制便携式电话、音频和视频，也提供车辆状态信息、移动办公功能与娱乐系统控制。乘客显示器也有类似的功能。网络车辆还有一套卫星接收系统，这种系统能提供 Direc PC 与 Direc TV 连接。通过便携式电话的调制解调器，Direc PC 能使车辆与 Internet 相连，从而能进行常规的网络应用，也能高速下载包括音频、视频和文本在内的数据信息。

2. 驾驶人用显示器的功能

驾驶人用显示器见表 9-1。

表 9-1 驾驶人用显示器功能

显示器	功 能
平视显示器（HUD）	投射到风窗玻璃上的 HUD 使驾驶人的眼睛无需离开前方路面就能获得信息。如车速、发动机状态、电子邮件等待指示、导航信息、话筒的开关和用于给驾驶人反馈信息的文本区（例如，通知驾驶人当前的声音命令已被识别）
仪表板显示器（HDD）	HDD 系统显示了标准的仪器面板图形，面板图上有车速、发动机转速、发动机状态、锁车门与关车门、燃油余量。HDD 上还显示了用于转向盘按钮的各种功能，当娱乐系统处于不同的模式时，转向盘按钮就被分配不同的功能（如 CD 模式与换道相对应，收音机模式与调高音量相对应）。当命令网络车辆应用从 CD 模式转向收音机模式时，HDD 就被指令显示相应的功能分配
中央平台显示器	中央平台液晶触摸显示器为控制网络车辆上的几乎所有功能提供了用户界面，如娱乐、导航、办公和获取信息等。当处于娱乐模式时，这种显示器显示了收音机和 CD 面板，只需触摸就能激活面板上的按钮和控制。当处于其他模式时，这种显示器可用作显示电子邮件、导航图、网络浏览器以及便携式电话面板等。中央平板显示器的所有功能都能用语音命令激活，并且在有些情况下与文本声音转换输入相结合，从而能最低程度地分散驾驶人的注意力

第九章 车载网络系统

3. 乘客显示器

网络车辆的前排座位与后排座位都有彩色触摸显示屏。像中央平台显示器一样,乘客显示器可作为控制网络车辆上几乎所有功能的用户界面。虽然与中央平台显示器不同,但是乘客显示器能显示来自 Direc TV 和 DVD 播放机的视频信号,能用触摸屏进行娱乐、导航、办公和信息服务。当处于娱乐模式时,这种显示器变成收音机和 CD 面板,只需触摸就能激活面板上的按钮和控制。

4. 顾客应用网址

网络车辆的驾驶人和乘客都能利用服务供应商提供的 Internet 服务。当让智能车辆系统与 Internet 相连接时,这种为网络车辆设计的顾客服务网址就能提供各种特有功能。

因为能通过命令和控制使网络车辆上的计算机系统与 Internet 安全相连,所以许多设想都可能实现。如可以遥控停车指示灯和车门锁。在驾驶人的声音控制下,网络车辆能根据事先制作的图表装载车辆状态信息。它有一项应用就是始终监视着发动机室的工作信息。假如诊断显示来自发动机传感器的最新数据不在正常范围之内,这项应用就能通知顾客服务网址问题出在哪儿。据此再向驾驶人发出警告,警告既可以经文本语言转换系统发出,又可以由平视显示器给出。

利用 Internet,服务供应商可与网络车辆通信。由车主和伺服器制定的旅行计划可能发送给 Internet 服务供应商并存储起来。在旅行时,靠直接使用来自网络车辆的卫星全球定位(GPS)数据,驾驶人和乘客能获得地图、路标、燃油、住宿和饭店信息。网络车辆的车主还能使用网络浏览器制作一个图表,用来包含无线电台、个人爱好音乐、服务记录和紧急服务号码等个人信息。

5. 语音识别与文本语言转换系统

先进的车辆语音识别与文本语言转换系统,允许驾驶人用声音命令控制车上所有的功能,并且车辆也能用合成语言进行回答。例如,通过此系统驾驶人能执行如下车辆系统命令:锁车门、播放 CD、换无线电台、请求行车方向与来自网络及其他信息的交通更新、检查电子邮件与声音邮件以及请求新闻、体育和股票信息。

6. 个人数字助理(PDAS)

通过车辆应用、Internet 连接和以语音识别技术为基础的用户界面,网络车辆能为移动用户提供办公功能,并能与用户办公桌面计算机共享数据。对网络车辆来说,与 PDAS 连接并等速运行个人信息和商业信息是非常重要的。

一个内置于网络车辆中央平台显示器的存储槽接受 WordPad(记事本)信息,并通过网络车辆计算机增加了语音识别和文本语言转换功能,这就是驾驶人能够听取预定计划和更新存储在记事本里的档案和其他办公数据。因此当驾驶人开车时能够用一声音命令从 WordPad 中读出日历表,并制定未来行动计划表。

7. 平面卫星接收天线

连续横向根阵列(CTS)天线技术用于网络车辆上。选用 CTS 天线的原因是其结构简单且是平面结构。CTS 天线靠一列宽连续横向发射根来实现,具有无限发射高度,从一个开放式平行盘传播线结构的上端导电盘向外扩展,内部靠一个线性资源来激活。

8. 汽车计算机软件

在网络车辆的发展中,应用了以虚拟机为基础的面向对象技术,它满足了网络车辆的特殊要求。这些软件见表9-2。

表9-2 汽车计算机软件

命令与控制应用软件	提供了与汽车控制总线和电子设备连接的界面,在车辆主处理器和总线上运行,始终监视车辆状态,控制像便携式电话这样的设备。通过平视显示器给出提示信息、管理离车信息、控制像语音识别等各种方便乘客应用的软件。这项应用能激活语音处理器,控制音频系统,通过声音命令和平视、仪表板显示器通知驾驶人车辆状态、故障,传感车辆状态变化以及激活远程命令
中央平台显示器和乘客显示器的图形界面	提供了使用各种车内车外应用的方法,如导航、音频、视频、娱乐和办公。也向车辆加载需要的音频、视频和其他文件提供途径
Internet 服务器应用软件车内网络浏览器可用于乘客在车内上 Internet 网	基于 Internet 的顾客应用与车辆计算机系统之间进行通信。它不仅提供了一种基于消息的协定通信,并通过 Internet 与车内命令和控制应用相连接,并且车内命令和控制应用又可作为车内系统和用户应用的界面

9. 媒体总线

网络车辆内置有无数个音频和视频组件,这些组件通过一条数字光纤通信移动媒体链接(MML)构造和控制。像 CD 这样的音频和视频设备能通过多级光纤总线发送输出信号,用于驱动其他组件(如放大器、显示器)。MML 总线也传送控制信号用于连接和控制这些设备。MML 能使这项应用充分利用车辆多媒体系统开发新的功能与面向驾驶人和乘客的用户界面。

把命令和控制应用于网络车辆的 MML,结合在一起创造了一些潜在的特有功能。如:在使用电话和文本语言转换期间背景敏感性音量降低,把 Internet 收音机与音响系统集成在一起的"面板风格"的用户界面,用于选定、重放以及播放驾驶人和乘客爱好的音频/视频节目的公用用户界面。

10. 车辆控制总线

(1)平视显示器串行总线 提供车速、发动机状态、电子邮件等待指示、导航信息和娱乐系统模式(调幅、调频、CD 以及 Internet 收音机等)。

(2)二级界面 命令和控制应用为连接便携式电话、仪表板显示器、开车门控制、车门锁和发动机诊断提供了二级界面。

(3)设备面板控制模块(IPCM) 提供与转向盘按钮、开车门和座位传感器相连接的界面。

四、主要功能

1. 驾驶帮助

(1)车辆诊断 能在故障发生前,通过车辆网络检测到故障,并能避免事故发生。

(2)导航功能 具有交通更新能力的模拟导航系统。

(3)其他类型的驾驶帮助 假如你觉得可能忘了关车门或车灯,这时只需从家里的办公电脑上访问车辆网址,远程核实并解决问题。网络车辆的未来远程控制能力使你不仅仅能从办公室启动停在停车区的汽车,而且能从你的办公电脑上打开空调机,当你上车时已准备好舒适的环境并随时待发。

2. 新闻和娱乐

使用车辆网址,把喜欢的电视广播频道和节目按一定程序编排好,甚至能用声音命令控制它。每位乘客都能用 LCD 显示屏看电影、网上冲浪或玩最新的电脑游戏;能从网址上下载有关新闻和娱乐信息。在网络车辆上,使用浏览器软件只需说出"读出股票价格",就能听到每一项股票的当前报价以及最新新闻。

3. 商业工具

(1) 便携式电话 网络车辆上的便携式电话已完全与其他系统集成为一体,因此能用简短的声音命令任意拨号。网络车辆使用其自身的车内音频系统作为话筒,并有免提对讲功能。

(2) 上网 网络车辆可以上网,通过使用 Direc PC 卫星连接将 Internet 信息高速传送给车上的网络浏览器。乘客座位旁的每一个彩色可重构显示器上都能随意上网,并且网络车辆能为驾驶人下载像导航地图之类的信息。使用电子邮件、声音邮件和传真机。网络车辆可作为办公室的延续。

第二节 汽车 CAN-BUS 数据传输系统

CAN 是控制单元区域网络(Controller Area Network)的缩写,含义是控制单元通过网络进行数据交换。随着电子技术在汽车上的广泛应用,汽车电子化程度越来越高。从发动机控制到传动系控制,从行驶、制动、转向系统控制到安全保证系统及仪表报警系统,从电源管理到为提高舒适性而作的各种努力,使汽车电子系统形成了一个复杂的大系统。这些系统除了各自的电源线外,还需要互相通信,不难想象,若仍沿用常规的点点间的布线进行布线,那么整个汽车的布线将会如一团乱麻,其布线网络如图 9-2a 所示,若采用总线方式布线(如 CAN 总线)其布线图如图 9-2b 所示。

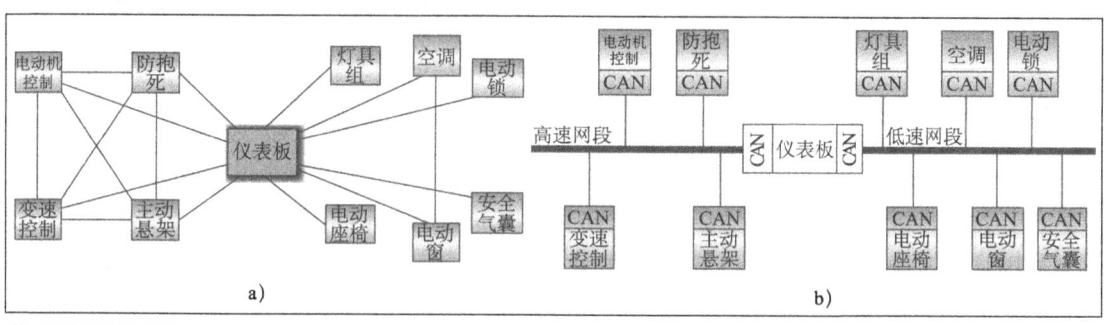

图 9-2 汽车电气网络图
a) 常规方法布线网络图 b) CAN 总线布线网络图

形象地说 CAN 数据总线可比作公共汽车,公共汽车可以同时运输大量乘客,CAN 数据总线包含大量的数据信息,如图 9-3 所示。

一、CAN-BUS 多路信息传输系统的结构

1. CAN-BUS 多路信息传输系统的基本构成

CAN-BUS 多路信息传输系统的硬件主要由 CAN 控制器、CAN 驱动器(信息收发器)和数据总线组成。最基本的 CAN-BUS 系统中拥有一个 CAN 控制器、一个信息收发器、两个

数据传输端及两条数据传输总线，如图9-4所示。除了数据传输总线外，其他各元件都置于各控制单元的内部。

（1）CAN控制器　CAN控制器一面负责接受其寄生的电控单元CPU传来的信息数据，并对这些数据进行处理后，将其转发给信息收发器，由信息收发器按规定格式和周期发送数据到总线上，和其他系统的电控单元实现信息数据的共享与实时交换；CAN控制器同时也要接收其他系统CAN控制器的信息，由信息收发器截取自己所需信息数

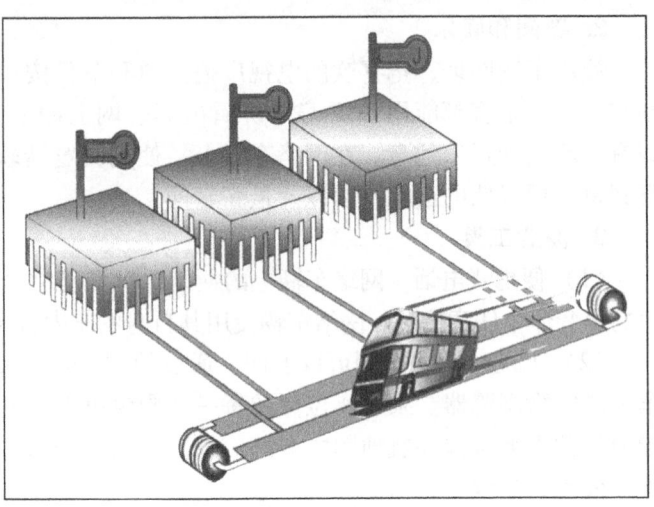

图9-3　CAN数据总线

据后，CAN控制器对这些数据进行处理，再将其传给自己所寄生电控单元的CPU。

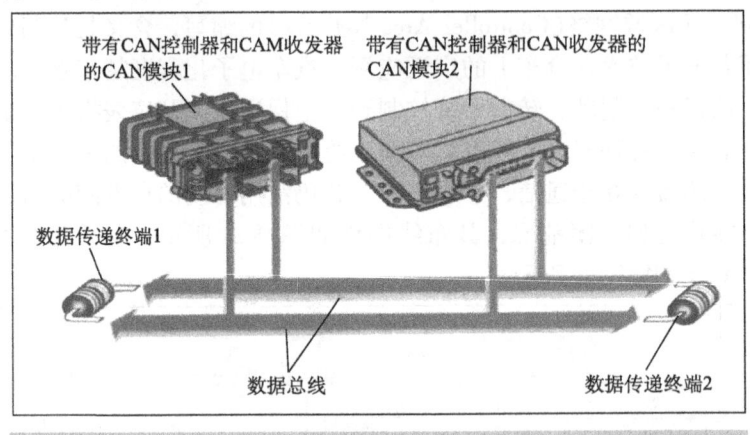

图9-4　CAN数据总线系统

（2）信息收发器　信息收发器由接收和发送两部分构成，如图9-5所示。它是一个信号发射和接收放大器，控制着CAN信息的数据传送过程，能把CAN控制器输入的串行比特信号（逻辑电平）转换成5V电压值（线路电平），亦能将线路电平还原成逻辑电平。发射接收器通过发送线路（TX线路）与接收线路（RX线路），分别跟CAN控制器和数据总线连接，并能够对总线信号进行连续的监测。

（3）数据传输总线　数据传输总线负责系统数据的传输工作，它通过双向数据传输，实现了信息数据的大容量、高速度传输。数据传输总线设有指定的接收器，所有数据通过该总线发送给各控制单元，由各控制单元中的信息收发器接收，然后进行相关的计算处理。

根据两条总线线路电平的不同，分别被称为CAN高线和CAN低线两种；两线条上的电位是相反的，如果一条线的电压是5V，另一条线就是0V，两条线的电压和总等于常值。为了防止和避免外界电磁波的干扰和向外辐射，这两条总线是缠绕在一起的，如图9-6所示。通过这种办法使总线向外辐射则保持无辐射，保证数据传送不受影响或破坏。

第九章 车载网络系统

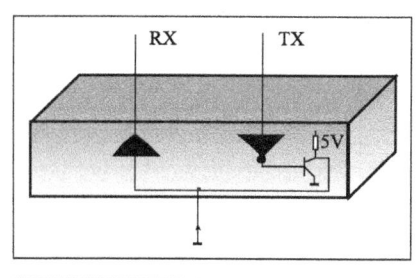

图 9-5 发射接收器结构示意图

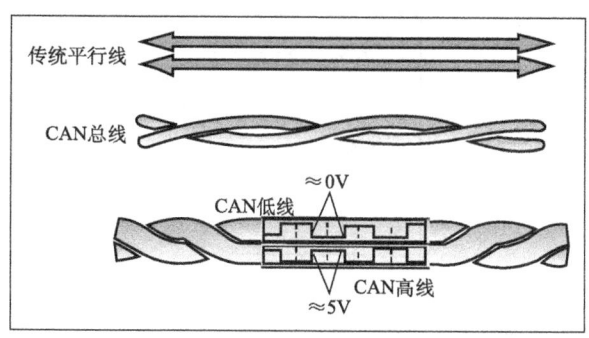

图 9-6 CAN 数据传输总线的形式

（4）数据传输终端　数据传输终端实际是一个抑制反射的负载电阻器，它能防止数据在线路终端被反射后，以回声波的形式返回数据总线内，这会引起数据总线中线路电平的波动，从而影响数据的传输质量。

负载电阻连接在数据传输总线的 CAN 高线和 CAN 低线之间，对于不带集成终端电阻的 ECU，此电阻值应为 60Ω；而对于带有集成终端电阻的 ECU，此电阻值为 120Ω。终端负载电阻都置于总线的末端，负载电阻（RL）通常集成在 ECU 的内部，若有一个 ECU 从总线上断开时，数据传输总线的终端将丢失。

2. CAN 控制模块

因 CAN 控制器、收发器和数据传输终端通常被集成在各控制单元的中央处理器芯片中，成为一个单独的模块，所以又称为 CAN 模块。

为了处理 CAN 数据总线系统的信息，汽车电控系统中的每个控制单元内都有一个附加的接收和发送 CAN 信息的存储区，而控制单元的其他功能则不变。这样在一个 CAN 模块中就包含了控制器、发射接收器和数据传输终端，它通过接收邮箱或发送地址被连接到控制单元中，并通过数据传输总线与其他 CAN 模块构成区域控制网络。

3. CAN-BUS 多路信息传输系统的功能单元

汽车电控系统的控制单元、CAN 模块和 CAN 数据总线，再加上诊断 K 线就构成了 CAN-BUS 多路信息传输系统的一个功能单元，如图 9-7 所示。

二、汽车 CAN-BUS 多路信息传输系统的优点

1. 信息传输线路简单化

汽车电路采用 CAN-BUS 后，简化了布线，可将信号传输线减至最少，便于传输信息的高速传递，如果增加了新信息内容需要扩展数据传输量时，只需要改进软件程序设计，而无需增加更多的传输线路。

2. 信息资源共享化

CAN-BUS 使各控制单元和传感器之间相互联网，一个传感器的信号能供多方面共享，可最大限度地减少传感器及信息传输线路的数量。

3. 信息传输数字化、高速化

CAN-BUS 系统中的信号采用数码方式传送，实现了数据传输的高速率、大容量，能满足汽车各电控系统实时、快速数据交换的要求。

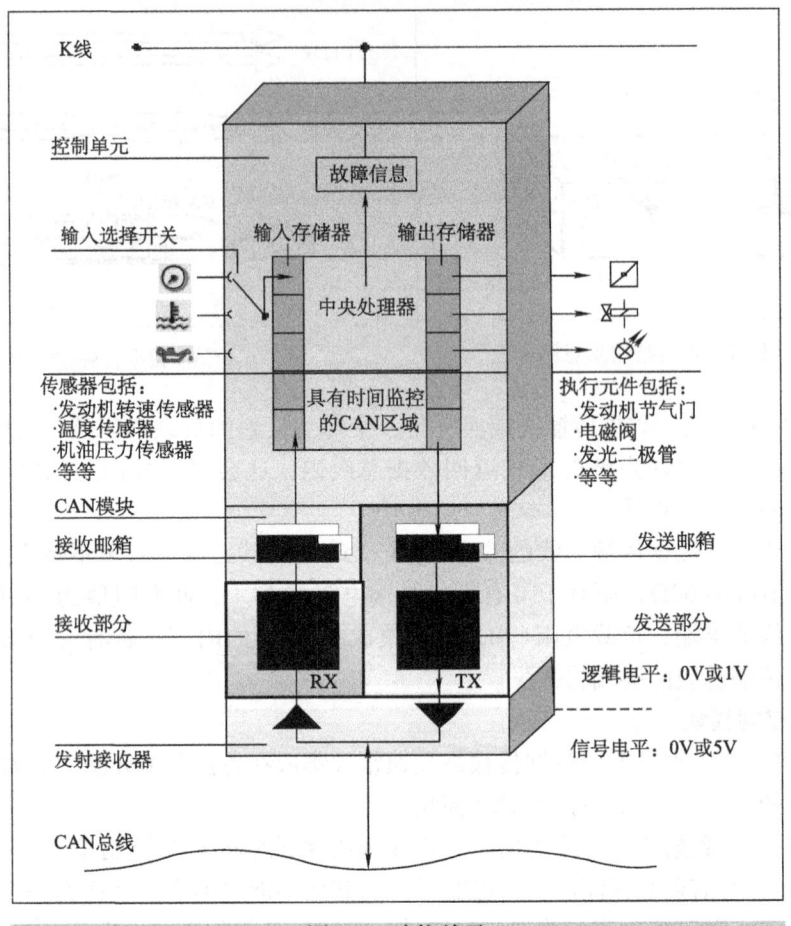

图 9-7　功能单元

4. 信息传输质量稳定可靠

汽车电路采用 CAN-BUS 信息传输，各控制单元可对所传播信息进行连续性的检验，数据列中新增的安全措施，可使错误率大大降低。

5. 节约了空间、提高了传输效率

汽车电路采用 CAN-BUS 信息传输，不仅减轻了整车的整备质量，又能使控制单元及连接插座小型化，可节省电控单元的有限空间。

由于 CAN-BUS 系统中的信号采用数码通信方式，各控制单元间在实现信息高速数据传输的同时，还可对汽车通信网络内的各种信息进行正确分析，并发出相应的调节指令，实现对相应执行元件的同步调节控制。

三、CAN-BUS 多路信息传输系统的工作原理

(一) 网络电话的通信原理

1. 普通电话的通信特点

平时我们在拨打普通电话时，通话双方必须占用一条临时的专门线路，且在通话过程中

第九章 车载网络系统

该线路不得被他人占用，一旦被占用就会断线，也就是语音电流被中断，双方的通话就将被终止。这和汽车一般电路是一样，如果某个传感器或执行器的连接线路有短路或断路，就会造成相互干扰，甚至无法正常工作。

如果普通电话采用一线多机方式连接，只要拨通同一个号码，则所有的话机都会接通，各分机可同时接听，就像开电话会议一样。此时，对于接听方来说，若不是自己想接的电话，则可不加理会而挂机，中断自己的通话过程，而又不会影响到别人。

这一传送原理也如同无线电广播信息一样，无线电发射机发射出去的电磁波，在所有相同频率的接收器上都可以接收到，而频率不同的接收器则无法接收。

2. IP电话的通信特点

IP电话是在基于TCP/IP通信协议的基础上，利用因特网来传递信息的，具有计算机网络通信的特点。

它由专门设备或软件将呼叫方的语音信号采样后数字化，并进行打包压缩，可将语音信息（电流信号）转化为一个个的小数据包，这些小数据包通过网络线路能够自由地寻找空闲空间，将数据传输到对方，对方的专门设备或软件接受到语音包后，再通过解压还原成模拟信号（语音信息）传送至电话，即可实现了不间断通话。

这样在IP系统的通话过程中，不必为其建立专门的联络线路，而只是见缝插针地使用现有传输线路传递信息。因此，即使是同一线路上也可同时传输几个电话的语音信息，而且不会出现相互干扰的现象。

3. CAN-BUS数据传输原理

目前，汽车各控制单元间的信息量交换越来越密集，但数据传输线路又不可能无限制地增加，汽车CAN-BUS信息传输电路正是采用了上述两个基本原理而设计开发出的一种信息数据传输方案。

在汽车CAN-BUS信息传输过程中，各控制器可根据需要各取所需，采用屏蔽滤波的方式，利用屏蔽滤波寄存器对信息链中的标识符进行辨别，并和按通信协议预先设定的标识符进行有选择地逐位比较，只有标识符匹配的信息才能进入CAN控制器的接收缓冲区；对那些不符合要求的信息则将之屏蔽于接收缓冲器外，从而既可减轻CPU处理信息的负担，又可很容易地判断出信息链中故障中断是由哪个部位所引起的。

（二）CAN-BUS的信息传输过程

1. 信息传输过程

若汽车几个电控系统的功能单元都连接在总线网络上，它们都需要一个运行参数，下面以发动机的转速信号为例说明该信息的传输过程。

首先，发动机控制系统的转速传感器探测出发动机转速值，此信号数值将周期性地被存储在发动机控制单元的输入存储器中，并被复制到本单元的发送存储器内

⇩

信息再从那里抵达发动机控制单元中的CAN模块发送邮箱，在那里发动机转速值会按通信协议要求，首先被转换成具有特定CAN形式的发动机信息

⇩

然后被转发到CAN数据传输总线上，再传送至其他各控制单元的CAN模块接收区

这样，发动机控制单元就完成了自己的信息采集和转发任务

此时，其他控制单元（如电子仪表、自动变速器等）若也需要获得当前发动机的转速值，就可以通过 CAN 控制模块和 CAN-BUS 来采集，所有互连网的 CAN 控制模块，都可同时接收到由发动机控制单元传送的发动机转速值信息。

所有的 CAN 接收器在接收到发动机转速信息后，都将根据自身的实际监控状态进行应答校验，从而确认和检验信息是否正确或自己寄生的电控单元是否需要。若是需要的话则将信息截录下来，该条信息就会被放置在接收邮箱内，再转输给自己的电控单元，供其采用；如果是不需要的，则将对传输来的信息不予采集（图 9-8），该条信息就会被屏蔽。

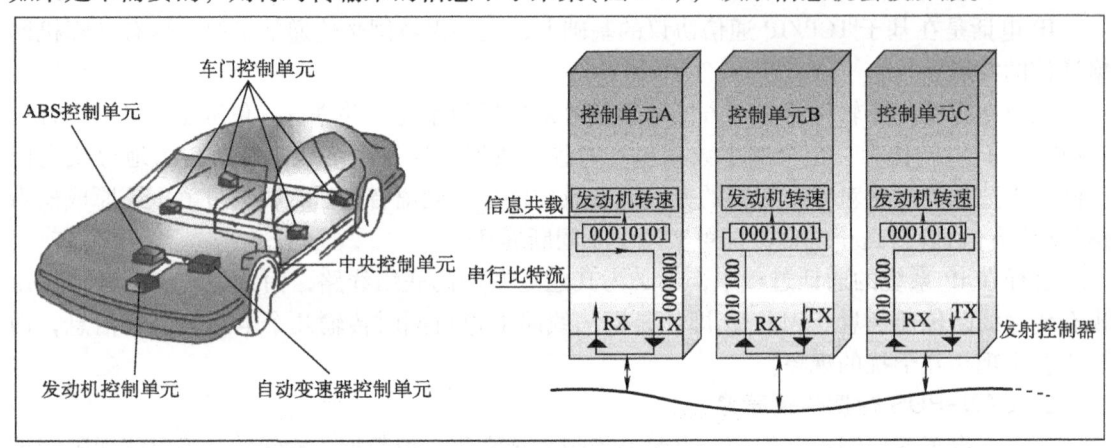

图 9-8 CAN-BUS 的数据传传输过程

各 CAN 接收器只接收对自身电控单元有用的传输信息，并负责将自身电控单元的相关信息传输出去，供其他电控单元共享。一条信息数据交换的重复性取决于循环时间的设定，它是由信息标识符中的优先权控制的，这就是 CAN 总线的数据传输过程。

2. 信息数据链的构成

信息数据链由诸多的数据列组成，而每个数据列又由一串比特（bit）来构成，比特数的多少是由数据区域的大小来决定的。

因此，CAN-BUS 所传输的数据信息是由不同的比特数构成不同的数据列，再由数据列组成信息数据链。一个数据列的形成由七个功能不同的基本区域：开始域、状态域、检查域、数据域、安全域、确认域和结束域来组成如图 9-9 所示。

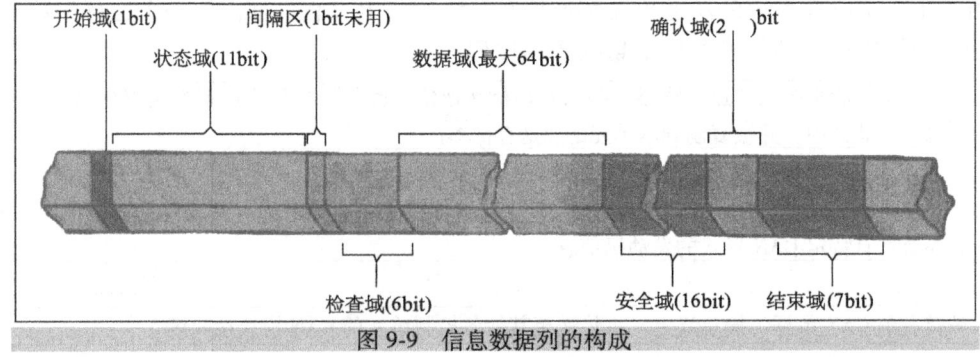

图 9-9 信息数据列的构成

四、CAN-BUS 多路信息传输系统的检修

(一) 汽车多路信息传输系统故障一般诊断步骤

1) 了解该车型的汽车多路传输系统特点(包括:传输介质、几种子网及汽车多路信息传输系统的结构形式等)。

2) 汽车多路信息传输系统的功能,如:有无唤醒功能和休眠功能等。

3) 检查汽车电源系统是否存在故障,如:交流发电机的输出波形是否正常(若不正常将导致信号干扰等故障)等。

4) 检查汽车多路信息传输系统的链路是否存在故障,采用替换法或采用跨线法进行检测。

5) 如果是节点故障,只能采用替换法进行检测。

(二) 多路信息传输系统故障类型及检修方法

装有 CAN-BUS 多路信息传输系统的车辆出现故障,维修人员应首先检测汽车多路信息传输系统是否正常。因为如果多路信息传输系统有故障,则整个汽车多路信息传输系统中的有些信息将无法传输,接收这些信息的电控模块将无法正常工作,从而为故障诊断带来困难。

一般说来,引起汽车多路信息传输系统故障的原因有三种:一是汽车电源系统引起的故障;二是汽车多路信息传输系统的链路故障;三是汽车多路信息传输系统的节点故障。

1. 电源系统故障

汽车多路信息传输系统的核心部分是含有通信 IC 芯片的电控模块 ECM,电控模块 ECM 的正常工作电压在 10.5~15.0V 的范围内,如果汽车电源系统提供的工作电压低于该值就会造成一些对工作电压要求高的电控模块 ECM 出现短暂的停止工作,从而使整个汽车多路信息传输系统出现短暂的无法通信。

这种现象就如同用计算机故障诊断仪在未起动发动机时就已经设定好要检测的传感器界面,当发动机起动时,往往计算机故障诊断仪又回到初始界面。

【故障实例】

(1) 故障现象　一辆上海别克轿车,在车辆行驶过程中,时常出现转速表、里程表、燃油表和冷却液温度表指示为零的现象。

(2) 故障检测过程　用 TECH2 扫描工具(计算机故障诊断仪)读取故障码,发现各个电控模块均没有当前故障码,而在历史故障码中出现多个故障码。

1) SDM(安全气囊控制模块)中出现:U1040—失去与 ABS 控制模块的对话;U1064—失去多重对话;U1016—失去与 PCM 的对话。

2) IPC(仪表控制模块)中出现:U1016—失去与 PCM 的对话。

3) BCM(车身控制模块)中出现:U1000—二级功能失效。

(3) 故障分析和排除　经过故障码的读取可以知道,该车的多路信息传输系统存在故障,因为 OBD-Ⅱ规定 U 字头的故障码为汽车多路信息传输系统的故障码。

查阅上海别克轿车的电源系统的电路图(图 9-10)可以知道:电源系统的电控模块共用一根电源线,并且通过前围板。由于故障码为间歇性的,一次断定可能是这根电源线发生间

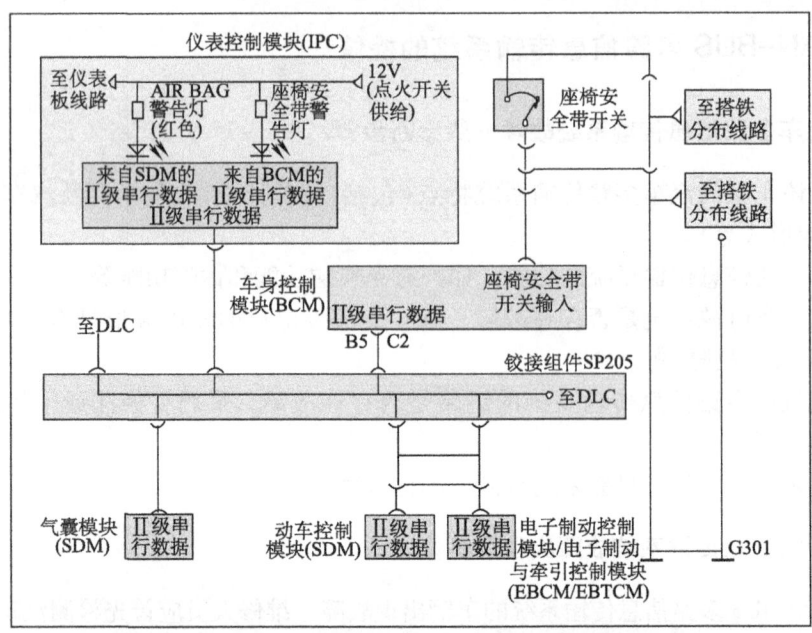

图 9-10 仪表控制、座椅安全带开关、铰接组件、安全气囊控制模块、ABS 控制模块/ABS 与牵引力控制模块电路

歇性断路故障。

检查发现此根电源先由于磨损导致接触不良，经过处理后故障排除。

2. 节点故障

节点是汽车多路信息传输系统中的电控模块，因此节点故障就是电控模块 ECM 的故障。它包括：软件故障和硬件故障。软件故障即传输协议或软件程序有缺陷或冲突，从而使汽车多路信息传输系统通信出现混乱或无法工作，这种故障一般成批出现，且无法维修。硬件故障一般是由于通信芯片或集成电路故障，造成汽车多路信息传输系统无法正常工作。对于采用低版本信息传输协议和点到点信息传输协议的汽车多路信息传输系统，如果有节点故障，将出现整个汽车多路信息传输系统无法工作的现象。

【故障实例】

（1）故障现象 一辆上海帕萨特 B5 轿车在使用中出现机油压力警告灯与安全气囊故障指示灯报警，同时发动机转速表不能运行的故障。

（2）故障现象

1）用 V.A.G.1552 故障阅读仪读取发动机控制系统的故障码，发现有两个偶发性故障代码：18044/P165035——安全气囊控制单元无信号输出；18048/P165035——仪表数据输出错误。

2）用 V.A.G.1552 故障阅读仪读取仪表系统的故障码：01314049——发动机控制单元无通信；1321049——到安全气囊控制单元无通信。

（3）故障分析与排除 通过读取故障码可以初步判断故障在汽车多路信息传输系统。

通过对汽车电气线路进行分析，电源系统引起故障的概率很小，故障很可能是节点或链路故障。用替换法处理安全气囊控制单元，故障得以排除。

3. 链路故障

当汽车多路信息传输系统的链路（或通信线路）出现故障时，如通信线路的短路、断路以及线路物理性质引起的通信信号衰减或失真，都会引起多个电控单元无法工作或电控系统错误动作。

判断是否为链路故障时，一般采用示波器或汽车专用光纤诊断仪来观察通信数据信号是否与标准通信数据信号相符。

【故障实例】

（1）故障现象　一辆奥迪100轿车的电控自动空调系统在开关接通的情况下，鼓风机能工作，但是空调系统却不制冷。

（2）故障分析与排除　通过观察，发现空调压缩机的电磁离合器不吸合，但发动机工作正常。

检查电磁离合器线路的电阻值，电阻值符合规定值，检查空调控制单元的输出端没有输出信号。

此时用 V.A.G.1552 故障阅读仪读取发动机控制系统和空调控制系统的故障码，均无故障码。用 V.A.G.1552 故障阅读仪读取空调控制单元的数据流，发动机的转速数据为零。

由于发动机工作正常，发动机控制单元接收的发动机转速信号应该正常。

检查发动机控制单元和空调控制单元之间的通信线路，发现两者之间转速通信线的接脚变形造成链路断路，修复接插件后故障排除。

（三）CAN 双线式总线系统的检测方法

CAN 数据总线指用于传递和分配数据的系统。CAN 双线式数据总线系统是一个有两条线的总线系统，通过这两条数据总线，数据便可按顺序传到与系统相连的控制单元。这些控制单元就是通过 CAN 总线彼此相通的（即通 CAN 总线传递数据）。CAN 双线式数据总线系统目前已经广泛应用在电控汽车上，国产一汽宝来（BORA）、一汽奥迪 A6、上海帕萨特 B5 和波罗（POLO）轿车上均不同程度地采用了 CAN 双线式数据总线系统。因此，掌握 CAN 双线式数据总线系统的故障检测方法已经成为当务之急。

在检查数据总线系统前，须保证所有与数据总线相连的控制单元无功能故障。功能故障指不会直接影响数据总线系统，但会影响某一系统的功能流程的故障。例如：传感器损坏，其结果就是传感器信号不能通过数据总线传递。这种功能故障对数据总线系统有间接影响。这会影响需要该传感器信号的控制单元的通信。如存在功能故障，先排除该故障。记下该故障并消除所有控制单元的故障码。

排除所有功能故障后，如果控制单元间数据传递仍不正常，检查数据总线系统。检查数据总线系统故障时，须区分两种可能的情况。

1. 两个控制单元组成的双线式数据总线系统的检测

检测时，关闭点火开关，断开两个控制单元，如图 9-11 所示。检查数据总线是否断路、短路或对正极/搭铁短路。如果数据总线无故障，更换较易拆下（或较便宜）的一个控制单元试一下。如果数据总线系统仍不能正常工作，则更换另一个控制单元。

2. 三个或更多控制单元组成的双线式数据总线系统的检测

检测时，先读出控制单元内的故障码，如图 9-12 所示。如果控制单元 1 与控制单元 2

和控制单元 3 之间无通信，关闭点火开关，断开与总线相连的控制单元，检查数据总线是否断路。如果总线无故障，则更换控制单元 1。如果所有控制单元均不能发送和接收信号（故障存储器存储"硬件故障"），则关闭点火开关，断开与数据总线相连的控制单元，检测数据总线是否短路，是否对正极/搭铁短路。

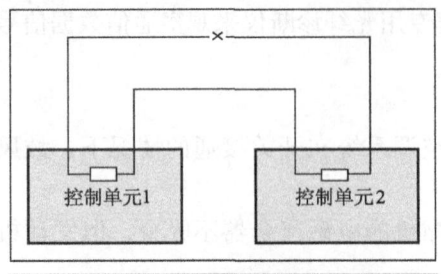

图 9-11　两个控制单元组成的双线式数据总线系统

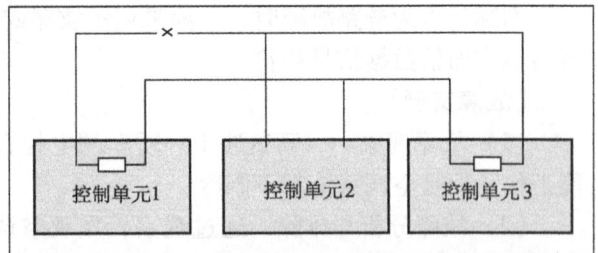

图 9-12　三个控制单元组成的双线式数据总线系统

如果数据总线上查不出引起硬件损坏的原因，检查是否某一控制单元引起该故障。断开所有通过 CAN 数据总线传递数据的控制单元，关闭点火开关，接上其中一个控制单元，连接 V. A. G. 1551 或 V. A. G. 1552，打开点火开关，清除刚接上的控制单元的故障码。用功能 06 来结束输出，关闭并再打开点火开关，打开点火开关 10s 后用故障阅读仪读出刚接上的控制单元故障存储器内的内容。如显示"硬件损坏"，则更换刚接上的控制单元；如未显示"硬件损坏"，接上下一个控制单元，重复上述过程。

连接蓄电池接线端子后，输入收音机防盗密码，进行玻璃升降器单触功能的基本设定及时钟的调整，对于汽油发动机的汽车，还应进行节气门控制单元的自适应。

参 考 文 献

[1] 李栓成,王天颖. 现代轿车电控悬架的结构原理与检修[M]. 北京:北京理工大学出版社,1998.
[2] 汪立亮,徐寅生,杨生超. 现代汽车电子巡航控制系统(CCS)原理与检修[M]. 2版. 北京:电子工业出版社,2000.
[3] 汪立亮,彭生辉,徐寅生. 安全气囊系统(SRS)原理与检修[M]. 北京:电子工业出版社,2001.
[4] 吴基安. 汽车电子装置图解检修手册[M]. 北京:人民邮电出版社,2001.
[5] 张美娟,等. 汽车电器与电控系统简明教学图解[M]. 北京:电子工业出版社,2004.
[6] 杨占鹏. 怎样修巡航、电控悬架、电控动力转向系统[M]. 北京:机械工业出版社,2004.
[7] 唐·诺里斯,杰克·尔贾维克. 悬架与转向系统维修技术[M]. 李卓森,乔淑平,牛冬妍,等译. 长春:吉林科学技术出版社,1998.
[8] 张美娟,廖学军,王库房,等. 高级汽车维修电工培训教材[M]. 北京:电子工业出版社,2004.
[9] 杜瑞丰,李忠凯,等. 汽车底盘构造与维修[M]. 2版. 北京:高等教育出版社,2007.
[10] 于建国,付百学. 汽车车身电控系统维修入门[M]. 北京:中国电力出版社,2007.
[11] 汽车维修工职业技能培训教材编委会. 汽车维修工职业技能培训教材技师[M]. 北京:人民交通出版社,2007.

读者沟通卡

一、申请课件

本书附赠教学课件供任课教师采用,可在机械工业出版社教育服务网(www.cmpedu.com)注册后免费下载;也可扫描二维码关注"爱车邦"微信订阅号获取课件。

爱车邦

免费下载　教学课件、学习视频、海量学习资料
- 扫描二维码,关注"爱车邦"
- 点击"粉丝互动"→"视频课件"

二、机工汽车教师服务群

任课教师可加入"机工汽车教师服务群",与教材主编、编辑直接沟通交流。"机工汽车教师服务群"提供最新教材信息、教材特色介绍、专业教材推荐、样书申请、出版合作等服务。

QQ 群号码:633529383,本群实行实名制,请以"院校名称+姓名"的方式申请加入。

三、微信购书

汽修邦

关注微信订阅号"汽修邦",可直达机工社旗下网络购书平台"汽车书院",第一时间购买新书,获取新鲜实用的维修资讯。

四、意见反馈和编写合作

联 系 人:谢　元
电　　话:010-88379349
电子信箱:22625793@qq.com
地　　址:北京市西城区百万庄大街 22 号汽车分社
邮　　编:100037